21世纪应用型本科管理系列规划教材

U0674989

# 人力资源管理综合实训

## （第二版）

### 2nd edition

张霞　胡建元　主编

*Human Resource Management*
*Comprehensive Training*

东北财经大学出版社
Dongbei University of Finance & Economics Press
大连

**图书在版编目（CIP）数据**

人力资源管理综合实训 / 张霞，胡建元主编 . —2版 . —大连：东北财经大学出版社，2024.11. —（21世纪应用型本科管理系列规划教材）.
ISBN 978-7-5654-5408-0

Ⅰ . F243

中国国家版本馆CIP数据核字第2024SR4302号

东北财经大学出版社出版

（大连市黑石礁尖山街217号　邮政编码　116025）

网　　址：http://www.dufep.cn

读者信箱：dufep@dufe.edu.cn

大连天骄彩色印刷有限公司印刷　　东北财经大学出版社发行

幅面尺寸：185mm×260mm　　　字数：348千字　　　印张：17

2024年11月第2版　　　　　　　2024年11月第1次印刷

责任编辑：石真珍　王　玲　　　　　责任校对：那　欣

封面设计：张智波　　　　　　　　　版式设计：原　皓

定价：45.00元

# 第二版前言

党的二十大报告指出："教育、科技、人才是全面建设社会主义现代化国家的基础性、战略性支撑。"这为我国教育、科技和人才事业未来的发展提供了重要遵循。本书立足企事业单位人力资源管理专业人才需求调查和人才培养的实践要求，基于人力资源管理专业学生数字化实践能力的培养，将人力资源管理理论知识与数智化综合实训平台结合，同时深入结合国际国内时政热点、学校定位、人才培养目标和课程性质，注重将社会主义核心价值观教育、中华优秀传统文化教育、职业理想和职业道德教育等思政元素融入人力资源管理实践教学体系，致力于打造一部既能系统介绍人力资源管理理论又能紧密联系实际的高质量数智化综合实训教材。

本书全方位梳理技术与人力资源管理结合的发展脉络与现状，并基于人与技术互动的原理，融合技术的工具观、代理观、集成观与人力资源管理的核心模块等，为在校生提供进行人力资源管理综合实训的权威平台。本书构建了以工作过程为导向的人力资源管理实训教学体系，采用"工作流程+基础理论+实训演练+数智化实训+案例分析"的结构，基于人力资源管理工作流程以及数智化背景构筑整体实训操作流程，具有数字化、网络化、流程化、情景化、模块化和本土化的特点。

全书整体内容以工作为导向，包括工作分析、招聘与选拔、培训与开发、绩效管理、薪酬管理、职业生涯规划六大模块，涵盖人力资源管理专业岗位需要掌握的主要知识和技能。每一模块包括实训目的、基本知识要点、实训内容与要求、实训组织与步骤、实训时间、实训成果和实训成绩评定等几项内容，并且在各模块融入了数智化情境的实训内容。

本书的突出特点表现在教学内容、教学方法、教学理念的多维度、全方位结合上：在理论知识教学方面，突出人力资源管理理论知识与操作实训的全面结合；在教学手段方面，突出网络化与数字化软件的全面结合；在教学方法和理念上，突出案例教学与情境模拟的全面结合。这些特点能帮助学生快速搭建有关数字化人力资源管理的知识体系，快速融入社会，熟练操作当前较为常用的软件系统，把所学的理论知识运用于实践。

同时，本书注重理论知识的系统性、权威性和前沿性，在总结梳理国内外知名学者最新理论观点的基础上，借鉴国内外知名专业教材的结构体系，分析问题、解决问题。总体上，本书力争通过客观、全面呈现人力资源管理综合实训的数字化、思政化教学和实践案例，帮助学生建立正确的、超前的数字化人力资源管理应用观念。

本书主要适用于高校人力资源管理及相关专业的本科生、研究生教学，为期望开展人力资源管理研究的在校生铺就专业理论前沿研究的思路与脉络，为经济管理类专业的教师及专家开设相关课程和培训提供有力支撑，也适用于其他专业人员自学，还适用于初入职场从事人力资源管理工作的新人参考。本书已在石河子大学经济与管理相关专业本科、硕士阶段学生教学中使用多年，得到了广大师生的好评与认可。

本书由石河子大学经济与管理学院张霞教授和胡建元副教授担任主编，石河子大学经济与管理学院姜贵红副教授、重庆工商大学强国民副教授、石河子大学研究生裴洪雁参与编写。在本书的编写过程中，编者借鉴了国内外人力资源管理领域专家、学者的大量研究成果，参考了许多专家、学者的宝贵资料，并在相关学术会议中收集了国内相关专家、学者的建议，在此，谨向人力资源管理学界的师友及文献作者致谢。

本书的编写得到了石河子大学相关部门与同事的大力支持与协助，东北财经大学出版社的领导和编辑做了积极的组织工作，在此，一并致以衷心的感谢！由于编者水平有限，书中难免有不妥之处，敬请批评指正。

编　者

2024 年 9 月

# 目  录

模块一　工作分析 ································································ 1

实训一　工作分析实施方案设计 ········································ 2

实训二　职位说明书编写 ················································ 10

模块二　招聘与选拔 ····························································· 18

实训三　招聘计划设计 ··················································· 19

实训四　人员招募 ························································· 37

实训五　人员选拔——面试 ············································ 44

实训六　人员选拔——无领导小组讨论 ······························ 57

实训七　人员录用 ························································· 66

模块三　培训与开发 ····························································· 78

实训八　培训需求分析 ··················································· 79

实训九　培训课程设计 ·················································· 101

实训十　培训效果评估 ·················································· 108

实训十一　新员工入职培训方案设计 ·································· 124

实训十二　在职员工培训方案设计 ····································· 141

模块四　绩效管理 ······························································ 150

实训十三　企业绩效管理诊断 ·········································· 157

实训十四　关键绩效指标设计 ·········································· 157

实训十五　平衡计分卡（BSC）设计 ·································· 169

实训十六　OKR目标与关键成果法 ···································· 178

实训十七　员工绩效考核设计 ·········································· 189

模块五　薪酬管理 ······························································ 205

实训十八　薪酬结构设计 ··············································· 206

实训十九　绩效薪酬方案设计 ·········································· 226

实训二十　薪酬体系设计 ··············································· 236

模块六　职业生涯规划 ························································· 257

实训二十一　个人职业生涯规划 ······································· 258

# 模块一　工作分析

实训一　工作分析实施方案设计
实训二　职位说明书编写

# 实训一　工作分析实施方案设计

## 一、实训目的

通过该实训项目，建立对工作分析的具体实施流程的直观印象，熟悉并理解工作分析的基本流程，对具体工作分析中将要遇到的问题及在工作分析实施中应该注意的事项有初步的了解，能撰写工作分析实施方案。

## 二、基本知识要点

1.工作分析的实施流程

（1）准备阶段

①明确工作分析的意义、目的、方法、步骤。

②向有关工作人员宣传、解释工作分析的作用、意义。

③建立良好的人际关系。

④组成工作小组。

⑤确定调查和分析对象的样本，同时考虑样本的代表性。

⑥确定工作难度系数。

（2）调查阶段

①编制各种调查问卷和提纲。

②根据具体的对象进行调查。

③收集有关工作的特征及需要的各种数据。

④重点收集工作人员必需的特征信息。

⑤要求被调查的员工对各种工作特征和工作人员特征的重要性和发生频率等进行等级评定。

（3）分析阶段

①仔细审核已收集的各种信息。

②创造性地分析、发现有关工作和工作人员的关键成分。

③归纳、总结工作分析的必需材料和要素。

（4）完成阶段

完成阶段的任务是根据规范和信息编制工作说明书。

2.工作分析实施方案撰写要点

（1）说明组织实施工作分析的背景

①发生了组织变革或者在组织中引入了新流程或新技术。

②人力资源管理的招聘选拔、培训、绩效管理和薪酬管理等工作缺乏依据或基础性的信息。

（2）确定工作分析的目的和所侧重信息的类型

工作分析的不同目的决定了收集信息时的侧重点、工作分析的工作量、工作分析人员的选择及所需费用等的不同。

①以组织优化为导向的工作分析：强调对工作职责、权限的明确界定，及职位边界的明晰化；强调将工作置于流程与战略分解体系中，重新思考其定位。

②以人员招聘为导向的工作分析：强调对工作所需教育程度、工作经验、知识、技能与能力的界定；确定各项任职资格要求的具体等级或水平。

③以员工培训为导向的工作分析：强调岗位的入职培训与在职培训内容的初步界定；为制订公司员工培训方案提供参考和依据。

④以员工职业发展为导向的工作分析：强调员工可晋升岗位与轮岗的初步确定；为制定公司岗位职业发展路径提供参考和依据。

⑤以绩效考核为导向的工作分析：强调对工作职责以及责任细分的准确界定；为制定衡量工作完成效果的指标提供依据。

⑥以薪酬设计为导向的工作分析，如岗位定位，所需知识、技能，任务的复杂程度，工作环境等。

（3）收集和分析有关的背景资料

工作分析要调查的背景资料包括：组织的战略、文化、各项制度和政策，组织结构图，工作流程图，各部门职能、职责分工，岗位配置图，岗位办事细则以及原有的工作说明书等。

（4）选择典型工作

当需要分析的工作很多且又比较相似时，可选择典型工作进行分析。

（5）确定要收集的信息以及收集信息的方法

①确定要收集的信息。确定依据包括：工作分析的目标和侧重点；现有资料需要重点调研或需进一步澄清的信息；按照6W1H的内容确定需要收集的信息。

②选择收集信息的方法。选择依据包括：工作分析要达到的目的；所分析职位的特点；考虑实际条件的限制。

（6）组织及人员方面的准备

①成立进行工作分析的专门组织。表1-1列出了工作分析小组成员及其职责。

表1-1 工作分析小组成员及其职责

| 成员 | 职责 |
| --- | --- |
| 工作分析专家 | 负责工作分析的基本理论和方法<br>提供专业指导和技术支持 |
| 人力资源部经理 | 协调工作分析小组的工作<br>确保工作分析流程与人力资源管理目标一致 |
| 部门主管 | 提供特定岗位的详细信息<br>协助确定岗位要求和工作职责 |
| 员工代表 | 反映员工观点<br>确保工作分析结果符合实际工作情况 |
| 行政专员 | 协助收集和整理工作分析所需的各类数据和资料 |

资料来源 陈国海，江伟，谭琳. 工作分析与组织设计［M］. 北京：清华大学出版社，2023.

②获取高层管理者的支持。在编写工作说明书之前，和公司的高层领导充分讨论，正确定位工作说明书的编写意义和价值，并取得领导对工作分析的理解、支持和认同。

③直线管理者和员工的配合。直线管理者需要带领下属员工提供与工作分析有关的信息，并在人力资源专员的指导下，将这些信息整理成规范的工作说明书。

员工的主动参与是工作分析的关键。在编写工作说明书时，各部门的直线管理者以及员工是主体，只有他们最了解工作的实际情况。

（7）工作分析的实施程序

在工作分析实施方案中将工作分析实施分成若干阶段，说明每阶段具体的工作安排。

3.工作分析实施注意事项

（1）建立虚拟的工作分析组织

建立工作分析组织，做好分工，保证参与工作分析的各类人员在工作分析的不同阶段担当一定的职责，具体内容见表1-2。

表1-2 工作分析组织中的人员分工

| 阶段 | 关键步骤 | 人员职责 |
| --- | --- | --- |
| 准备阶段 | 确定工作分析的目的和范围 | 工作分析专家负责制订工作分析计划<br>人力资源部门协助确定分析范围 |
| 实施阶段 | 收集工作信息 | 工作分析专家、岗位在职人员、上级主管共同收集工作相关信息 |

续表

| 阶段 | 关键步骤 | 人员职责 |
|---|---|---|
| 结果形成阶段 | 分析数据并撰写岗位说明书 | 工作分析专家负责数据分析<br>人力资源文档编写人员撰写岗位说明书 |
| 应用与修订阶段 | 应用工作分析结果并进行修订 | 人力资源部门负责应用结果<br>工作分析专家根据反馈进行修订 |

资料来源　付亚和. 工作分析〔M〕. 3版. 上海：复旦大学出版社，2023.

（2）锁定关键的工作分析步骤，实现有效互动

在建立工作分析组织之后，应按照一定的步骤展开工作分析工作，具体内容见表1-3。

表1-3　　　　　　　　　　工作分析的关键步骤

| 步骤 | 主要内容 | 主体 |
|---|---|---|
| 组织培训 | 编写工作分析培训资料<br>组织各部门的经理、岗位代表、员工代表接受培训<br>按照要求填写岗位信息调查表 | 人力资源部<br>岗位代表<br>岗位直接上级 |
| 整理修改 | 系统整理本部门所有岗位信息，查漏补缺，保证信息完整、清晰<br>初步编制工作说明书 | 员工代表 |
| 编写工作说明书 | 确定规范化、标准化的工作说明书内容 | 人力资源部 |
| | 与部门内负责的主管和部门经理沟通并确认工作说明书的内容 | 部门经理<br>部门主管 |

资料来源　陈国海，江伟，谭琳. 工作分析与组织设计〔M〕. 北京：清华大学出版社，2023.

# 三、实训内容与要求

选择某一职位应用工作分析的实施方案。

要求：参照本书所提供的范本，撰写工作分析实施方案，要求步骤清晰、明确，内容安排合理，文字简练。

# 四、实训组织与步骤

第一步，做好实训前的准备，复习有关工作分析实施方案和工作分析流程的知

识，准确把握此次工作分析的实施背景和目的。

第二步，将学生分组，成立工作分析实施方案撰写小组。

第三步，各小组按照此次工作分析的流程进行内部分工，确定要访谈的部门、人员和所需收集资料的类型。

第四步，以小组为单位，就收集的资料展开讨论，确定工作分析实施过程中涉及的工作分析的背景及目的、工作分析的内容和结果、所需的资料、适用的工作分析方法、工作分析的实施者以及实施程序等。

第五步，讨论结束后，每位同学需撰写工作分析实施方案。

第六步，教师进行点评与总结。

# 五、实训时间

本项目所需时间为4课时：外部调研访谈需2课时，撰写工作分析实施方案以及教师总结点评需2课时。

# 六、实训成果

基于某公司的背景资料，撰写工作分析实施方案。

# 七、实训成绩评定

1.实训成绩等级评定

实训成绩按优秀、良好、中等、及格、不及格5个等级进行评定。90分及以上为优秀；80～89分为良好；70～79分为中等；60～69分为及格；59分及以下为不及格。

2.实训成绩评定参考标准

（1）实训前，对工作分析流程和撰写工作分析实施方案方面的内容是否熟悉。

（2）小组调研资料收集得是否全面、翔实。

（3）工作说明书中关于任职者需具备的技能、任职者对工作各方面应负责任的程度等内容，是否具体明确。

（4）小组成员分工是否合理，其是否团结协作，具有良好的团队精神与合作意识。

（5）是否按照工作分析流程进行操作，工作分析实施方案的内容安排是否规范、合理。

（6）实训成绩评定比例：实训环节表现占40%，实训成果质量占60%。

# 附　录

## A公司工作分析实施方案

一、目的

通过工作分析，使公司组织设计的结果得到进一步深入和细化，将部门的工作职能分解到各个职位，明确界定各个职位的职责与权限，确定各个职位主要的工作绩效指标和任职者的基本要求，为各项人力资源管理工作提供基础。

二、工作分析的内容与结果

本次工作分析要完成下列工作内容：

1.了解各个职位的主要职责与任务

2.根据新的组织结构运行的要求，合理清晰地界定职位的职责权限及其与组织内外的联系

3.确定各个职位的关键绩效指标

4.确定工作任职者的基本要求，工作分析的最终成果将形成每个职位的职务说明书

三、需要的资料

1.组织的结构图

2.各部门职能说明书

3.工作流程图

4.职权体系表

5.岗位责任制

6.人员名单

四、工作分析的方法

1.资料调研

2.工作日志

3.访谈

4.职位调查表

5.现场观察法

6.问卷法

五、工作分析的实施者

本次工作分析由某大学专家组和公司有关人员共同组成工作分析实施小组。该实施小组的组成为：某大学的专家组，负责项目的总体策划与实施；公司人力资源部人员，作为项目的协调与联络人；公司的高层领导，提出总体的要求并对工作结

果进行验收。

六、工作分析的实施程序

本次工作分析主要分3个阶段进行，即准备阶段、实施阶段和结果整合阶段。

1.准备阶段（5月10日—5月20日）

（1）对现有资料进行研究。

（2）选定待分析的职位。

（3）准备调研用的工具。

2.实施阶段（5月21日—6月30日）

（1）召开员工会议，进行宣传动员。

（2）制订具体的调研计划。

（3）记录工作日志。

（4）实施访谈和现场观察。

（5）发放调查表。

3.结果整合阶段（7月1日—7月20日）

（1）对收集的信息进行整理。

（2）与有关人员确定信息，并做适当调整。

（3）编制职务说明书。

七、工作描述问卷样本

## 工作描述问卷样本

工作名称：                    部门：

工号：                        填写人：

填写日期：

可使用的《职位分类词典》编码：

1.可以从我国《职位分类词典》中直接选用的工作定义

2.工作概述

（列举较为重要的常规任务）

3.工作汇报对象

4.监督的下属人员

5.工作任务

（对每位员工正在执行的任务进行简单描述；如果可能，还可以描述员工是如何做的。在每一项任务的结尾，还需要标明用于某一任务的时间占工时的百分比大约是多少）

（1）日常任务：

（2）阶段性任务（指明是每周、每月，还是每季度要做）：

（3）没有规律偶尔执行的任务：

6.工作的任职条件

# 实训二　职位说明书编写

## 一、实训目的

通过该实训项目，了解职位说明书包括的主要内容，理解编写职位说明书的基本原理和编制方法，学会编写内容完整、用语规范的职位说明书。

## 二、基本知识要点

1.职位说明书的概念和内容

职位说明书是关于任职者实际做什么，如何做，以及在什么条件下做的一种书面说明。职位说明书是人力资源管理的基础性文本，是工作分析的重要成果。职位说明书包括职位名称、所在部门、报告关系、职位薪资等级、职位编号、编制日期、职位概要、职位位置、任职资格（资历、所需资格证书、知识技能要求、能力要求、素质要求）、工作联系、职业通道、职责要求、关键绩效（KPI）、签字确认等内容。

2.职位说明书的编制方法

（1）如何填写"职位名称"

职位名称是对工作名称的进一步明确，规范职位名称有利于进行职位管理。

（2）如何填写"所在部门"

所在部门是指该职位所在的机构或部门，一般会有以下几种情况：

①机构或公司的正职和副职填写所在机构或公司的名称。

②各部门人员填写所在机构或公司及对应部门的名称。例如某一子公司人力资源部员工填写"子公司名称+人力资源部"；如果部门很大，还分有各处，如招聘处的员工可以填写"公司名称十人力资源部招聘处"。

（3）如何填写"报告关系"

报告关系是指该职位的直接上级，一般会有以下几种情况：

①机构（包括子公司、分公司、事业部）或部门副职的直接上级是正职。

②各部门或机构正职的直接上级是对应的主管领导。

③各部门内人员的直接上级一般来讲都是该部门的正职，但如果部门内还有处，则处长的直接上级是部门正职，各处内员工的直接上级是该处处长。

（4）如何填写"职位薪资等级"

职位薪资等级是指该职位经过职位评估和薪酬设计后的职位级别和薪资等级。

（5）如何填写"职位编号"

职位编号是指职位的代码，组织中的每个职位都应当有一个代码。

职位编号的繁简程度视企业的具体需要而定。为职位编号的目的是便于快速查找所有的职位。

为职位编号的步骤如下：为整个集团所有机构编号；为机构内的部门编号；对部门内各职位进行编号。

在全公司职位说明书编制完成后，这一栏由人力资源部为公司所有职位说明书统一编号并填补。

（6）如何填写"职位概要"

职位概要也就是职位设置的目的，即用一句话简单地概括工作的主要功能，简短而准确地表述该职位为什么存在。

（7）如何填写"职责要求"

职责要求，即工作的责任与任务，这是编写职位说明书最为繁杂的部分。为了了解和描述职位的情况，要明确提供该职位的职责范围和权限。职位的职责来自对组织使命的分解，即按照组织的要求，本职位应该做什么。

在编写职责要求时，首先应该明确本职位应该做哪几方面的事情，然后对每件事情进行具体描述。在进行具体描述时，每一条职责都应尽量以流程的形式描述，描述的格式为"动词+名词宾语+进一步描述任务的词语"。

例如，对某办公室主任来说，主要有文秘管理、档案管理、日常行政管理、部门管理四方面的职责，对于不好归类的内容可列入"其他"这一栏。具体描述文秘管理的第一条职责时，"动词"是"组织拟定并审核"，"名词宾语"是"本单位各种公文、报告和会议文件的行文规范、签发程序制度"，"进一步描述任务的词语"是"提出意见，批准后督导实施"。

（8）如何填写"关键业绩指标"

关键业绩指标是指从哪些方面、以什么标准去评价该职位工作的效果。职位说明书中的考核指标只需讲到考核方面即可，在考核制度中会对考核指标进行标准分级的描述。

（9）如何填写"任职资格"

任职资格是对求职者的要求，不是针对现有人员的要求。任职资格包括以下项目：资历、所需资格证书、知识要求、技能要求、能力要求、素质要求等。

①资历包括学历（学位）、所学专业（或接受过何种培训）、职称和工作经验（包括一般工作经验和特殊工作经验）。

②所需资格证书不是指职称，而是指从事本工作所必需的证照。

③知识要求包括业务知识和管理知识。业务知识是指该职位人员开展业务工作时所必须具备的知识。这些知识都应区分其广博程度和精通程度。

④技能要求包括基本技能和业务技能。基本技能是指完成各种工作时都需要具备的通用的操作技能，通常指"写作能力、外语能力和计算机能力"。业务技能是指开展某项实际业务工作需要具备的知识与能力素养。

⑤能力要求是指完成指定工作应具备的一些能力方面的要求，包括需要什么能力及其级别。能力要求一般不宜多，3~5个即可。

⑥素质要求是指一个人的潜在特质。素质要求是指该职位对任职者的个性或特质的要求。素质要求一般不宜多，1~2个即可。常见的素质要求有：情绪稳定性、心理承受力、忠诚、自我认识、团队合作精神、全局意识、人际敏感性、责任心、成就动机、魄力。

（10）如何填写"工作联系"

工作联系是指与本职位有较多工作来往的组织内、外部沟通对象。

# 三、实训内容与要求

编写某一职位的职位说明书。

要求：结合工作分析方法所收集的某一职位的职位信息，并参考职位说明书的格式，编写该职位的职位说明书，并根据编写的职位说明书完成软件操作。

# 四、实训组织与步骤

第一步，成立职位说明书编写小组。

第二步，以小组为单位，根据收集的职位信息展开讨论，确定某一职位的关键职位信息。

第三步，讨论结束，各小组编写典型职位说明书，根据编写的职位说明书，完成软件操作。

第四步，教师就各小组所编写的职位说明书进行点评并总结。

# 五、数智化背景下结合软件进行职位说明书的编写

第一步，进入精创教育人力资源管理综合实训平台首页（如图2-1所示），点击"人资规划"，进入后，点击"岗位说明书编撰"（如图2-2所示）。

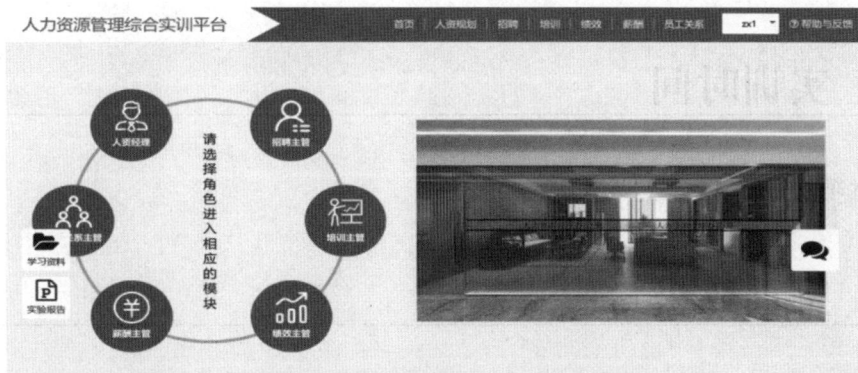

图 2-1 人力资源管理综合实训平台首页

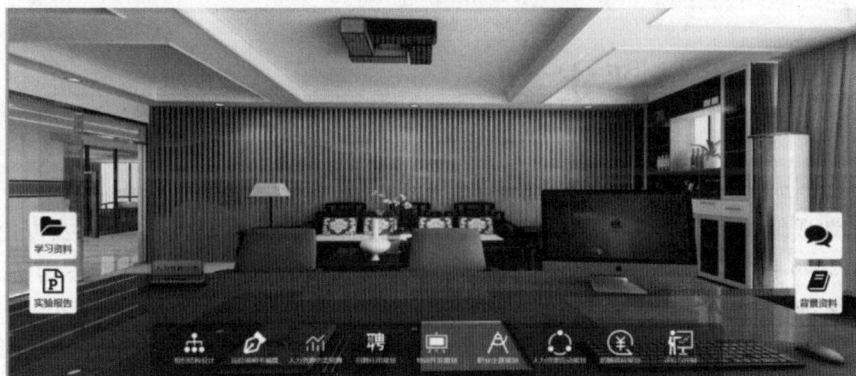

图 2-2 人资规划页面

第二步，按照"岗位基本信息"的填写方式，依次填写"岗位工作内容""岗位工作职责"和"岗位任职要求"，全部填好后，点击"立即提交"（如图 2-3 所示）。

图 2-3 岗位说明书编撰页面

# 六、实训时间

本项目所需时间为2课时。

# 七、实训成果

基于某公司以及部分职位的背景，编写职位说明书，完成软件操作。

# 八、实训成绩评定

1.实训成绩等级评定

实训成绩按优秀、良好、中等、及格、不及格5个等级评定。90分及以上为优秀；80～89分为良好；70～79分为中等；60～69分为及格；59分及以下为不及格。

2.实训成绩评定参考标准

（1）实训前，对职位说明书的内容是否熟悉？

（2）小组成员分工是否合理，其是否团结协作，具有良好的团队精神与合作意识？

（3）是否按照职位说明书的原理编制，编制的职位说明书的内容是否正确、翔实，信息是否完整、重点突出？

（4）实训成绩评定比例：实训环节表现占40%，实训成果质量占60%。

# 附　录

**附录1　××公司人力资源专员职位说明书**

一、职位基本信息

职位名称：人力资源专员

所属部门：［根据公司部门设置］

直属上级：人力资源部经理

工作地点：［具体工作地点］

职位级别：［根据公司级别设置］

职位薪酬等级：［根据公司薪酬等级设置］

职业编号：［根据公司制度设置］

二、职位概述

人力资源专员是人力资源部门的重要成员，主要负责公司员工招聘、培训、员工关系维护、薪酬福利管理等方面的工作，为公司的稳健发展和员工满意度提供有力保障。

三、主要职责与任务

1. 招聘与人才管理

（1）根据部门需要，制订并执行招聘计划，确保及时补充岗位空缺。

（2）筛选简历，组织面试，协助完成候选人评估与选择。

（3）负责员工入职、离职手续的办理及员工档案管理。

2. 员工培训与发展

（1）设计并组织新员工入职培训，提高员工适应度和融入感。

（2）协助组织在职员工的专业技能提升培训。

（3）跟踪培训效果，收集反馈意见，不断完善培训体系。

3. 员工关系与文化建设

（1）维护和谐的员工关系，处理员工纠纷与投诉。

（2）协助组织公司文化活动，营造积极向上的工作氛围。

（3）收集和传达员工意见与建议，为管理层决策提供参考。

4. 薪酬福利管理

（1）协助制定薪酬福利政策，确保政策公平、合规。

（2）负责员工薪酬核算、发放，及福利申请的审核。

（3）定期调查市场薪酬水平，为公司薪酬调整提供依据。

5. 报表与数据分析

（1）编制人力资源相关报表，如员工流动率、招聘周期等。

（2）对人力资源数据进行收集、整理和分析，为公司提供决策支持。

四、职位要求

教育背景：人力资源管理、心理学、社会学或相关专业本科及以上学历。

工作经验：1年以上人力资源管理相关工作经验，优秀应届毕业生亦可考虑。

技能与能力：具备良好的沟通协调能力、组织能力和团队合作能力；熟练使用办公软件和人力资源管理系统。

语言要求：普通话流利，具备一定的英语听、说、读、写能力。

五、工作关系

内部关系：与各部门相关人员保持密切沟通，确保人力资源工作与公司整体战略目标一致。

外部关系：与招聘网站、猎头公司、培训机构等外部机构保持合作关系，拓展招聘渠道和培训资源。

六、绩效考核与职业发展

绩效考核：根据公司年度目标和部门工作计划，制定个人绩效考核指标，定期进行评估和反馈。

职业发展：提供内部培训、外部学习和晋升机会，鼓励员工不断提升自身能力，进行职业发展规划。

### 附录2　××公司会计专员职位说明书

一、职位基本信息

职位名称：会计专员

所属部门：［根据公司部门设置］

直属上级：财务经理

工作地点：［具体工作地点］

职位级别：［根据公司级别设置］

职位薪酬等级：［根据公司薪酬等级设置］

职业编号：［根据公司制度设置］

二、职位概述

会计专员负责公司的财务核算、报表编制、税务处理以及财务分析等工作，确保公司财务信息的准确性、完整性和及时性，为公司决策提供财务支持。

三、主要职责

1.财务核算与报表编制

（1）负责公司日常的财务核算，包括收入、成本、费用等的核算和账务处理。

（2）编制月度、季度和年度财务报表，包括资产负债表、利润表、现金流量表等。

（3）根据公司财务管理制度和会计准则，确保报表的准确性和合规性。

2.税务处理

（1）负责公司各项税费的计提、申报和缴纳工作，确保税务合规。

（2）对公司税收进行整体筹划与管理，优化税务结构，降低税务风险。

（3）跟进和协调财务审计、税务检查等工作，配合提供相关资料。

3.财务分析

（1）对公司财务状况进行定期分析，编制财务分析报告，为管理层提供决策支持。

（2）参与公司预算的编制和控制，对预算执行情况进行分析和反馈。

（3）对公司重大项目、产品等进行成本预算和成本分析，提供成本资料。

4.内部控制与制度建设

（1）参与建立和维护公司内部会计、审计和内控制度，完善公司财务控制体系。

（2）监督各部门执行财务计划和预算情况，及时上报并处理异常情况。

（3）学习、掌握先进的成本管理和成本核算方法及计算机操作技能，提出降低成本的控制措施和建议。

5.其他工作

（1）完成领导交办的其他财务相关工作。

（2）协助其他部门提供财务支持和咨询服务。

四、任职资格

教育背景：财务管理、会计、审计、税务等相关专业大学本科及以上学历。

工作经验：3年以上相关领域工作经验，熟悉公司财务管理制度和会计准则。

知识与技能：熟悉会计、税务、审计等相关法律法规和会计准则，熟练掌握财务软件操作，如 Excel、财务软件等，具备良好的分析能力、沟通能力和团队合作精神。

态度与素质：认真负责，工作细心，具有高度的责任心和敬业精神，积极进取，具备较强的学习能力和适应能力，保守公司商业机密，维护公司利益。

五、工作关系

上级：会计专员的上级通常是财务主管或财务总监。他们负责指导和监督会计专员的工作，确保公司财务工作的准确性和合规性。

下级：会计专员的下级通常是出纳人员。出纳人员负责公司的日常现金和银行存款的收支、记账等工作，会计专员则对这些收支进行进一步的核算和管理。

内部部门关系：会计专员需要与销售部、采购部、人力资源部等公司内部其他部门保持密切的合作关系。例如，与销售部合作，确保销售订单被正确记录和跟踪，以便及时制作发票和收款；与采购部合作，确保采购订单被准确记录和跟踪，以便及时支付和进行库存管理；与人力资源部合作，确保员工薪资和福利的正确计算和支付。

外部关系：需要与税务、审计等部门建立良好的外部关系，会计专员需要接受税务、审计等部门的检查、监督，及时、准确提供所需的各项资料，与这些部门保持良好的沟通和协调。

团队关系：会计专员还需要与财务部内部的其他成员，如其他会计、财务分析人员等保持良好的合作关系，共同确保公司财务工作的顺利进行。

# 模块二　招聘与选拔

实训三　招聘计划设计
实训四　人员招募
实训五　人员选拔——面试
实训六　人员选拔——无领导小组讨论
实训七　人员录用

# 实训三　招聘计划设计

## 一、实训目的

通过该实训项目，了解并掌握招聘的前提性工作——工作分析及人力资源规划的技术与方法，掌握工作说明书及招聘计划的撰写；同时，在实训中学习我国传统文化中蕴含的招聘理论精华，培养热爱祖国、奉献社会、爱岗敬业、遵纪守法的人力资源职业精神。

## 二、基本知识要点

1.工作分析、人力资源规划与招聘工作的关系

每个企业都需要人才，企业如何通过招聘获得合格人才并安排到相应的工作岗位上，是每个企业HR工作者面临的现实且重要的问题。企业在招聘时，首先要弄清楚哪些岗位需要人，需要什么样的人，需要多少人，什么时间需要等问题。企业的工作分析和人力资源规划较好地解决了以上问题，因此我们把工作分析与人力资源规划称为招聘工作的基础与前提。

2.工作分析的含义

工作分析就是对组织中某个特定工作岗位的目的、任务、职责、权利、隶属关系、工作条件以及完成该工作所需的技能和知识等相关信息进行收集与分析，以对该岗位做出明确的规定，并确定完成该工作所需要的行为、条件和人员的过程，是一种重要而应用普遍的人力资源管理技术。

工作分析主要包括两部分：一是对组织内各职位所要从事的工作内容和承担的工作职责进行清晰的界定；二是确定各职位所需要的任职资格，如学历、专业、年龄、技能、工作经验、工作能力以及工作态度等。工作分析的结果一般体现为工作说明书，其包括工作识别信息、工作概要、工作职责，以及任职资格等标准信息，为其他人力资源专员的使用提供方便。

工作分析是人员招聘和录用工作的基础。只有通过工作分析，才能知道某职位需要完成哪些特定的工作任务、履行哪些职责，胜任该职位的人应具备哪些基本的

条件。对于招聘者和应聘者来说，有了工作分析的结果，招聘工作才能有的放矢。招聘者知道应该招聘什么样的人才能胜任工作，他们可以根据职位的要求和职位候选人的情况对候选人进行选择，选择最适合该职位的人选；应聘者了解工作的基本内容和要求，从而去应聘适合自己的工作，避免盲目地去应聘。

另外，工作分析的结果，可以帮助招聘者选择并使用适宜的测评与选拔人才的手段和方法。不同的职位对从事该职位的人有不同的要求，因此对不同的职位在选拔时的侧重点也有所不同。例如，对财务人员比较强调其对数字的敏感性，因此对他们进行选拔时，就会进行一些关于数量关系的测验；对操作工人的选拔比较看重其手指的灵活性，因此会进行一些有关操作的测验；对管理人员的选拔强调其综合的管理能力，因此会注重对其管理能力的考查。

3.工作分析的方法

工作分析的方法很多，企业在进行工作分析时需根据工作分析的目的，并结合各种方法的利弊，针对不同岗位选择不同的工作分析方法。一般来说，工作分析有以下五种方法：

（1）资料分析法

为了降低工作分析的成本，应尽量利用现有资料。一些企业曾对工作进行过分析，那么原有的工作说明书就是当前工作分析的重要基础材料。即使企业没有工作说明书等资料，也会有或多或少与工作任务及岗位规范等内容有关的资料，如岗位责任制文件、聘用合同、作业统计、人事档案等，可以提供与工作有关的各方面信息。在进行工作分析时，仅凭资料分析是不够的，但充分利用现有资料的确可以大大降低工作分析的工作量，缩短工作时间，提高工作效率。

（2）观察法

观察法是工作人员在不影响被观察人员正常工作的条件下，通过观察将有关的工作内容、方法、程序、设备、工作环境等信息记录下来，最后将取得的信息归纳整理为适合使用的结果的过程。采用观察法进行岗位分析时，应力求结构化，根据岗位分析的目的和组织现有的条件，事先确定观察内容、观察时间、观察位置、观察所需的记录单，做到省时、高效。

观察法的优点是：取得的信息比较客观和准确。但它要求观察者有足够的实际操作经验，而且无法得到有关任职者资格要求的信息。观察法主要用于标准化的、周期短的以体力活动为主的工作，不适用于工作循环周期长的、以智力活动为主的工作。观察法常与访谈法同时使用。

（3）访谈法

访谈法是访谈人员就某一岗位与访谈对象，按事先拟好的访谈提纲进行交流和讨论。访谈对象包括：该职位的任职者、对工作较为熟悉的直接主管人员、与该职位工作联系比较密切的工作人员、任职者的下属。为了保证访谈效果，一般要事先设计访谈提纲，并交给访谈者准备。访谈法通常用于工作分析人员不能实际参与观察的工作。

访谈法的优点是：既可以得到标准化工作信息，又可以获得非标准化工作信息；

既可以获得体力工作的信息，又可以获得脑力工作的信息，同时可以获取其他方法无法获取的信息，比如工作经验、任职资格等，尤其适合对文字理解有困难的人。

其不足之处是：被访谈者对访谈的动机往往持怀疑态度，回答问题时会有所保留，信息有可能会被扭曲。因此，访谈法一般不能单独用于信息收集，需要与其他方法结合使用。

（4）问卷调查法

问卷调查法是根据工作分析的目的、内容等事先设计一套调查问卷，由被调查者填写，再将问卷加以汇总，从中找出有代表性的回答，形成对工作分析的描述信息。问卷调查法是工作分析中最常用的一种方法。问卷调查法的关键是问卷设计，主要有开放式和封闭式两种形式。开放式调查表由被调查人自由回答问卷所提问题；封闭式调查表则是调查人事先设计好备选答案，由被调查人选择确定。

问卷调查法的优点是费用低、速度快、调查范围广，尤其适合对大量工作人员进行工作分析；调查结果可以量化，可以进行计算机处理，可以开展多种形式、多种用途分析。但是，这种方法对问卷设计要求比较高，设计问卷需要花费较多的时间和精力，同时需要被调查者的积极配合。

（5）工作日志法

工作日志法是指任职者按照时间顺序详细记录自己的工作内容和工作过程，然后经过工作分析人员的归纳、提炼，获取所需工作信息的一种工作分析方法，又称工作活动记录表。根据不同的工作分析目的，需要设计不同的"工作日志"格式，这种格式常常以特定的表格呈现，通过填写表格，可以提供有关工作的内容、程序和方法，工作的职责和权限，工作关系以及所需时间等信息。

4.工作说明书的编写

工作说明书作为组织重要的文件之一，是对某类职务的工作性质、任务、责任、权限，工作内容和方法，工作环境和条件，以及本职务任职资格条件所做的书面记录。通过工作分析程序获得的资料，经过归纳与整理，可撰写成工作说明书。

工作说明书的主要内容包括：

（1）工作标识，包括工作的名称、编号，工作所属的部门，工作地位，工作说明书的编写日期等。

（2）工作综述，列出主要工作的特征及主要工作范围。

（3）工作活动和工作程序，包括所要完成的工作任务、工作职责、所使用的材料及机器设备、工作流程、与其他人的联系、所接受的监督及所实施的监督等。

（4）工作权限，包括工作人员决策的权限、对其他人员实施监督的权限以及经费预算的权限等。

（5）工作的绩效标准，即完成各任务所要达到的标准。

（6）工作条件与物理环境，包括工作地点的温度、湿度、光线、噪声、安全条件、地理位置等。

（7）社会环境，包括工作群体中的人数、完成工作所要求的人际交往的数量和程度、各部门之间的关系、工作地内外的文化设施、社会习俗等。

（8）聘用条件，包括工作时数、工资结构、支付工资的方法、福利待遇、该工作在组织中的正式位置、晋升机会、工作的季节性、进修的机会等。

（9）工作规范，一般包括年龄、性别、学历、工作经验，生理要求（健康状况、力量与体力、感觉器官的灵敏度等）和心理要求（性格、气质、观察能力、学习能力、语言表达能力、兴趣爱好等）。

5.人力资源规划的含义

人力资源规划（HR Planning），是指从企业的战略规划和发展目标出发，根据其内外部环境的变化，预测企业未来的人力资源需求和供给状况，制定适宜的政策和措施来保证企业人力资源的供给与需求达到平衡，实现人力资源的合理配置。

对于一个企业来说，人力资源规划的实质是根据企业的经营方针，通过确定企业人力资源来实现企业的目标。企业的招聘计划是以企业的人力资源规划为依据，通过对招聘具体过程的规划为企业的招聘工作提供指导，故招聘计划的设计与实施离不开人力资源规划。招聘计划中包含了未来一定时期预计要招聘的部门、岗位、人数等多个信息，以及根据这些信息确定的招聘方式、招聘来源、招聘时间及地点等内容。

（1）制定人力资源规划的过程

①收集有关信息资料。

人力资源规划的信息包括组织内部信息和组织外部环境信息。组织内部信息主要包括企业的战略计划、战术计划、行动方案、本企业各部门的计划、人力资源现状等。组织外部环境信息主要包括宏观经济形势和行业经济形势、技术的发展情况、行业的竞争性、劳动力市场、人口和社会发展趋势、政府的有关政策等。

②人力资源需求预测。

人力资源需求预测包括短期预测和长期预测，总量预测和各个岗位需求预测。人力资源需求预测的典型步骤如下：第一步，实现人力资源需求预测；第二步，未来人力资源需求预测；第三步，未来人力资源流失情况预测；第四步，得出人力资源需求预测结果。

③人力资源供给预测。

人力资源供给预测包括组织内部供给预测和外部供给预测。人力资源供给预测的典型步骤如下：第一步，内部人力资源供给预测；第二步，外部人力资源供给预测；第三步，将组织内部人力资源供给预测数据和组织外部人力资源供给预测数据汇总，得出组织人力资源供给总体数据。

④确定人力资源净需求。

在员工未来的需求与供给预测数据的基础上，将本组织人力资源需求的预测数与同期内组织本身可供给的人力资源预测数进行对比分析，从比较分析中可测算出各类人员的净需求数。这里所说的"净需求"既包括人员数量，又包括人员的质量、结构，即既要确定"需要多少人"，又要确定"需要什么人"，数量和质量要对应起来，这样就可以有针对性地进行招聘，也为组织制定有关人力资源的政策和措施提供了依据。

⑤编制人力资源规划。

根据组织战略目标及本组织员工的净需求量，编制人力资源规划，包括总体规划和各项业务计划。同时，要注意总体规划和各项业务计划及各项业务计划之间的衔接和平衡，提出调整供给和需求的具体政策和措施。

（2）人力资源需求预测方法

①经验预测法。

经验预测法是一种利用现有情报和资料，根据以往的经验，结合本企业的实际特点，对企业未来员工需求进行预测的一种简便易行的预测方法。这种预测方法基于人力资源的需求与某种次要因素之间存在某种关系的假设。由于这种方法完全依靠预测者的经验和能力，预测结果的准确性和精确度得不到保证，通常只能用于短期预测。

②德尔菲法。

德尔菲法又称专家预测法，是指邀请某领域一些专家或有经验的管理人员采用问卷调查或小组面谈的形式对企业未来人力资源需求量进行分析、评估和预测并最终达成一致意见的方法。

具体来说，由人力资源专员作为中间人，将第一轮预测中专家们各自提出的意见集中起来并加以归纳后反馈给他们，然后重复这一循环，使专家们有机会修改他们的预测并说明修改的原因。一般情况下重复 3~5 次之后，专家们的意见趋于一致。这里所说的专家，可以是来自一线的管理人员，也可以是高层经理；可以是企业内部的，也可以是企业外部的。专家的选择基于他们对影响企业的内部因素的了解程度。

③趋势分析法。

这种定量分析方法的基本思路是：确定组织中哪一种因素与劳动力数量和结构的关系最密切，然后找出这一因素随聘用人数而变化的趋势，由此推断未来人力资源的需求。选择与劳动力数量有关的组织因素是需求预测的关键一步。这个因素至少应满足两个条件：第一，组织因素应与组织的基本特性直接相关；第二，所选因素的变化必须与所需人员数量的变化成比例。有了与聘用人数相关的组织因素和劳动生产率，我们就能够估计出劳动力的需求量了。

在运用趋势分析法做预测时，可以完全根据经验估计，也可以利用计算机进行回归分析。所谓回归分析，就是利用历史数据找出某一个或几个组织因素与人力资源需求量的关系，并将上述关系用数学模型表示出来，借助数学模型，就可推测未来人力资源的需求量。但此过程比较复杂，需要借助计算机来进行。

（3）人力资源内部供给预测方法

人力资源内部供给的分析主要是对组织现有人力资源的存量及其未来的变化情况做出的判断。首先，对现有人力资源进行分析，即对现有人力资源的年龄结构、学历结构、能力结构等做出分析。此外，对员工的性别、身体状况等也要进行分析。其次，对人员流动情况进行分析，即分析人员由组织流出的情况以及人员在组织内部的流动情况。最后，对人员质量进行分析，人员质量的变化主要表现为生产率的变动。

①技能清单法。

技能清单是一个反映员工工作能力特征的列表，这些特征包括员工的培训背景、工作经历、持有的证书、工作能力的评价等内容。其具体包括以下方面的信息：

● 个人资料：性别、年龄、所在地区等。

● 技能：经验、教育和培训。

● 特殊资格：获奖、成就、资格。

● 工资和工作经历：工资的提升过程、过去的职业经历。

● 个人在企业的情况：职位、收入。

● 个人能力：相关测试成绩、健康资料。

● 其他特殊爱好。

② 人员替换法。

对组织现有人员的状况做出评价，然后对他们晋升或者调动的可能性做出判断，以此来预测组织潜在的内部供给。

绘制出企业组织系统结构图，给出各个岗位人员的接替计划。接替计划包括：梯队成员姓名、年龄；接替的可能时间；每个人目前的状态，比如对人选是否满意、存在哪些不足等。

人员替换法侧重内部员工的晋升，可以起到鼓舞员工士气、激励员工的作用，同时降低了招聘成本，因为基层员工比较容易招到。

③ 马尔科夫模型。

马尔科夫模型是用来预测等时间间隔点上（一般为一年）各类人员分布状况的一种动态预测技术。该模型要求：在给定的时间段内，各类人员都有规律地从低一级向高一级职务转移。转移率是一个固定的比例，或者根据组织职位转移变化的历史分析推算。

马尔科夫模型基本思想：找出过去人力资源流动的比例，以此来预测未来人力资源供给的情况。

马尔科夫模型的步骤如下：第一，根据历史数据推算包含各类人员转移率（迁出转移率）的转移矩阵；第二，统计初始时点各类人员的分布状况；第三，建立马尔科夫模型，预测未来各类人员的供给状况。

马尔科夫模型示例见表3-1。

（4）人力资源外部供给分析

外部供给在大多数情况下不能由组织直接掌握和控制，因此外部供给的分析主要是对影响供给的因素进行判断，从而对外部供给的有效性和变化趋势做出预测。影响人力资源外部供给的因素有：

① 地域性因素，包括企业所在地的人力资源现状、企业所在地对人才的吸引程度、企业自身的吸引程度。

② 全国性因素，包括预期经济增长预期失业率、全国范围的职业市场状况。

③ 人口发展趋势。

④ 科学技术的发展。

表3-1　　　　　　　　　　　　马尔科夫模型示例

| 职务名称 | 2×19年初期人数 | 2×20年1月人员转移概率/人数 | | | | | |
|---|---|---|---|---|---|---|---|
| | | 区域经理 | 分公司经理 | 经营部经理 | 业务主管 | 业务员 | 离职 |
| 区域经理 | 4 | 0.75/3 | | | | | 0.25/1 |
| 分公司经理 | 20 | 0.05/1 | 0.75/15 | 0.05/1 | | | 0.15/3 |
| 经营部经理 | 96 | | 0.042/4 | 0.9/86 | | | 0.058/6 |
| 业务主管 | 264 | | | 0.027/7 | 0.73/193 | | 0.243/64 |
| 业务员 | 1 258 | | | | 0.028/35 | 0.81/1019 | 0.162/204 |
| 预计内部供给 | | 4 | 19 | 94 | 228 | 1 019 | — |
| 预计外部供给 | | 0 | 1 | 2 | 36 | 239 | — |

⑤政府的政策法规。

⑥劳动力市场发展状况。

⑦社会平均薪酬水平。

⑧劳动力就业意识和择业心理等。

6.招聘计划

招聘计划是人力资源部结合企业的人力资源规划和工作说明书，明确一定时期内需招聘的职位、人员数量、资质要求等因素，制订的具体招聘活动的执行方案。招聘计划一般包括以下内容：

①人员需求清单，包括招聘的职务名称、人数、任职资格要求等内容。

②招聘信息发布的时间和渠道。

③招聘小组成员，包括小组成员姓名、职务、职责。

④应聘者的考核方案，包括考核的场所、答题时间、题目设计者姓名等。

⑤招聘的截止日期。

⑥新员工的上岗时间。

⑦招聘费用预算，包括资料费、广告费、人才交流会费用等。

⑧招聘工作时间表，应尽可能详细，以便于他人配合。

# 三、实训内容与要求

实训内容：编制工作说明书及招聘计划。

要求：学生调研周边企业，编制近期的招聘计划，并选择1~2个岗位进行工作分析，编制工作说明书。

# 四、实训组织与步骤

第一步，对全班同学分组（每组5~6人），每一小组模拟一个招聘团队，小组的每个成员模拟招聘团队的不同角色，负责后期的招聘活动，要求每个小组分管一个部门中1～2个岗位的招聘工作。

第二步，要求每个小组调查一个周边企业，了解企业的基本状况，针对具体一个部门（如财务部、人力资源部、市场营销部等）的人员需求情况及需招聘的具体岗位开展详细调研。调研确有困难的小组可模拟组建一个公司，并针对其中一个具体部门进行分析。

第三步，每个招聘团队根据调研企业的现状及发展目标，选择合适的方法，预测该企业未来一定时间段内（1～3年）的人力资源需求情况。

第四步，根据调研的资料，选择合适的方法，预测该企业未来一定时间段内（1～3年）的人力资源内部供给情况，并分析人力资源外部供给情况。

第五步，将需求预测与供给预测的结果进行对比，分析并确定该企业未来一定时间段内（1～3年）人力资源的净需求。

第六步，根据人力资源的净需求，并结合前期工作分析实训所得到的信息，编制人力资源招聘计划，包括招聘岗位基本情况、需招聘人数、招聘渠道、招聘时间及地点、招聘经费预算等。

第七步，根据企业具体情况，选择一个具体的需要补充人员的岗位进行工作分析，编制该岗位的工作说明书。

第八步，每个小组及时上交招聘计划与工作说明书，教师及时评阅并给出指导意见。

第九步，每个小组根据教师的评阅意见对招聘计划进行修改，之后打印并存档，保留至后期实训时使用。

# 五、实训时间

在实训过程中，教师需要提供工作分析及人力资源规划所需资料，并明确工作说明书与招聘计划的格式要求。学生则需提前列出调研提纲，教师要对调研提纲给予指导。

调研需要花费一定的时间，每个小组应至少抽出半天时间用于调研，并利用课余时间对调研资料进行分类整理。课堂上要求学生携带前期调研并整理过的材料，讨论具体岗位的工作说明书的编写问题及招聘计划的制订问题，利用约2个课时的时间形成工作说明书的雏形，再用2个课时的时间完成招聘计划初稿的撰写。课后要求学生继续修改完善，一周后上交各个小组编制的工作说明书与招聘计划。

# 六、实训成果

该环节结束后，每个小组的学生必须提交实训成果——工作说明书与招聘计划。

# 七、实训成绩评定

1.实训成绩等级评定

实训成绩按优秀、良好、中等、及格、不及格5个等级评定。90分及以上为优秀；80~89分为良好；70~79分为中等；60~69分为及格；59分及以下为不及格。

2.实训成绩评定参考标准

（1）前期调查对象是否明确，调查方式是否合理？

（2）工作说明书中对工作的描述是否清晰透彻，读者看过之后，是否能明白其工作的内容、工作程序与工作要求等？

（3）工作说明书描述关于任职者须具备的技能、任职者对工作各方面应负责任的程度等问题时，措辞是否具体明确？

（4）工作说明书是否简短、扼要，是否避免使用笼统含糊的语句；在描述一个岗位的职责时，是否选取主要的职责进行描述？

（5）招聘计划的内容是否全面，描述是否清楚，措辞是否恰当？

（6）招聘计划中拟招聘的岗位是否明确，是否能结合工作分析的内容？

（7）招聘计划中的时间安排是否合理？

（8）小组成员分工是否合理，其是否团结协作，具有良好的团队精神与合作意识？

（9）是否按时上交工作说明书及招聘计划，是否独立完成工作说明书及招聘计划的编写？

（10）实训成绩评定比例：实训环节表现占40%，实训成果质量占60%。

# 附　录

## 附录1　工作分析方法

1.访谈法典型问题提纲

（1）该岗位的基本职能及岗位的主要工作职责是什么？

（2）该岗位的工作目标是什么？最终要取得什么结果？

（3）该岗位在组织流程图中处于怎样的位置？在工作过程中，需要和哪些部门和人员联系？

（4）该岗位可以晋升的职位有哪些？可以进行工作轮换的职位有哪些？可以降级到哪些职位？

（5）组织赋予该岗位的主要权限有哪些？

（6）胜任该岗位需要具备的教育标准、工作经历、技能、身体条件、情绪、心理、能力有哪些？

（7）该岗位的工作环境和工作条件如何？

2.工作分析调查问卷

工作分析调查问卷见表3-2。

表3-2　　　　　　　　　　　　**工作分析调查问卷**

| 职位名称 | | 职位编号 | | 填表人 | |
|---|---|---|---|---|---|
| 部门名称 | | 等　级 | | 审核人 | |
| 直接上级 | | 直接下级 | | 填表日期 | |
| 职责概述 | | | | | |

| 工作内容（按重要程度依次列出） | 工作职责 | 工作时间所占比例（%） |
|---|---|---|
| | | |
| | | |
| | | |

| | 任职资格项目 | 本岗位所需的最低标准 | | | |
|---|---|---|---|---|---|
| | 学历和职称 | | | | |
| | 专业知识和技术 | | | | |
| | 相关业务知识 | | | | |
| | 计算机水平 | | | | |
| | 外语要求 | | | | |
| | 工作经验 | | | | |
| | 所需接受的培训 | | | | |
| 任职资格 | 个性特征 | | | | |
| | | 类　别 | 需求程度（单选，在合适的选项中画"√"） | | | | |
| | | | 不需要 | 较低 | 一般 | 较高 | 高 |
| | 工作能力 | 领导决策能力 | | | | | |
| | | 组织协调能力 | | | | | |
| | | 授　权 | | | | | |
| | | 监控能力 | | | | | |
| | | 计划能力 | | | | | |
| | | 语言表达能力 | | | | | |
| | | 书面表达能力 | | | | | |
| | | 灵活应变能力 | | | | | |
| | | 学习能力 | | | | | |
| 任职资格 | 工作能力 | 谈判能力 | | | | | |
| | | 人际沟通的能力 | | | | | |
| | | 团队合作能力 | | | | | |
| | | 创新能力 | | | | | |
| | | 工作主动性 | | | | | |

续表

| 工作权限 | | |
| --- | --- | --- |
| 工作关系 | 内部关系 | |
| | 外部关系 | |
| 工作特征 | 工作环境 | |
| | 出差情况 | |
| | 工作时间 | |
| | 需使用的办公设备 | |
| 工作流程 | | |
| 考核标准 | 1. | |
| | 2. | |
| | 3. | |
| | 4. | |
| 本岗位应遵循的工作规程或规范 | 1. | |
| | 2. | |
| | 3. | |
| | 4. | |
| 工作失误的影响 | | |
| 工作经历 | 1.工作中是否经常需要迅速做出决定 | |
| | 2.手头的工作是否经常被打断 | |
| | 3.工作是否经常需要注意细节 | |
| | 4.工作任务是否多样化,若是,各项业务彼此是否相关 | |
| | 5.在工作中是否要求精神高度集中,若是,占工作总时间的比重大概是多少 | |
| | 6.工作中是否需要运用多方面的知识和技能 | |
| | 7.工作是否需要创造性 | |
| 可升级或转换的职位 | | |

职业发展建议:

## 附录2　工作说明书

工作说明书见表3-3。

表 3-3　　　　　　　　　　　　　　**工作说明书**

| 职位名称 | | 职位代码 | | 所属部门 | |
|---|---|---|---|---|---|
| 职　系 | | 职等职级 | | 薪金标准 | |
| 直接上级 | | | 直接下级 | | |

### 工作描述

一、工作概要

| 二、工作关系 | 内部沟通 | |
|---|---|---|
| | 外部沟通 | |

三、工作职责

### 基本任职资格

一、教育背景

1.学历要求

2.相关知识

二、工作经验

三、特殊能力和技能

四、个人品质

五、体格要求

工作条件

工作场所：

环境状况：

工作时间：

工作设备：

危险性：

晋升与职务轮换的可能性

晋升：

职务轮换：

## 附录3 人力资源需求预测表

年度人力资源需求预测表见表3-4。

表3-4　　　　　　　　　　　**年度人力资源需求预测表**

年　　月　　日

| 职系 | 当年 | | 第一年 | | 第二年 | | …… |
|---|---|---|---|---|---|---|---|
| 行政辅助职系 | 现实人数 | | 期初人数 | | 期初人数 | | |
| | 现实需求 | | 需增加岗位和人数 | | 需增加岗位和人数 | | |
| | | | 流失人数预测 | | 流失人数预测 | | |
| | 总需求 | | 总需求 | | 总需求 | | |
| 技术职系 | 现实人数 | | 期初人数 | | 期初人数 | | |
| | 现实需求 | | 需增加岗位和人数 | | 需增加岗位和人数 | | |
| | | | 流失人数预测 | | 流失人数预测 | | |
| | 总需求 | | 总需求 | | 总需求 | | |
| 总计 | 现实人数 | | 期初人数 | | 期初人数 | | |
| | 现实需求 | | 需增加岗位和人数 | | 需增加岗位和人数 | | |
| | | | 流失人数预测 | | 流失人数预测 | | |
| | 总需求 | | 总需求 | | 总需求 | | |

审核人：

人力资源净需求统计总表见表3-5。

表3-5　　　　　　　　　　　　　　　　**人力资源净需求统计总表**

| 人员类别 | 现有人员 | 计划人员 | 余缺 | 预期人员的变动情况 | | | | | | 本期净需求 |
|---|---|---|---|---|---|---|---|---|---|---|
| | | | | 调职 | 升迁 | 辞职 | 辞退 | 其他 | 合计 | |
| | | | | | | | | | | |
| | | | | | | | | | | |
| 合计 | | | | | | | | | | |

填表人：　　　　　　　　　　　　审核人：

部门岗位人员增补申请表见表3-6。

表3-6　　　　　　　　　　　　部门岗位人员增补申请表

| 申请部门 | | 增补职位名称 | | 增补名额 | __人 |
|---|---|---|---|---|---|
| 申请增补理由 | □扩大编制　□储备人力　□辞职补充<br>□短期需要　□其他（在备注栏注明原因） | | 希望报到日期 | | __年__月__日 |
| 应具备的资格<br>条件 | 性别：□男　　　□女　　□不限　　　　年龄：____至____岁<br>婚姻：□已婚　□未婚　□不限<br>学历：□初中　□高中　□中专　□大专　□本科　□硕士　□博士<br>专业：_____　　　　职称：□不限　□中级　□高级<br>外语：□一般　□良好　□熟练　□精通　□不限<br>经历：_____<br>技能：_____<br>其他：_____ | | | | |
| 岗位职责描述 | | | 申请部门负责人（签字）：<br><br>　　　　　　　　（签章）： | | |
| 主管领导意见 | | | | 年　　月　　日 | |
| 人事总监<br>审核/审批意见 | | | | 年　　月　　日 | |
| 总裁批准意见 | | | | 年　　月　　日 | |
| 备注 | 1．若不属于增加岗位、增加编制情况，则不需要总裁批准意见<br>2．新增岗位及需要对原岗位职责进行修订时，应填写"岗位职责描述"栏，不属于前述情况时，无须填写本栏内容 | | | | |

## 附录4　招聘计划书

一、招聘目的与原则

招聘目的：随着企业规模的不断扩大，对人才的需求也日益增长。本着发扬企业文化、提高企业员工整体素质、获取企业发展所需人才的宗旨，结合公司××年发展战略及相关计划安排，特制订下一年度招聘计划。

招聘原则：公司招聘员工应以用人所长、容人之短、追求业绩、鼓励进步为宗旨，以面向社会、公开招聘、全面考核、择优录用、相关专业优先为原则，从学识、品德、能力、经验、体格、是否符合岗位要求等方面进行全面审核，确保为企业招聘合适的人才。

二、招聘目标（人员需求）

公司人员需求见表3-7。

表3-7　　　　　　　　　　　　**公司人员需求表**

| 职务名称 | 人员数量 | 招聘条件 |
|---|---|---|
| 人事助理 | 1 | 人力资源管理相关专业，本科及以上学历，相关工作经验1年以上 |
| 车间主任 | 1 | 工程类相关专业，专科及以上学历，相关工作经验3年以上 |
| 加工制造人员 | 20 | 高中及以上学历，身体健康，年龄在18~30岁之间 |

三、招聘时间安排表

×月×日：起草招聘广告。

×月×日—×月×日：进行招聘广告版面设计。

×月×日：与报社、网站联系。

×月×日：报社、网站刊登广告。

×月×日：接待应聘者，整理应聘者资料，对资料进行筛选。

×月×日：通知应聘者面试。

×月×日：进行面试。

×月×日：进行人事助理笔试（复试）、车间主任面试（复试）。

×月×日：向通过复试的人员发放录用通知。

×月×日：新员工上班。

四、招聘小组成员名单

组长：张三（人力资源部经理），对招聘活动全面负责。

成员：李四（人力资源部薪酬专员），具体负责应聘人员接待、应聘资料整理。

王五（人力资源部招聘专员），具体负责招聘信息发布，面试、笔试安排。

五、选拔方案及时间安排

1. 人事助理

| | | |
|---|---|---|
| 资料筛选 | 人力资源部 | ×月×日 |
| 初试（面试） | 人力资源部经理 | ×月×日 |
| 复试（笔试） | 人力资源部命题小组 | ×月×日 |

2. 车间主任

| | | |
|---|---|---|
| 资料筛选 | 人力资源部 | ×月×日 |
| 初试（面试） | 生产部经理与人力资源部经理 | ×月×日 |
| 复试（面试） | 副总经理与生产部经理 | ×月×日 |

3. 加工制造人员

| | | |
|---|---|---|
| 资料筛选 | 人力资源部 | ×月×日 |
| 面试 | 生产部经理与人力资源部经理 | ×月×日 |

## 六、新员工的上岗时间

预计在××年×月×日。

## 七、招聘费用预算

| | |
|---|---|
| 1.××日报广告刊登费 | 1 000元 |
| 2.××招聘网站信息刊登费 | 400元 |
| 3.××招聘会费用 | 1 200元 |
| 4.人力成本 | 1 000元 |

……

合计：

## 八、人事政策

新员工上岗前，企业与其签订劳动合同，试用期按照《中华人民共和国劳动合同法》的规定，依据劳动合同期的长短约定，不超过6个月。

薪资待遇：人事助理：试用期2 200元/月，转正后2 500元/月。

车间主任：试用期3 200元/月，转正后4 000元/月。

加工制造工人：试用期1 600元/月，转正后2 000元/月。

福利：企业为员工缴纳国家规定的社会保险。

## 附录5　数字化招聘案例

当人们提到"最难忘的招聘季"时，一定会说起2020年暴发新冠肺炎疫情的时期。

那时，社会按下了暂停键，生活和工作瞬间"云端化"。一部分传统工作岗位"被蒸发"，又有一些新的工作机会在"云端"兴起。

国内领先的手机阅读服务提供商之一北京点众科技股份有限公司（以下简称"点众"），在疫情期间新招聘员工超120人，占原有职工数的40%。同时，新签约网络作家超过3 000人，带动了3 000+的网络写作工作岗位。"云阅读"已渐成趋势，其一定程度上带动了社会就业，也推动了类似点众这样的数字阅读企业快速发展。

点众成立于2011年，旗下拥有"点众快看小说""松鼠阅读网"两个知名数字阅读品牌，以付费阅读为重心。经过近十年的发展，点众累计注册用户超过3亿，月活用户达到4 000万，近3年营业收入平均增速接近80%，实现了规模和营收业绩的跨越式增长。

作为一家快速成长的公司，点众一直在思考如何减少流程中的对接及沟通的步骤，以提升流程中的人效。同时，作为一家互联网公司，人才是企业发展的核心资产，点众也期望将公司长期以来有价值的资源和人脉沉淀下来。

基于企业的发展需要和业务特点，点众HRD惠益清认为数字化对提升人效、降低成本有很大的帮助。于是，其与互联网领域拥有卓越口碑的Moka展开合作，应用数字化招聘管理系统（以下简称"Moka系统"）。

1.Moka系统如何驱动人效提升

（1）减少工作量，提高效率

Moka系统可以实现实时的信息同步，减少重复性操作，在提升协作效率上有天然的优势。以面试邀约这个场景来举例。在没有招聘系统之前，点众的面试邀约都以Excel表格的形式进行记录。HR首先需要在招聘网站上对简历进行筛选下载并发送给各业务线负责人，有合适的人选再进行电话邀约。之后，需要继续操作3步才能完成一整套的面试邀约，这3步分别是：使用邮件给候选人发送面试邀请函，在Excel登记面试时间及候选人基本信息，在钉钉上给面试官安排日程。

使用Moka系统之后，面试邀约就变得简单便捷了。所有的简历都可以汇总到一个平台上，面试官可以直接在系统上标记简历合适与否，不需要在微信或者钉钉等沟通工具上就相关信息另外进行通知。HR可在Moka系统上进行一键邀约，将之前的3个工作步骤缩减到1个步骤。

（2）人才沉淀，其不随人员流动而流失

数字化的另一大优势是数据沉淀，应用到招聘中，就是将各种简历集中存储形成人才库，为未来的人才复用提供方便。

由于点众之前没有自己的简历库，成立之初的相关候选人并没有一个汇总的平台，导致人力资源随HR的流动而流失，或者消失在茫茫简历中。有些候选人可能当下不适合公司，但是当再度想起需要具备相关经验的人选觉得其十分合适的时候，就很难再找到。

点众在与Moka合作之后，所有的简历都可以统一归档到人才库，并对人才库或储备人才库进行分权分类的管理。当再次调用的时候，凭着记忆搜索或分类查找，就可以轻松找到相关人才。人才沉淀So easy！

（3）提高简历查重率，减少简历浪费，降低招聘成本

过去，在猎头渠道管理方面，HR收到猎头的简历之后，需要在各个招聘渠道以及本地简历中进行对比搜索，有时因为人选更换了联系方式，导致没有在本地搜索到简历，入职之后需要支付一笔高昂的猎头费用。

现在，HR通过Moka系统全方面多维度的搜索条件，从姓名、联系方式、工作经历、学历等维度进行查询，为公司节省了相当可观的猎头费用。

2.数字化转型带来的收益

据惠益清介绍，上线Moka系统半年来，点众的招聘数字化转型已初显成效，团队的协作也更加便利。她认为上线Moka系统非常值。如果按照"节省人工成本/Moka服务费"模式计算，点众的ROI数值远超1，为正向收益。另外，加上人才沉淀、自动生成数据报告、提高猎头查重率等，如果细算，ROI还会更高。

不仅如此，HRD惠益清还提到Moka系统带来了一些超预期的收获。比如：从人才库推荐不错的候选人，并且已入职；通过系统自动给候选人的微信端发送通知，提升候选人的求职体验等。

### 3.为何选择 Moka

看到这样的结果，HRD 惠益清非常庆幸当初的决定。惠益清回忆，当初在挑选招聘系统的时候，点众同时对比了几个平台，之所以选择 Moka 系统，不仅是认可 Moka 的产品实力，更是被 Moka 团队所感动。

首先，点众团队被 Moka 销售团队的热情所感染，他们认真负责的态度和专业的讲解，使内部 HR 团队从意识上有了一定的转变，不论从线下到线上，还是从传统到数字化的转型。

其次，在系统试用期间，Moka 实施团队的积极沟通和解疑，提高了点众 HR 团队的使用体验，这让大家对未来的合作更放心。

最后，Moka 系统在招聘场景中的全方位覆盖，从社招到内推一系列方案，也为点众进行招聘提供了更多的新思路和想法，使招聘变成了一件不复杂，甚至很有趣的事。

HRD 惠益清说："作为一位数字化、智能化的坚决拥护者，我期待人力资源部以及整个公司都可以尽快实现整体数字化办公。点众的文化价值观是诚信、务实、创新、共赢，也期待更多内驱力强、心细有担当、有数据思维和结果导向的优秀人才加入点众，和企业一同快速成长。"

资料来源：Moka HR SaaS. 优秀案例丨点众科技：数字化招聘驱动人效提升［EB/OL］.［2024-07-23］. https：//www.sohu.com/a/572172824_99994100.

# 实训四　人员招募

## 一、实训目的

通过该实训项目，了解并掌握人员招募信息的发布渠道，招聘广告的设计原则及发布招聘广告时应注意的问题。

## 二、基本知识要点

1.人员招募渠道的选择

（1）内部招募

内部招募在规模以上企业比较常见，通常包括内部晋升以及内部推荐等方式。这种方式的优点是能极大地激发员工的积极性，申请者对公司相当了解，能迅速熟悉工作和进入角色，能保持企业内部的稳定性，且人员获取的费用较少。但是，内部招募也容易形成企业内部人员的"小团体"，"近亲繁殖"易导致企业缺少思想碰撞的火花，从而影响企业的活力与竞争力。

（2）外部招募

外部招募可以帮助企业选择适当的人选，为企业带来新的思想、新的观念，使企业充满活力，但同时外部招募往往会耗费企业巨大的人力、物力和财力。外部招募的途径有很多，包括校园招聘、广告招聘、网络招聘、现场招聘会等。

各招聘渠道的比较见表4-1。

表4-1　　　　　　　　　　　　各招聘渠道的比较

| 形式 | 主要优点 | 主要缺点 | 适用范围 |
|---|---|---|---|
| 网络招聘 | 普及率高，覆盖面广；大多数职位都适用；不受时空限制；方式灵活，效率高；成本低廉；储存与检索简历便捷 | 招聘高管职位、稀缺职位效率不高；海量的信息（包括各种垃圾邮件、病毒邮件等）会加大招聘工作的压力，在信息化不充分的地区效果差 | 广泛适用，尤其适用于常年招聘的单位 |

| 形式 | 主要优点 | 主要缺点 | 适用范围 |
|---|---|---|---|
| 报纸招聘 | 发行量大，覆盖面广；信息传播迅速；广告大小灵活 | 不能准确送达目标候选人；信息保存时间较短；广告效果受印刷质量的限制 | 适用于在短期内需要得到补充的空缺职位、候选人数量较大的职位、有着较高流失率的行业或职位 |
| 杂志招聘 | 送达目标人群概率大；信息能够长期保存；广告的印刷质量相对较好 | 杂志发行的地域可能较为分散，广告的预约期较长 | 皆可，但要选择和行业匹配度较高的杂志 |
| 广告招聘 | 较强的视听冲击效果；黄金时段，收视率高；印象深刻 | 广告时间较短；费用高昂 | 适用于公司需要迅速扩大影响力、将企业形象的宣传与人员招聘同时进行时，需要招聘大量人员时 |
| 印刷品招聘 | 容易引起应聘者的兴趣 | 宣传力度有限；容易被丢弃 | 适用于宣讲会、招聘会等，其他形式的招聘活动配合使用 |
| 猎头招聘 | 提供定制化、个性化服务；定位于高端、稀缺人才；招聘效率高；候选人质量好 | 招聘时间较长；费用高昂；猎头公司良莠不齐；只适合少数职位 | 适用于高层人员、市场稀缺人员、公司内重要人员 |
| 校园招聘 | 针对性强、选择面广，能提高公司在高校圈的知名度；费用低廉；可塑性人才比社会人员多 | 学生的职业化水平不高，需要企业投入较多的精力培训，其可能眼高手低，对工作期望比较高，流失率亦较高 | 适用于基层职位、专业技术人员、储备型人才 |
| 现场招聘会 | 宣传企业形象；对毕业生吸引力大 | 有效简历数量有限；易受天气影响；难见高端人才 | 范围较广，主要针对中基层人员 |
| 内部推荐 | 可靠性较高，成本低 | 可能在企业形成裙带关系 | 皆可 |

**2.招聘广告的设计原则**

提高招聘广告的成功率对企业节省招聘成本大有益处，一份好的招聘广告首先可以吸引人才，其次可以宣传企业价值观与形象，因此撰写与发布招聘广告时，需要遵循 AIDAM（Attention, Interest, Desire, Action, Memory）原则，即引起注意原则、产生兴趣原则、激发愿望原则、采取行动原则和留下记忆原则。

（1）引起注意原则

一则好的招聘广告必须吸引眼球，这就要求广告用独特的、与众不同的格式、篇幅、标题、字体、色彩或图案进行设计，再配合合适的媒体与广告位，才会取得好的效果。有一则招聘广告，刊有一幅雄鹰图案，图案上方写着："飞翔，需要更广阔的天空。"在一群大雁下边写着："××展翅飞翔，期待您的加盟！"这样的广告语具有很强的吸引力。

（2）产生兴趣原则

如果只让大家对你有所关注，但产生不了兴趣，也就失去了广告的意义。要想在引起注意的基础上让受众产生兴趣，就必须设计出能够使人产生兴趣的"点"或"面"，比如语言的表述要力求生动形象，有时还需带些幽默感。

（3）激发愿望原则

求职者看到了广告，进而如何使他们产生申请的愿望呢？除了以上所列内容外，还要来点实际的，即能够满足他们需求的内容。人的愿望大多来自内部需要和外部刺激，内部需要方面是看他们是否对公司提供的工作（职位）感兴趣，外部刺激方面就是要让他们看到应聘该职位能得到的好处，所以在广告中还要加入员工能够得到的薪酬福利与培训发展机会、挑战性的工作与责任、自我实现的可能性等内容。

（4）采取行动原则

招聘广告的最终目的是在公布后很快收到大量符合条件的申请信与求职简历，要做到这一点就需要简单明了地写明联系人与联系方式，包括电话、传真、电子信箱、通信地址等，以便让求职者利用他们习惯的方式与你联系。

（5）留下记忆原则

不管看到广告的人是否采取行动，都要给他们留下深刻印象，这是招聘广告的第二个目的，即对企业的形象与业务进行宣传。

3.（校园）招聘宣讲会

（校园）招聘宣讲会不仅是企业招聘人才的重要渠道之一，也是企业宣传的重要窗口。值得关注的是，（校园）招聘宣讲会并不是简单的一场会议，而是需要前期的精心准备、中期的认真安排、后期的效果评估及改进这一系列的组织与安排。

一般来说，在正式召开招聘宣讲会之前，需要做一些前期筹备工作，主要包括收集和审批核定招聘需求、制订校园招聘执行方案和工作手册、开通招聘邮箱、制作宣传用品、培训招聘人员等，确定进校时间以及招聘宣讲会时间、地点、宣讲人（应选择富有演讲激情、有语言感染力的人员等）。招聘宣讲会开始前2天，在招聘目标院校张贴宣传海报。在招聘过程中，提前安排好招聘会程序，做好会场组织，选择好主持人、宣讲人以及校友分享人员等，播放公司校园招聘专用视频材料、专题宣讲材料，安排好现场回答学生提问等工作。

宣讲内容的选择要有所侧重。一般来说，企业要多传递员工培训体系、发展路径、薪酬福利等方面的信息，企业的产品服务、文化环境之类的信息则没有必要过多地传递。如企业在推销自己的产品时，要事先了解顾客的需要，如果顾客想要了解产品的性能，推销员却一直在介绍产品的价格，顾客还会购买企业的产品吗？同样的，大学生想要了解企业对于员工的培训、员工的薪酬福利，招聘者却一直在介绍企业的产品或者企业的文化，应聘者会愿意加入企业吗？

举例来说，宝洁的人才主要是校园招聘的管理培训生，它的招聘宣讲会包括宝洁管理培训生的要求、全方位的培训讲解、清晰的发展道路梳理、广阔的发展前景展望等方面的内容，宝洁也因其对管理培训生的重视，被誉为大学生发展的乐园，其品牌认知度是许多企业无法比拟的。

在招聘宣讲中，很多企业采用校友经验分享这一形式，由企业的内部员工介绍自己在企业的成长发展经历和收获，并展示自己工作时的照片，从另一个侧面来介绍企业的良好发展环境，借以吸引优秀人才。校友分享经验在一定程度上可以拉近和大学生之间的距离，通过校友讲述自己在公司的成长经历的方式可以让大学生对公司有更加深刻的认识。但是凡事应该有个度，分享环节至多有1~2名校友，时间也不宜太长，10分钟左右即可。校友讲述的内容也应属于企业的培训体系、职业发展道路等学生比较关心的信息，好让学生获得关于企业直接的认知。

招聘宣讲会结束后，收集学生投递的简历，为后期的筛选做准备；同时，通过分析招聘会吸引学生的数量、质量、成本、时间等要素来测定招聘会的效果，从而保留优秀做法，在下次招聘会改进效果不佳的做法。

# 三、实训内容与要求

实训内容：设计招聘海报，开展招聘宣讲会，并制作求职人员申请表。

要求：学生根据实训中形成的工作说明书和招聘计划，结合前期调研资料选择合适的招募渠道并设计招聘广告，同时制作求职人员申请表。

# 四、实训组织与步骤

第一步，每个招聘团队回顾实训形成的工作说明书和招聘计划，并回顾前期调研中收集的关于公司的资料。

第二步，选择合适的招募渠道。

第三步，根据渠道的特点及需要招聘的岗位的情况，依据招聘广告的设计原则，撰写招聘广告。

第四步，根据招聘需求设计求职人员申请表，以便在发布招聘广告时同时发布申请表。

第五步，每个小组及时上交招聘广告初稿和求职人员申请表，教师及时评阅并给出指导意见，小组再根据教师的评阅意见对招聘广告与求职人员申请表的内容进行修改，之后制成招聘海报与正式的求职申请表。

第六步，根据招聘广告、工作说明书、招聘计划、公司资料制作招聘宣讲PPT，并在老师的指导下修改完善。

第七步，根据老师的安排，在规定的时间召开招聘宣讲会，并提前将招聘海报粘贴于指定的地点，以供其余小组的同学观看。

第八步，在小组宣讲过程中，其余同学模拟应聘者，选择自己想加入的企业进行应聘，并根据招聘方的要求填写求职人员登记表，在宣讲会结束后将其提交招聘小组。招聘小组对应聘者提交的资料进行存档，同时回收招聘海报。

第九步，随机抽取同学，与教师一起对每个小组的宣讲过程、招聘海报打分，以此给出这一环节的实训成绩。

# 五、实训时间

在撰写招聘广告时，要求学生携带前期的实训成果以及调研并整理过的材料，在课堂上讨论具体招聘广告的设计问题，用约1课时的时间撰写招聘广告。课后要求学生继续修改完善，1周后上交各个团队设计的招聘广告。

招聘宣讲会之前，指导教师将所有小组分为单数组与双数组两大组，分两个时间段分别进行招聘宣讲，每小组招聘宣讲的时间控制在8～10分钟，宣讲顺序可抽签决定。在单数组宣讲过程中，双数组的同学选择应聘的单位，并填写求职申请表，在宣讲结束后将其提交招聘小组；在双数组宣讲过程中，单数组的同学选择应聘的单位，并填写求职申请表，在宣讲结束后将其提交招聘小组。

# 六、实训成果

该环节结束后，每个小组的学生必须提交实训成果——招聘广告、求职人员申请表、招聘宣讲PPT，并在招聘宣讲会后回收应聘人员填写完成的求职申请表。

# 七、实训成绩评定

1.实训成绩等级评定

实训成绩按优秀、良好、中等、及格、不及格等5个等级评定。90分及以上为优秀；80～89分为良好；70～79分为中等；60～69分为及格；59分及以下为不及格。

2.实训成绩评定参考标准

（1）招聘广告的内容是否全面，描述是否清楚，措辞是否明确？

（2）招聘广告中拟招聘岗位是否明确，能否结合工作分析的内容？

（3）招聘海报是否美观，是否具有较好的视觉效果，是否能够吸引应聘者？

（4）求职人员申请表是否符合招聘岗位的要求？

（5）招聘宣讲PPT的制作是否逻辑顺畅、布局合理、界面美观、文字清晰，整部作品的运行是否稳定，宣讲内容是否完整清晰、明确地介绍了公司本次招聘的岗位、招聘的流程；宣讲人是否做到语言流畅、生动，思路清晰，有较强的表现力和感染力，对观众的提问，能否自信自如、流畅地回答？

（6）小组成员分工是否合理，其是否团结协作，具有良好的团队精神与合作意识？

（7）是否按时上交招聘广告、求职人员申请表、招聘宣讲PPT，是否独立完成招聘广告的设计与求职人员申请表的制作？

（8）实训成绩评定比例：实训环节表现占60%，实训成果质量占40%（招聘广告的成绩重点参考应聘人员的打分）。

# 附　录

## 附录1　求职人员申请表

求职人员申请表见表4-2。

表4-2                            求职人员申请表

应聘职位：＿＿＿＿＿＿＿＿＿＿＿＿

| 姓　名 | | 性　别 | | 年　龄 | | 出生日期 | |
|---|---|---|---|---|---|---|---|
| 籍　贯 | | 民　族 | | 身　高 | | 体　重 | |
| 最高学历 | | | | 所学专业 | | | |
| 联系方式 | | | | 拟上岗时间 | | | |
| 所受教育 | 起止时间 | | 学校名称 | | 专　业 | | 学　历 |
| | | | | | | | |
| | | | | | | | |
| 工作经验 | 起止时间 | | 公司名称 | | 所担任职务 | | 相关证明人 |
| | | | | | | | |
| | | | | | | | |
| 参加的培训 | 起止时间 | | 培训机构名称 | | 培训内容 | | 所获得的相关证书 |
| | | | | | | | |
| | | | | | | | |
| 所受过的奖励及处分 | | | | | | | |
| 兴趣和爱好 | | | | | | | |
| 个人特长及自我评价 | | | | | | | |

签　名：　　　　　　　　日　期：

## 附录2　网络招聘广告

网络招聘广告示例如图4-1、图4-2所示。

**图4-1　阿里巴巴集团网站校园招聘首页**

资料来源：阿里巴巴集团招聘官网（https://talent-holding.alibaba.com/campus/home?lang=zh）。

**图4-2　华为公司网站校园招聘首页**

资料来源：华为公司招聘官网（https://career.huawei.com/reccampportal/portal5/campus-recruitment.html）。

# 实训五　人员选拔——面试

## 一、实训目的

通过该实训项目，了解并掌握人员选拔的各种方法，尤其熟悉面试的类型，掌握结构化面试的步骤、面试过程中主考官的技能与技巧、面试评分表的设计，并能在数智化背景下使用软件操作进行招聘信息的发布、面试信息的筛选等。同时，通过实训增强社会责任感，能够主动、积极地适应职场环境的变化。

## 二、基本知识要点

### 1.面试的类型

根据面试的结构化（标准化）程度，面试可以分为结构化面试、非结构化面试和半结构化面试三种。所谓结构化面试就是面试题目、面试实施程序、面试评价、考官构成等方面都根据统一明确的规范进行的面试。非结构化面试是指在面试中事先没有规定的框架结构，也不使用有确定答案的固定问题的面试，也就是通常没有任何规范的随意性面试。半结构化面试是指只对面试的部分因素有统一要求的面试，如规定统一的程序和评价标准，但面试题目可以根据面试对象随意变化。半结构化面试是介于结构化面试与非结构化面试之间的一种面试。

根据面试对象的多少，面试可分为单独面试和小组面试。单独面试是一次只有一个应考者的面试，现实中的面试大都属于此类。单独面试的优点是能够给应考者提供更多的时间和机会，使面试能进行得比较深入。单独面试又分为两种类型：一种类型是只有一位考官负责整个面试过程，这种面试方式大多在较小的单位录用较低职位的人员时采用；另一种类型是多个考官面试一位应考者，这种形式在国家公务员录用面试和大型企业的招聘面试中广泛采用。

小组面试则是多名应考者同时面对考官的面试，如小组讨论就是一种小组面试，考官同时要对多名应考者进行评价。小组面试的优点是效率比较高，而且便于同时对不同的应考者进行比较，不足之处是一位应考者的表现会受到其他应考者的影响。

根据面试目的的不同，面试可以分为压力性面试和非压力性面试。压力性面试是将应考者置于一种人为的紧张气氛中，让应考者接受挑衅性的、非议性的、刁难性的刺激，以考查其应变能力、压力承受能力、情绪稳定性等。典型的压力性面试，是以考官穷究不舍的方式连续就某事向应考者发问，且问题刁钻棘手，甚至逼得应考者穷于应付，考官以此种"压力发问"的方式逼迫应考者充分表现出对待难题的机智灵活性、应变能力、思考判断能力、气质性格和修养等方面的素质。非压力性面试是在没有压力的情景下考查应考者有关方面的素质。

2.面试试题的类型

（1）背景性问题

背景性问题通常询问面试对象的教育背景、工作经历、家庭成长等来了解面试对象的求职动机、成熟度、专业技术背景等，例如，你在上一家公司主要做什么工作？其目的是为面试营造良好的沟通氛围，缓解应聘者的紧张情绪。

（2）智能性问题

智能性问题主要考查面试对象的综合分析能力、逻辑思维能力、知识面和语言表达能力。智能性问题并非单纯的智力问题，而是一些值得思考和值得争论的现实问题。对于这些问题，往往是仁者见仁、智者见智，因此并无标准答案。例如，有人说"水至清，则无鱼"，请谈谈这句话对做好管理者的意义。

（3）行为性问题

行为性问题是通过挖掘候选人过去经历过的事件，来考查候选人处理问题的典型方式。在面试的追问中应遵循STAR原则，即Situation（情景）、Task（任务）、Action（行动）和Result（结果）。通常，应聘者在求职材料中展示的都是一些结果，描述自己做过什么、成绩怎样，比较简单和宽泛。

在面试的时候，招聘方需要了解应聘者如何做出业绩，做出好的业绩都使用了一些什么样的方法，采取了什么样的手段。通过上述过程，主考官可以全面了解应聘者的知识、经验、技能的掌握程度及其工作风格、性格特点等。例如，请讲出一件通过学习能够尽快胜任的事，并追问：

①这件事发生在什么时候？——S

②你要从事的工作任务是什么？——T

③接到任务后，你怎么办？——A

④在这个过程中遇到困难了吗？是如何克服的？——A（顺便了解坚韧性）

⑤最后，完成任务的情况如何？——R

（4）意愿性问题

意愿性问题主要考查应聘者的价值取向、报考动机、与职位要求的匹配性，以及应聘者对某些事情的个人态度。例如，请谈谈你对比较烦琐的工作是如何看待的？在现实中，应聘者可能为了获得职位，自觉、不自觉地或多或少地掩饰自己的真实感受，因此可以使用投射或者被迫选择的技术进行面试提问。

（5）情景性问题

情景性问题是指描述一个针对相关能力的、与工作有关的假设情景，要求应聘者就这个给定情景做出回答，主要考查应聘者的决策能力、思维敏捷性、随机应变能力等。假如你的下属对考核成绩不满意，并将这个意见反馈到总经理那里，你如何应对此事？

3.面试的过程

第一阶段：关系建立阶段。其目的是通过简单的问候寒暄，缓解应聘者的紧张情绪，创造一个宽松和友好的环境。这一阶段主要是以一般性的社交话题进行交谈，如主考官会问天气、交通、地理环境、语言习惯、地方风俗等问题。

第二阶段：引入阶段。这一阶段主要围绕其履历情况提出问题，从应聘者熟悉的、容易回答的问题开始，步步深入，使应聘者逐步进入状态。例如，主考官针对应届毕业生会问："请谈谈你在大学期间最大的收获是什么"；针对有工作经验的人，其会问："请简短地谈谈你过去的工作经历"。

第三阶段：核心阶段。这一阶段主要是从广泛的话题来了解应聘人员不同侧面的心理特点、行为特征、能力素质等，因此提问的范围也较广，主要是为了针对应聘者的特点获取评价信息，提问的方式也各有不同。在这一阶段，行为性问题是主体，其次是情景性问题，而意愿性问题、智能性问题只占很小的比例。

第四阶段：结束阶段。主考官在提问结束后，会问类似"我们的问题都问完了，请问你对我们有没有什么问题要问"这样的问题，目的是查漏补缺。

# 三、实训内容与要求

实训内容：根据岗位要求选择面试评价要素，对每一评价要素编制面试题目，设计面试评价表、面试流程，完成模拟面试。

要求：学生根据前期的实训成果，根据岗位要求设计面试评价表、结构化面试提纲，根据老师的安排提前布置模拟面试的场所，并在规定时间及地点完成模拟面试。

软件操作时，在系统内完成职位需求创建，发布职位信息，并进行简历的筛选等工作。

# 四、实训组织与步骤

第一步，进行软件操作，熟悉招聘面试的流程。

第二步，每个招聘团队根据前期的实训成果及岗位要求，选择面试评价要素，形成面试评价要素表。根据面试评价要素编制面试题目，形成结构化面试表。

第三步，每个招聘团队根据面试评价要素编制面试评价表。

第四步，每个招聘团队及时上交面试评价要素表、结构化面试表、面试评分表，教师及时评阅并给出指导意见。

第五步，每个招聘团队根据求职者申请表信息及其他求职材料，筛选出参加面试的人员，并通知相关人员在规定的时间及地点参加面试。

第六步，每个招聘团队根据老师的安排提前布置好面试场所。

第七步，招聘团队与应聘者在规定的时间及地点进行模拟面试，每次可以安排4~6个小组同时进行。

第八步，随机抽取一些同学，对每个小组的模拟面试过程打分，以供教师对这一环节的实训成绩评分。

第九步，模拟面试结束后，各招聘团队整理面试过程中形成的材料并归档。

# 五、数智化背景下结合软件运用招聘管理系统

第一步，进入精创教育人力资源管理综合实训平台首页，选择"招聘主管"角色，点击进入该页面（如图5-1所示）。

**图5-1　招聘主管界面**

第二步，点击"诊断性面试"，进入"面试考官与场地的选择"界面（如图5-2所示），选择好条件，点击"立即提交"，再点击"下一步"。

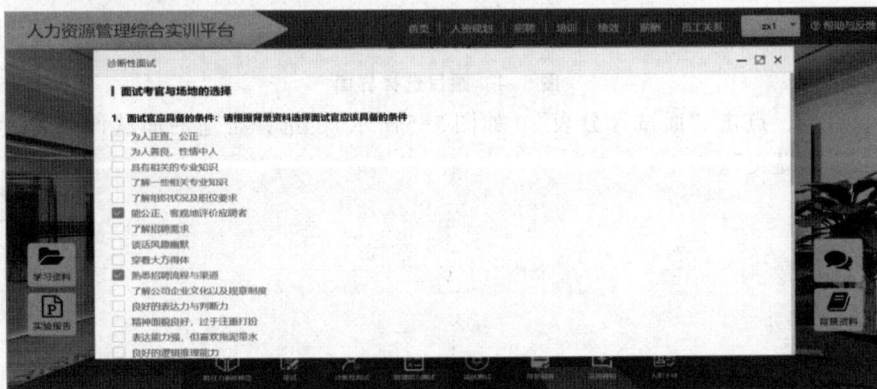

**图5-2　面试考官与场地的选择界面**

第三步，点击"点击开始测试"（如图5-3所示），进入"进行面试"界面，可以查看面试流程、招聘岗位，点击"题目选择"（如图5-4所示），选好题目后点击"立即提交"。

图5-3　点击开始测试界面

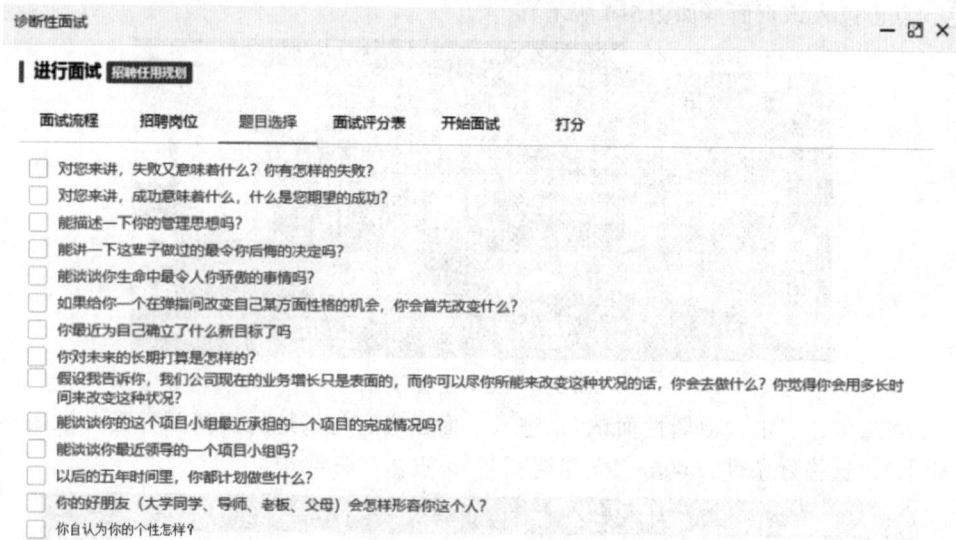

图5-4　题目选择界面

第四步，点击"面试评分表"（如图5-5所示），选择合适的面试评分表之后，点击"立即提交"。

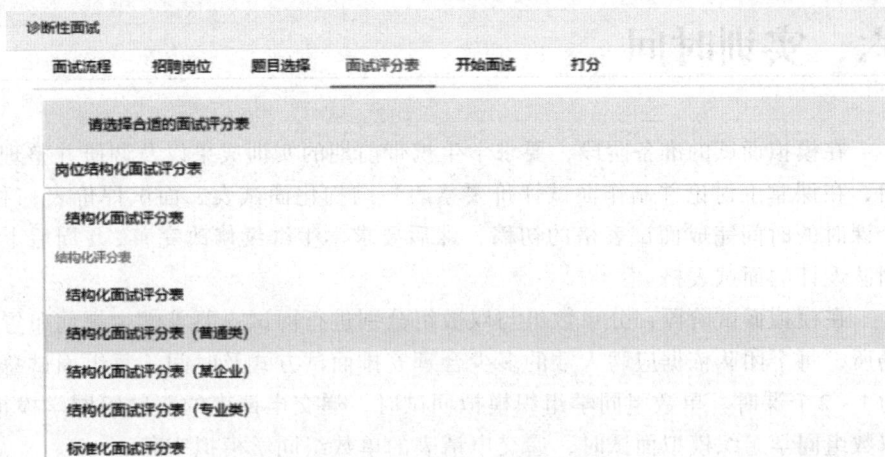

**图5-5 面试评分表界面**

第五步，点击"开始面试"页面的"开始"按钮（如图5-6所示），在面试过程中，点击"下一题"，就可以进入下一题。

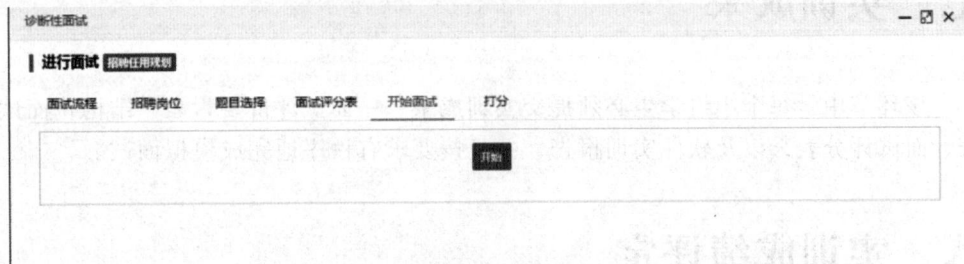

**图5-6 开始面试界面**

第六步，点击"打分"，然后根据面试者的谈话内容进行打分（如图5-7所示），填好之后点击"立即提交"。依次填好对三位面试者的评分，然后点击"完成"。

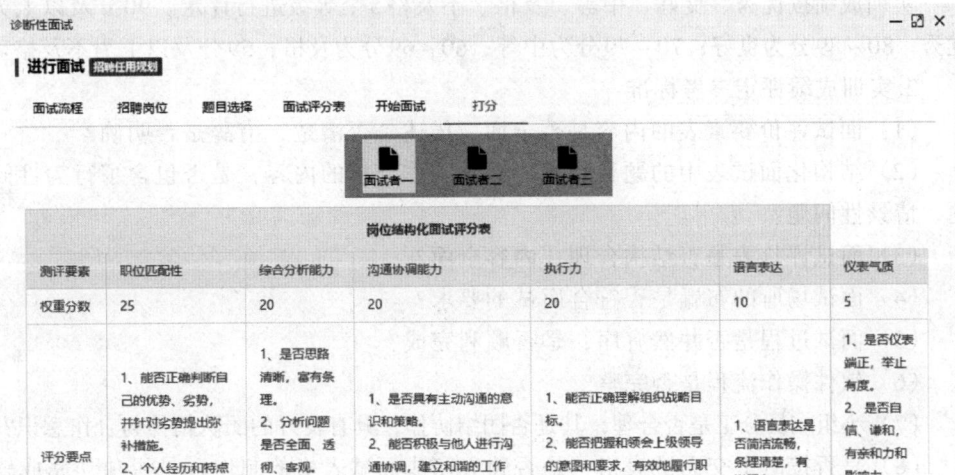

| 测评要素 | 职位匹配性 | 综合分析能力 | 沟通协调能力 | 执行力 | 语言表达 | 仪表气质 |
|---|---|---|---|---|---|---|
| 权重分数 | 25 | 20 | 20 | 20 | 10 | 5 |
| 评分要点 | 1、能否正确判断自己的优势、劣势，并针对劣势提出弥补措施。<br>2、个人经历和特点 | 1、是否思路清晰，富有条理。<br>2、分析问题是否全面、透彻、客观。 | 1、是否具有主动沟通的意识和策略。<br>2、能否积极与他人进行沟通协调，建立和谐的工作 | 1、能否正确理解组织战略目标。<br>2、能否把握和领会上级领导的意图和要求，有效地履行职 | 1、语言表达是否简洁流畅，条理清楚，有 | 1、是否仪表端正，举止有度。<br>2、是否自信、谦和，有亲和力和 |

**图5-7 打分界面**

# 六、实训时间

在模拟面试的准备阶段，要求学生携带前期的实训成果以及调研并整理过的材料，在课堂上讨论并制作面试评价要素表、结构化面试表、面试评价表，利用约2个课时的时间完成面试表格的初稿，课后要求学生继续修改完善，1周后上交各个团队设计的面试表格。

在模拟面试阶段，分单数组与双数组分别进行面试，要求学生提前布置好面试场所，每个团队依据应聘人数的多少合理安排面试方式及时间，每组面试总时间约为1～2个课时。单数组同学组织模拟面试时，递交申请表的双数组同学模拟应聘；双数组同学组织模拟面试时，递交申请表的单数组同学模拟应聘。

软件操作：由课上老师统一带领完成，用时为1课时。

# 七、实训成果

该环节中，每个小组学生必须提交实训成果——面试评价要素表、结构化面试表、面试评分表，以及软件实训报告，并且按要求有秩序地完成模拟面试。

# 八、实训成绩评定

1.实训成绩等级评定

实训成绩按优秀、良好、中等、及格、不及格5个等级进行评定。90分及以上为优秀；80～89分为良好；70～79分为中等；60～69分为及格；59分及以下为不及格。

2.实训成绩评定参考标准

（1）面试评价要素表的内容是否全面，描述是否清楚，措辞是否明确？

（2）结构化面试表中的题目是否能结合工作分析的内容，是否包含了行为性问题、情景性问题？

（3）面试评价表是否结构合理、内容全面？

（4）面试场所的布置是否符合面试的要求？

（5）面试过程是否井然有序，是否顺利完成？

（6）软件操作流程是否完整？

（7）小组成员分工是否合理，其是否团结协作，具有良好的团队精神与合作意识？

（8）是否按时上交面试表格，是否独立完成面试表格的制作，是否独立完成软件实训报告？

（9）实训成绩评定比例：实训环节表现占50%（模拟面试过程的成绩重点参考学生打分），实训成果质量占20%，实训软件操作30%。

# 附　录

## 附录1　面试评分表

面试评分表见表5-1。

表5-1　　　　　　　　　　　　　　面试评分表

| 要素 | 观察内容 | 提问项目 | 评价要点 |
|---|---|---|---|
| 礼仪风度 | 1.仪容、衣着<br>2.行为、举止<br>3.敲门、走路、坐姿、站立等的仪态<br>4.口语 | — | 1.穿着整齐、得体，无明显失误<br>2.沉着、稳重、大方<br>3.走路、敲门、坐姿等符合职场礼仪<br>4.口语文雅、礼貌 |
| 求职动机愿望 | — | 1.你选择本公司的原因<br>2.你认为本公司最重视什么<br>3.谈谈你对本公司的看法<br>4.你希望公司如何安排你的工作待遇 | 1.是否以企业发展为目标，兼顾个人利益<br>2.回答完整、全面、适当<br>3.具有说服力 |
| 表现力、语言表达能力 | 1.将自己表达的内容有条理地、准确地传达给对方<br>2.引用实例、用词准确<br>3.语气、发言合乎要求<br>4.谈话时的姿态、表情得体 | 1.请谈谈你自己<br>2.谈谈你的优缺点<br>3.谈谈你的兴趣爱好<br>4.根据你的自我分析，最适合你的工作是什么 | 1.谈话前后要有连续性<br>2.主题、语言简洁明了<br>3.逻辑清晰<br>4.具有说服力<br>5.遣词得当 |
| 社交能力和人际关系 | — | 1.请介绍你的家庭<br>2.你的朋友如何看待你<br>3.你希望在什么样的领导手下工作<br>4.你交朋友最注重什么 | 1.自我认识<br>2.交往能力 |
| 判断力、情绪稳定性 | 1.准确判断所面临的情况<br>2.处理突发事件<br>3.迅速回答对方的问题<br>4.处理难堪问题的反应 | 1.假如A公司与B公司同时录用了你，你将如何选择<br>2.公司工作非常艰苦，你将如何对待<br>3.你怎么连这种问题都听不懂<br>4.你好像不太适合本公司的工作 | 1.理解问题的准确性、迅速性<br>2.自我判断能力<br>3.是逻辑判断还是情感判断<br>4.有自己独到的见解 |

续表

| 要素 | 观察内容 | 提问项目 | 评价要点 |
|---|---|---|---|
| 行动与协调能力、工作经验 | 1.对自己认定的事能够坚持进行<br>2.工作节奏紧张、有序<br>3.集团工作的适用性<br>4.组织领导能力<br>5.能够更多地从他人的角度解释问题 | 1.你从事过何种勤工俭学工作<br>2.你参加过何种组织活动<br>3.你对某问题有过何种研究<br>4.谈谈你的论文写作过程 | 1.表现力<br>2.考虑对方处境的共情力和理解力<br>3.实践能力<br>4.交往能力 |
| 责任心、纪律性 | 1.负责到底的精神<br>2.对工作的坚持<br>3.令人信服地完成工作<br>4.考虑问题全面<br>5.对本职务的要求 | 1.你完成不了委派的任务时，如何处理<br>2.你对学校的规章制度的看法是什么 | 1.自信力<br>2.意志力 |
| 个人性格、品质 | 1.有无偏激的性格（过分狂妄或过分自卑）<br>2.有无偏激的观点<br>3.回答问题时认真、诚实 | 1.你认为现代社会中一个人最重要的是拥有什么性格<br>2.你能否"受人之托，忠人之事" | 1.诚实、真诚<br>2.人生观<br>3.讲信用 |
| 专业技能、学识 | 1.对专业知识的了解程度<br>2.成绩<br>3.对所要从事的工作的认识 | 1.你为何选择现在的专业<br>2.介绍一下自己的成绩和擅长的科目<br>3.你有何等特长或具备何种资格<br>4.谈谈你从事这项工作的优势<br>5.你有什么重要的工作经验 | 1.专业知识是否符合工作要求<br>2.有无特殊技能<br>3.有无工作经验 |
| 面试结束后你的评价 | 经过上述面试，请对你的面试结果做初步的评价，并说明为什么 | 1.综合、全面评定<br>2.尽量减少误差的影响 |

## 附录2 常用面试题及评价要点汇编

一、表现力及语言表达能力

评价要点：说话前后连贯，条理清楚；主题明确、语言简洁明了，具有说服力；用词准确。

1.请用3~5分钟介绍一下自己。

2.先说说你最近服务的这家公司（由简历而定）的基本情况（规模、产品、市场）。

3.你在目前工作岗位中主要有哪些工作内容？主要的顾客有哪些？

4.请你简要介绍一下自己的求学经历。

5.请你简要介绍一下自己的成长历程。

6.谈谈职业生涯中令你有成就感的一两件事，并说说它给你的启示。

二、工作动机与愿望

评价要点：是否以公司发展为目标并兼顾个人利益；回答完整、全面、适当；具有说服力。

1.你最近找工作时，面试过哪些单位？应征什么职位？结果如何？

2.你为什么应聘这份工作？（为什么你想到这里来工作？）

3.你找工作时，最在乎的是什么？请谈一下理想中的工作。

4.你认为本公司与其他公司有何不同？你对以后的职位有何期望？你的生活目标是什么？

5.对于现在的工作，你最喜欢它的哪些方面？

6.对于现在的工作，你最不喜欢它的哪些方面？

7.对于现在的工作，你感到最大的压力是什么？

8.你如何规划职业生涯？

9.你认为现在企业的加薪公平、合理吗？

10.如果你的一名下属挣得比你多，你会有何感受？

三、社交能力与人际关系

评价要点：自我认识；交际能力。

1.你过去的上级是个怎样的人？

2.你与哪种类型的上司、同事、下级合得来？你是怎样与你的上司一起工作的？

3.你认为自己处理人际关系的能力如何？

4.在长途旅行的火车或飞机上，你不认识周围的人，大家都在沉默，你是如何适应这种陌生环境的？

5.假如你今天晚上有一个重要的约会，说说你打算怎么去应对（可提示答案方向：倾向于去了后随机应变还是事先做好规划）。

6.你与同事相处时有不愉快的经历吗？举个例子好吗？

7.你觉得什么样的人最难相处？

8.请描述你目前（或之前）的主管最令人不满的地方是什么？

四、判断力与反应能力

评价要点：理解问题的准确性、迅速性；自我判断能力；有自己独到的见解。

1.你如何看待学校的学习与工作中的学习的区别？

2.从你的简历来看，你在过去×年更换工作频繁，我如何知道如果我们录用你，你不会很快地离职？

3.你在同一家公司待了这么长时间，难道不觉得若再去适应新的企业文化，可能会产生严重的"水土不服"现象吗？

4.当你的上司给你安排了一大堆工作，而你的同事却无所事事时，你会怎么办？

5.你如何与那些背景和价值观与自己相差很大的人相处？

6.举例说明当你所在的部门无法接受你的正确意见时，你是如何说服他们的？

7.谈谈你同所在部门里的其他人员发生冲突的事例。

8.在实际生活中，假设你做了一件好事，不但没有人理解，反而遭到周围人的讽刺挖苦，这时你会怎样处理？

9.在一次重要会议上，领导做报告时将一个重要的数字念错了，如不纠正会影响工作，遇到这种情况你会怎么办？

五、责任心与纪律性

评价要点：负责到底的精神；对工作的坚持；令人信服地完成工作；考虑问题全面。

1.你对加班有什么看法？

2.当你所在的集体处于竞争劣势时，你有什么想法和行动？

3.在跨组织的任务中，由于涉及过多成员，最后易形成"责任者缺位"现象，你如果身处其境，会是什么心态？

4.你的工作通常能在时限内完成吗？

5.对于明知实施后会引起反弹的政策，你仍能将其贯彻到底吗？

六、自知力与自控力

评价要点：经常进行自我检查；能发现自己的优缺点；在遭受批评和挫折时，能够克制、容忍和保持理智。

1.你在工作中曾遭受过哪些挫折？谈谈你在工作中遭受挫折的经历。

2.怎样处理工作与生活的关系？怎样处理在工作中遇到的困难？

3.你认为自己最适合什么样的工作？你认为自己最擅长什么？

4.你最大的成功是什么？你最大的遗憾是什么？

5.请你对自己作一个坦率、真实的评价？你的强项是什么？你喜欢自己的哪种品质？你认为什么是好的？你的弱点是什么？哪些是你可以改正的？

6.谈谈你目前想去学习或弥补的知识。

7.我们的工作与生活并不是一帆风顺的，谈谈你的工作或生活或求学经历中出现挫折或低潮期时，你是如何克服的？（如果回答无此经历，问）您的生活是不是太过于顺畅？成长中往往伴随着失败，你觉得自己的成长来自哪些方面？

8.你认为自己还有哪些方面可以进一步加强？

9.谈谈最近一次因为工作而情绪失控的情形。

10.你觉得自己的个性适合井然有序的工作环境，还是灵活自如的工作环境？

11.你的上级主管和同事怎么评价你？你认为评价准确吗？

七、组织与领导能力

评价要点：良好的领导与指挥能力；良好的计划与控制能力；良好的授权与激励手段。

1.假如你的上司是一个非常严厉、领导手腕强硬，时常给你较大压力的人，你觉得这种领导方式对你有何利弊？

2.你的下属未按期完成你布置给他的任务，如果你的上司因此责怪下来，你认为这是谁的责任，为什么？

3.工作中你发现上司的管理方式有些不妥，并有了自己的想法，此时你会如何做？

4.假如你是足球队队长，队中有两名队员有些不和，他们都是主力队员，而此时有一场重要比赛即将开始，你如何去协调和处理？

5.说说你在以往领导岗位中出现管理失控的事例及事后的原因分析。

6.描述一个你在以往工作经历中出现过的团队士气较低沉的情景，那时你的角色是怎样的？现在回想起来有何感触？

八、专门针对刚毕业的大学生的问题

1.假如你是足球队队长，队中有两名队员有些不和，他们都是主力队员，而此时有一场重要比赛即将开始，你如何去协调和处理？

2.你参加过哪些课外活动？为什么选择这些活动？你对其中哪些活动最感兴趣？为什么？

3.你最喜欢的课程有哪些？你最不喜欢的课程有哪些？

4.如果大学生活可以从头开始，你将会学习哪些课程？为什么？

5.根据你对目前就业市场的了解，你所学的哪些课程最为有用？什么课程最没用？

6.对于低年级的同学，你会给予他们什么样的建议？

7.你从勤工俭学和课外实践中学到了什么？

8.大学生活中最令你难忘的经历是什么？

9.为什么你学非所用地申请这样一个职位？

10.你对于自己在学校中获得的成绩感到满意吗？

11.你参加过哪些竞赛活动？从中学到了什么？

12.你认为能成功的最大决定因素是什么？

13.谁对你的影响最大？

14.你经常对什么感到烦恼？

## 附录3 结构化面试表

结构化面试表见表5-2。

表 5-2 　　　　　　　　　　　　结构化面试表

| 序号 | | 考生姓名 | | 性别 | 报考部门及职位名称 | | 职位代码 |
|---|---|---|---|---|---|---|---|
| 面试要素 | 求职动机与拟任职位的匹配性 | 综合分析 | | 人际交往的意识与技巧 | 应变能力 | 语言表达与自我情绪控制 | 举止仪表 |
| 观察要点 | 兴趣与岗位情况的匹配性；成就动机（认知需要、自我实现、服务他人的需要，得到锻炼等）与岗位情况的匹配性 | 对事物能从宏观方面总体考虑；对事物能从微观方面考虑其各个组成部分；能注意整体和部分之间的关系及部分间的有机协调与组合 | | 人际合作主动；理解组织中的权属关系（包括权限、服从、纪律等意识）；人际的适应情况；通过有效沟通（传递信息）处理人际关系；原则性与灵活性结合 | 在压力状况下，思维敏捷；情绪稳定，考虑问题周到 | 理解他人的意思，口齿清晰、表达流畅；内容有条理，富有逻辑性，他人能理解，并具有一定的说服力；用词准确、适当、有分寸；在较激烈的情景中，表情和言语自然；在受到有意羞辱的场合，能保持冷静；为长远或更高的目标，能抑制自己当前的欲望 | 穿着打扮得体；言谈举止符合一般的礼节要求；无多余动作 |
| 满分 | 20 | 20 | | 20 | 20 | 10 | 10 |
| 要素得分 | | | | | | | |
| 考官评语 | | | | 考官签字：　　　　　年　月　日 | | | |

评分说明：

1. 测评要素评分标准：满分为 20 分的，表现好为 16 ~ 20 分，表现中等为 12 ~ 16 分，表现差为 0 ~ 12 分；满分为 10 分的，表现好为 8 ~ 10 分，表现中等为 6 ~ 8 分，表现差为 0 ~ 6 分。

2. 精确至小数点后 1 位。

3. 总分：各测评要素得分相加的总和。

# 实训六　人员选拔——无领导小组讨论

## 一、实训目的

通过该实训项目，了解并掌握无领导小组讨论实施的基本程序，掌握无领导小组讨论题目的编制方法，及无领导小组讨论方法的运用技巧。

## 二、基本知识要点

1.无领导小组讨论的适用范围

作为一种测评方法，无领导小组讨论有最适宜、最能发挥功效的测评要素范围。无领导小组讨论适合考查的能力和特征主要包括：

（1）候选人的影响力和人际交往能力

无领导小组讨论是在多个候选人之间进行互动的基础上完成的，是一个动态的交流过程，因此评价者很容易观察到候选人的沟通能力、人际交往意识和主动程度、处理一般人际关系的技巧以及团队合作精神等。同时，由于无领导小组讨论的候选人之间是平等的关系，没有上下级之分，因此评价者也可以观察候选人在团队中主动争取权力和掌控局面的能力、辩论说服能力和影响力以及组织协调能力等。

（2）候选人解决问题的能力

无领导小组讨论的任务通常是解决一个实际的问题，因此评价者通过候选人在讨论过程中表现出来的解题思路与策略来评价候选人对问题的理解能力、分析思考能力、综合判断能力、推理能力、创新能力，以及对信息的搜寻能力和利用能力等。

（3）候选人的个性特征和行为风格

评价者通过候选人在整个过程中暴露出来的习惯性的言语表达方式、肢体动作、表情特征、情绪状态、反应速度等一系列行为表现，来评价候选人的动机、自信心、认知风格、情绪稳定性等。

事实上，无领导小组讨论最突出的特点就是具有生动的人际互动性，候选人需要在与他人的沟通和互动中表现自己，因此无领导小组讨论考查的维度也多与人际交往、人际策略有关，例如言语表达能力、人际影响力等。可以说，无领导小组讨论适用于那些经常与人打交道的岗位人员的选拔，比如中层管理者、人力资源部员工和销售人员等，而对于较少与人打交道的岗位，比如财务人员和研发人员的选拔，无领导小组讨论并不适合。

2.无领导小组讨论的测评指标及行为观测点参考

（1）沟通能力

有效地表达出自己的想法和意见，意思表达连贯，语言流畅自然。行为观测点：能将自己的思想、观点、意见和建议清楚地用语言表达出来；言语逻辑严密，条理清晰，有一定深度。

（2）分析能力

对问题的敏感性较强，能把问题分成几个方面，从不同角度看问题，并能抓住事物的本质或主要方面，进行全面、透彻、系统、有逻辑性的分析，得出合理的结论。行为观测点：综合已有信息，能透过现象抓住问题的本质，区分出问题的轻重缓急，敏锐地发现事物间的联系，并找到造成问题的原因，适时提出适当的结论或对策。

（3）倾听能力

在人际交往中听取别人想法的能力。行为观测点：能准确地抓住他人说话的要点；能积极关注讨论中每个人的发言。

（4）说服影响力

采用某些方法与技巧，促使他人改变已有想法或行为，自愿接受其意志。行为观测点：敢于坚持自己的意见，同时能有效地与他人交流；能根据场上情况及时调整、完善自己的思路，能抓住适当时机积极发言；注意说服技巧的运用；能有效赢得认可与支持。

（5）应变能力

在实际情景中，能审时度势，思维敏捷，考虑问题周详，并能及时处理各种问题，灵活有效应对。行为观测点：为平息组内纷争，善于寻求大家观点中的共同点，推动小组形成统一意见；能灵活找出各种解决问题的途径，对其做出合理的评估。

（6）自我控制力（稳定性）

面对压力、挫折，能有效控制自己的情绪，理性处理问题。行为观测点：在讨论过程中，特别是面对争论时，能保持情绪的稳定性、控制自己的行为表现。

3.无领导小组题目的编制

首先，收集材料。主要收集拟任岗位的相关材料，所收集的相关材料应该能充分说明拟任岗位的特点，并且能够让被评价者处理时有一定的难度。

其次，材料筛选。对收集到的所有原始材料进行甄别、筛选，选出难度适中、内容合适、具有典型性和现实性的材料。

最后，设计讨论题目。在设计讨论题目时，需要联系工作的实际情况，不仅要在内容上选择工作中典型的话题或案例，而且要尽可能地设置符合实际情况的工作条件。同时，还要注意题目内容的冲突性，只有冲突得当，才能够给候选人创设足够的表现空间，才能够尽可能多地收集有效信息，使整个情景发挥最大的作用和价值。

实践证明，争论越多，候选人表现的机会就越多，暴露的不自觉行为也越多，这样才越容易看出个体之间的内在特征差异。另外，确定题目的难度也是较为重要的。如果事先有估计，就尽量选择难度适中的题目，避免过于简单出现"天花板效应"，过于困难出现"地板效应"，难度适中有利于区分出素质优秀和素质一般的候选人。

4.无领导小组讨论题目的类型

（1）开放式题目

这是一种较容易的题目类型。其答案的范围可以很广、很宽，也没有固定的答案。开放式题目主要考查候选人思考问题是否全面，是否有针对性，思路是否清晰，是否有新的观点和见解。例如，你认为什么样的领导是好领导？关于此问题，候选人可以从诸如领导的人格魅力、领导的才能、领导的亲和力、领导的管理取向等方面来回答，可以列出很多优秀品质。这种开放式题目不太容易引起候选人之间的争辩，所考查候选人的能力范围较为有限。

（2）意见求同型题目

意见求同，顾名思义，就是候选人就某些问题可能有不同意见，要求他们在规定的时间内达成一致意见。这种题目常见的出题思路是：一个问题有若干个备选项，让候选人对备选项的重要性进行排序，或者选择符合某种条件的选项。此类题目主要考查候选人能否深刻分析问题的实质，能否较为迅速地抓住问题的核心。其一般的实施流程是：首先将题目的主题和备选项以及对备选项进行操作的要求提供给候选人，候选人先分别提出自己的见解，然后通过讨论与辩论达成一致的意见。

（3）资源争夺型题目

所谓资源争夺型题目，就是题目情景提供给候选人的是一些有限的资源，这些资源可以是钱、空间、物品、人、机会等。每个小组成员都代表他们各自的利益或他们各自从属的群体的利益，他们每个人都设法使自己获得更多的资源。小组成员之间的目标是冲突的，但评价者又往往要求他们最终实现资源的最佳分配，甚至指出如果资源无法得到有效分配，每个候选人都会被扣分。这样小组成员之间既存在着利益的冲突，又存在一致的目标。

此类问题适用于指定角色的无领导小组讨论，主要考查候选人的语言说服力、分析问题的能力、概括或总结的能力、反应的灵敏性等。这种题目可以引起候选人之间的充分辩论，也有利于评价者对候选人的评价，但是对题目本身的要求较高，要求其中的角色地位必须具有平等性，准备的材料也必须充分、可信。

（4）团队作品型题目

所谓团队作品型题目，就是给候选人一些材料、工具或者道具，让他们利用所给的这些材料，设计出一个或一些由评价者指定的物体来。其主要考查候选人的主动性、合作能力以及在实际操作任务中所充当的角色。例如，给候选人一些材料，要求他们相互配合，构建一座铁塔或者一座楼房的模型。此类问题在考查候选人的操作行为方面要比其他方面多一些，同时情景模拟的程度要大一些，但考查言语方面较少，同时，评价者必须很好地准备所能用到的一切材料，对评价者的要求和题目的要求都比较高。

（5）两难式题目

两难式题目是指候选人在两种互有利弊的选项中选择其中的一项，并说出选择的理由。这种题目主要考查候选人的分析能力、语言表达能力以及说服力等。例如，你认为以工作为导向的领导是好领导呢，还是以人为导向的领导是好领导？

一方面，此类题目对于候选人而言，不但通俗易懂，而且能够引起充分的辩论；另一方面，对于评价者而言，不但在编制题目方面比较方便，而且在评价候选人方面也比较有效。但在编制这种问题时，一定要注意使两难的选项具有对等性，即使候选人选择两种选项的概率大致相等，也不要使候选人轻易就倾向于选择其中的某一个选项。

# 三、实训内容与要求

实训内容：根据面试的过程，选取进入无领导小组讨论的候选人；根据岗位要求确定无领导小组讨论的题目；安排相应人员在指定的时间、地点进行无领导小组讨论实训。

要求：学生根据前期的实训成果，根据岗位要求设计无领导小组记录表及评价表、无领导小组讨论题目，根据老师的安排提前布置好无领导小组讨论的场所，并在规定时间及地点完成实训。

# 四、实训组织与步骤

第一步，每个招聘团队根据前期的面试，选择参加无领导小组讨论的候选人。

第二步，每个招聘团队根据岗位的要求确定无领导小组讨论的题目，并编制无领导小组讨论记录表及评分表。

第三步，每个招聘团队及时上交无领导小组讨论题目、评分表、记录表，教师及时评阅并给出指导意见。

第四步，招聘团队提前布置好实训场地，要求按易于讨论的方式设置，一般采用圆桌会议的形式，面试考官席设在考场四边（或集中于一边，以利于观察为宜）。

第五步，无领导小组讨论正式开始，首先，应试者落座后，面试考官为每个应试者发空白纸若干张，供草拟讨论提纲用。之后，主考官向应试者讲解无领导小组讨论的要求（纪律），并宣读讨论题，给应试者5~10分钟的准备时间（构思讨论发言提纲）。

第六步，主考官宣布讨论开始，依考号顺序每人阐述观点（5分钟），依次发言，发言结束后开始自由讨论。

第七步，各面试考官只观察并依据评分标准为每位应试者打分，不准参与讨论或给予任何形式的诱导。无领导小组讨论一般以40~60分钟为宜，主考官依据讨论情况，宣布讨论结束后，收回应试者的讨论发言提纲，同时收回各考官评分成绩单，考生退场。

第八步，随机抽取一些同学，对每一个小组的无领导小组讨论过程打分，以供教师对这一环节的实训成绩评分。

第九步，无领导小组讨论结束后，各招聘团队整理面试过程中形成的材料并归档。

# 五、实训时间

在无领导小组讨论的准备阶段，要求学生携带前期的实训成果以及调研并整理过的材料，在课堂上讨论确定参加无领导小组讨论的候选人，并选择无领导小组讨论的题目，同时制作无领导小组讨论记录表及评价表。利用约2个课时的时间完成各项工作。课后要求学生继续修改完善无领导小组讨论记录表及评价表，一周后上交各个团队设计的表格及讨论的题目。

在模拟无领导小组讨论阶段，要求学生提前布置好讨论场所，每个团队的无领导小组讨论时间为30~60分钟，可以安排4~6个小组同时讨论。

# 六、实训成果

该环节中，每个小组的学生必须提交实训成果——无领导小组讨论题目、记录表和评价表，并且按要求有秩序地完成无领导小组讨论实训。

# 七、实训成绩评定

1.实训成绩等级评定

实训成绩按优秀、良好、中等、及格、不及格5个等级评定。90分及以上为优秀；80~89分为良好；70~79分为中等；60~69分为及格；59分及以下为不及格。

2.实训成绩评定参考标准

（1）无领导小组讨论所选题目是否符合岗位的要求，是否符合展开讨论的要求？

（2）无领导小组讨论记录表及评价表是否结构合理、内容全面？

（3）无领导小组讨论场所的布置是否符合要求？

（4）讨论过程是否井然有序，是否顺利完成？

（5）在候选人讨论过程中，评价人员是否能够对候选人进行观察和评价，并做好记录？

（6）无领导小组讨论结束后，招聘团队能否就观察与评价展开讨论，最终形成一致的意见？

（7）小组成员分工是否合理，其是否团结协作，具有良好的团队精神与合作意识？

（8）实训成绩评定比例：实训环节表现占70%，实训成果质量占30%。

# 附　录

## 附录1　无领导小组讨论经典题目

### 试题一：月球太空船

背景说明：

一艘太空船因为机械故障迫降在了月球背向太阳的一面，此地距月球上的基地还有200公里，宇航员们必须赶到基地，否则将会非常危险，他们带有以下物品，请你按照物品的重要性对其进行排序。这些物品包括：

2箱奶粉　2升氧气　淡水　手枪　水上救生气垫船　FM发报机　指南针　太空图　50米尼龙绳　压缩食物　2盒火柴　太阳能取暖器　降落伞

指导语：

首先，给你5分钟的时间对这些东西的重要性进行排序，在这一阶段注意不要互相讨论；其次，用20分钟的时间进行讨论，就这些东西的重要性进行重新排序；最后，拿出小组一致的意见来，选出一名代表向考官进行汇报，并陈述理由，其他人可以进行补充。

如果到了规定的时间，你们还是不能得到统一的意见，那么就在你们每个人现有的成绩上减去一定的分数。

好！现在开始。

### 试题二：海上遇险

背景说明：

在9月下旬的某一天，你所乘坐的巨型客轮正在太平洋上航行。突然遇到海上的风暴，迫不得已采取紧急的救生措施。你和另外8名旅客漂流到一个荒岛上，9名旅客中共有5位男性、4位女性。你们来自不同的国家，所使用的语言有英语、德语、汉语和意大利语，但每个人都或多或少会讲一些英语。

现在你们并不知道自己所处的位置，对岛上的情况也并不了解，不知道岛上会不会有人，会有什么人或动物，岛上的植物看起来也很奇怪。眼前是一片汪洋大海，不知何时才会有船只经过，何时才会有人来救你们。现在你们每人有一件救生衣，身穿比较薄的轻便衣服，每个人有一条小毛巾，随身携带一些钱和钥匙。此外，你们还共同拥有以下东西：

一个打火机　一把瑞士军刀　一本航海地图册　两个指南针　几件厚外套　一本英汉法德辞典　一大块塑料布　每个人平均2升淡水　一块手表　一瓶盐　5袋饼干　3盒带有法文说明的药　每人一副太阳眼镜　一面镜子　一段粗绳子

指导语：

你们的任务是根据这15件东西就你们求生的重要性对它们进行排序并说明理由。首先，给你们10分钟的时间各自对这些东西就重要性进行排序，在这一阶段注意不要互相讨论；其次，用30分钟的时间进行讨论，就这些东西的重要性重新排序；最后，拿出小组一致的意见来，选出一名代表向考官进行汇报，并陈述理由，其他人可以进行补充。

如果到了规定的时间，你们还是不能得到统一的意见，那么就在你们每个人现有的成绩上减去一定的分数。

好！现在开始。

**试题三：良好的人际关系**

背景说明：

一个人要想拥有良好的人际关系，可能需要拥有许多重要的品质，例如：在人际交往中比较主动，待人热情，为人老实，办事能力强，占有较高的社会地位，爱好广泛，乐于助人，对他人的内心世界有很好的洞察力，豁达，不在小事上斤斤计较，健谈，幽默，为了朋友能够牺牲个人利益，言谈举止有风度，情绪稳定性好，独立，有主见。

请你从上面所列出的这些因素中分别选出一个你认为最重要的因素和一个最不重要的因素。

指导语：

首先，给你5分钟的时间阅读上面的材料并仔细思考，然后将你的答案写在纸上；其次，你们将会有25分钟的时间就这个问题展开讨论；最后，你们必须拿出一致性的意见，即得出一个你们共同认为的最重要的因素和最不重要的因素，然后派出一个代表来汇报你们的意见，并阐述你们做出这种选择的原因。

如果到了规定的时间，你们还是不能得到统一的意见，那么就在你们每个人现有的成绩上减去一定的分数。

好！现在开始。

**试题四：解决问题**

张强是一家保险公司地区分公司的经理，这是一家规模较大的分公司，一直经营得还不错。一天上午，张强因为有事想找几名员工了解情况，不想竟有人迟迟未到。他开始注意到公司有些职工上午8点15分才来上班，而公司的上班时间是上午8点到下午5点。张强对这些职工不遵守工作时间感到很不满。

经过几天的观察，他制作了一份作息时间表给各个部门，着重强调了上班时间。可是他发现有的职员仍然上班迟到10多分钟，甚至他的秘书王丽也是如此。于是张强向所有职员发了一份通知，强调上班时间是上午8点到下午5点，必须准时上班，再有迟到者扣发工资。在此之后的几天，所有员工均在8点钟之前到岗。张强很高兴，认为自己有效地解决了迟到问题。

一天下午大约4点30分，张强让王丽给他录入并打印几份他刚拟好的文件，这也是公司急需的文件。大约5点钟，工作进行了一半时，王丽站起来说她要打扫一下卫生，准备回家。张强感到十分意外，通常王丽都是把工作干完后才离开公司的。看到张强惊讶而又不解的眼神，王丽提醒说，她的工作时间是从上午8点到下午5点。张强发现几乎所有的职员在下午5点钟都停止了工作。

又过了几周，公司又恢复到原来的情况，员工的迟到又开始了……

请分析，张强应该怎样解决员工迟到的问题才能达到双方满意的效果？如果你处于他的位置，该怎么办？

**试题五：开放式问题**

让小组成员从下列题目中，选择一个题目进行讨论，并将讨论结果记录下来，时间为60分钟。

1.一个管理者最重要的职能是什么？

2.怎样才能提高职工的工作积极性？

3.聘请外国足球教练来华执教，其对中国足球的未来有何影响？

4.中国如何才能成为世界强国？

5.中华民族有哪些优点和缺点？

### 附录2　无领导小组讨论观察记录表

无领导小组讨论观察记录表见表6-1。

表6-1　　　　　　　　　　　　无领导小组讨论观察记录表

| 测评要素 | 分析能力 | 个人影响力 | 沟通能力 | 应变能力 | 语言表达能力 | 情绪稳定性、举止仪表 | 总分 | 简短评语 |
|---|---|---|---|---|---|---|---|---|
| 权重 | 20% | 20% | 20% | 20% | 10% | 10% | 10 | |
| 观察要点 | 综合已有信息，能透过现象抓住问题的本质，区分出问题的轻重缓急，敏锐地发现事物间的联系，并找到造成问题的原因，适时给出适当结论或对策 | 敢于坚持自己的意见，同时有效地与他人进行交流；能根据场上情况及时调整、完善思路，能抓住适当时机积极发言；注意说服技巧的运用；能有效赢得认可与支持 | 能否将自己的思想、观点、意见和建议清楚地用语言表达出来；言语是否逻辑严密、条理清晰，有一定深度 | 为平息组内纷争，善于寻求大家观点的共同点，推动小组形成统一意见；能灵活找出各种解决问题的途径，对其做出合理的评估 | 能够清晰地表达自己的观点和思路，语言生动、流畅、富有感染力 | 面试中情绪稳定、沉着，穿着打扮自然得体，言谈举止表现出良好的素质 | | |
| 人员名单 | | | | | | | | |
| | | | | | | | | |
| | | | | | | | | |
| | | | | | | | | |

表现最好的应试者：

理由：

打分标准说明：
1.满分是10分，请根据您的个人观点打分，不要与其他考官商量
2.8分以上，非常好；4~8分，较好；4分以下，较差

考官签名：

年　　月　　日

# 实训七　人员录用

## 一、实训目的

通过该实训项目，了解并掌握录用决策的基本程序及方法，掌握录用通知书与辞谢通知书的编写技巧，能够结合录取信息，在软件内完成人员录入，并能结合前期实训撰写实训报告。

## 二、基本知识要点

1.录用决策的要求

（1）信息是否准确可靠

这里的信息包括应聘人员的全部原始信息，如应聘者的年龄、性别、毕业学校、所学专业等，也包括应聘者的工作经历、在原工作岗位的业绩、原工作岗位的领导及同事的评价，还包括应聘过程中的各种测试成绩和评语，包括笔试成绩、面试成绩、心理测试成绩等。

（2）资料分析方法是否正确

前期获得的信息和资料有可能相当繁杂，在众多的资料中，首先，要注意对应聘者能力的分析，包括沟通能力、组织能力等；其次，要注意对其职业道德和高尚品格的分析，在市场竞争日益激烈的今天，有能力但缺乏操守的人不时出现，因此在做出决策时，要注意对其以往工作过程中的职业道德和品格的分析；最后，注意对个人的社会资源、学历背景、成长背景等的分析。

（3）招聘程序是否科学

招聘一定要经过多个层次的筛选，程序的科学性要求步骤不能颠倒，只是每个企业根据自身的规模、效益、文化、价值观和其他多个因素综合考虑，招聘程序可以有所差别。

（4）主考官和其他考官是否优秀

主考官的公正公平是必备的第一要素，但主考官的能力和素质也至关重要。如果有一位优秀的主考官，那么就可以充分利用主考官的知识、智慧、经验、信息、判断力和分析力做出相对正确的录用决策。

（5）能力与岗位是否匹配

能力与岗位的匹配度是招聘中一个十分重要的要素，如果把一个人放在一个不适合他的岗位上，很可能会给企业带来巨大的损失。因此，录用决策要遵循能岗匹配原理。这一原理的核心内容是：最优的不一定是最匹配的，最匹配的才是最佳的选择，即职得其人，才得其职，才职匹配，效果最优。

2.录用决策的程序

在招聘过程中，甄选的目的是有效地对应聘者做出判断，正确做出接受或拒绝应聘者的决定。为了保证评价应聘者过程中信息的完整性，还需要一系列信息整理和分析的过程。具体的录用决策程序如图7-1所示。

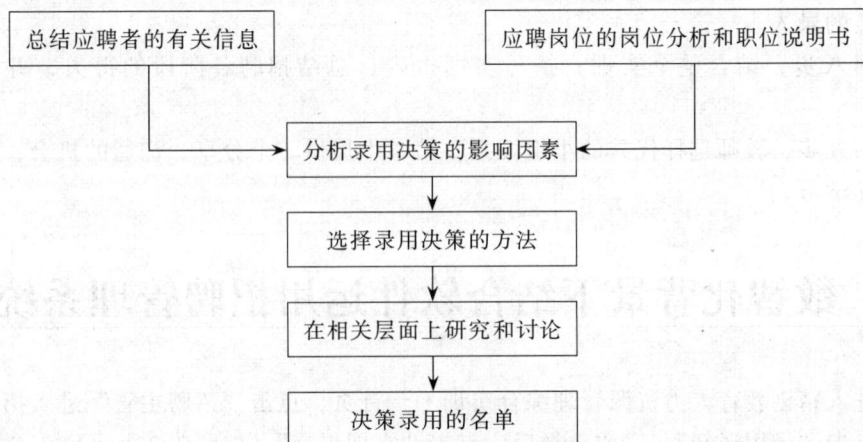

图7-1 具体的录用决策程序

# 三、实训内容与要求

实训内容：根据前期求职材料的筛选分析、面试及无领导小组讨论测试的结果，结合录用决策的具体要求，做出录用与否的决定，并分别发出录用通知或者辞职通知，最后结合前期的实训，撰写招聘与选拔实训报告。

要求：学生紧密结合前期的实训成果做出决策，并编写录用通知与辞谢通知，撰写实训报告。

# 四、实训组织与步骤

第一步，每个招聘团队回顾拟招聘岗位的工作说明书，重点回顾拟招聘岗位的职责与任职资格。

第二步，每个招聘团队回顾候选人的求职申请表及应聘材料，进一步熟悉候选人的成长背景、受教育情况等。

第三步，每个招聘团队回顾前期面试过程的记录及面试成绩表，进一步明确候选人的素质能力等。

第四步，每个招聘团队回顾前期无领导小组讨论的记录及成绩评定表，进一步明确候选人的行为风格和素质能力。

第五步，每个招聘团队汇总前期各筛选环节的成绩，综合各环节的表现做出最终的录用或辞职决定。

第六步，根据录用决策及候选人具体情况编写录用通知书与辞谢通知书。

第七步，将录用通知书与辞谢通知书分别发放给相应人员，并在相应软件内完成人员的录入。

第八步，结合整个实训，撰写实训报告，总结招聘各阶段的得失，并制作PPT。

第九步，教师选择优秀的小组汇报，给学生提供一个分享、沟通的机会，让大家相互学习。

# 五、数智化背景下结合软件运用招聘管理系统

进入精创教育人力资源管理综合实训平台首页，点击"招聘主管"进入招聘界面，点击"录用通知"，完成选择后，点击"立即提交"（如图7-2所示）。

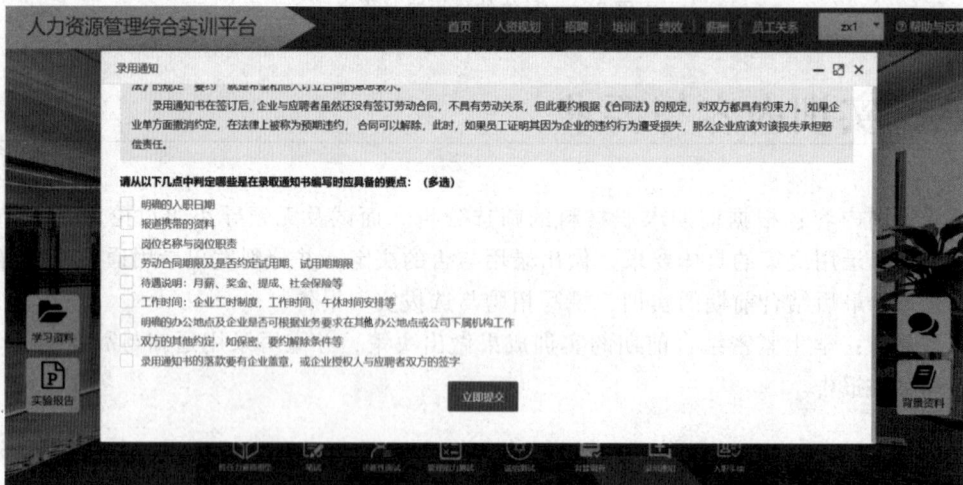

图7-2　录用通知界面

# 六、实训时间

在做出录用决策前，要求学生携带前期的实训成果以及调研并整理过的材料，在课堂上讨论，以确定最终的录用人选，利用约1个课时的时间完成各项工作。之后，编写录用通知书与辞谢通知书，发放给相应的人员，并在软件内完成人员录入。课后，要求学生撰写招聘与选拔实训报告，总结各个实训环节的得失，并制作成PPT。

在汇报阶段，教师可以根据学生实训报告及PPT的质量选择学生汇报，如果时间允许，也可全部汇报。每个小组汇报结束后，其余小组可以就其中的问题提问并探讨。每个团队的汇报时间控制在10~15分钟。

# 七、实训成果

在该环节中，每个团队必须提交实训成果——录用通知书、辞谢通知书、软件人员录入界面、实训报告，并且按要求有秩序地完成课堂汇报。

# 八、实训成绩评定

1.实训成绩等级评定

实训成绩按优秀、良好、中等、及格、不及格等5个等级评定。90分及以上为优秀；80~89分为良好；70~79分为中等；60~69分为及格；59分及以下为不及格。

2.实训成绩评定参考标准

（1）录用决策是否符合岗位的要求，是否对前期实训结果进行了充分的分析？

（2）录用通知书的内容是否全面，表述是否清楚？

（3）辞谢通知书的表述是否清楚、规范，应聘者能否欣然接受？

（4）录用通知书与辞谢通知书是否送达应聘者？

（5）软件人员录入是否完成？

（6）每个小组是否按要求完成实训报告，并撰写实训报告？

（7）实训报告是否记录了完整的实训过程，文字是否简练、清楚，结论是否明确，收获和体会是否客观？

（8）能否独立制作演示幻灯片并熟练进行现场演示和讲解，能否自如地回答现场的提问？

（9）小组成员分工是否合理，其是否团结协作，具有良好的团队精神与合作意识？

（10）实训成绩评定比例：实训环节表现占40%，实训成果质量占60%。

# 附　录

## 附录1　录用通知书

_____先生/女士：

我们现在很高兴地通知您：经我公司研究，决定录用您为本公司员工，向您提供_____岗位。欢迎您加盟本公司。请您于_____年____月____日____时到本公司_____部（处）报到。

我们很希望您能够接手该岗位的工作。我们会为您提供较好的发展机会、良好的工作环境和丰厚的报酬。

我们很希望您能在____月____日之前答复我们。如果您还有什么疑问，请尽快与人力资源部_____联系。他的联系电话是：_____。

期望尽快得到您的答复。

××公司人力资源部

年　　月　　日

报到须知：

报到时请持录取通知书；

报到时须携带本人____寸照片____张；

须携带身份证、学历学位证书原件和复印件。

## 附录2　辞职通知书

尊敬_____先生/女士：

十分感谢您对我们公司的____岗位的兴趣，您对我们公司的支持，我们不胜感激。您在应聘该岗位时的良好表现，我们印象很深。但由于我们名额有限，这次只好割爱，我们已经将您的相关资料存档，并会保留半年，如有新的空缺，我们将会优先考虑您。

感谢您能理解我们的决定。

再次感谢您对本公司的厚爱！

××公司人力资源部

年　　月　　日

## 附录3　数智化招聘

一、人工智能概述

人工智能可以使计算机系统表现出类似人类智能的特点，如语音识别、自然语言处理、图像识别、学习和推理等。人工智能的发展可以追溯到20世纪50年代。1956年夏，麦卡锡、明斯基等科学家在美国达特茅斯学院开会研讨"如何用机器模拟人的智能",首次提出"人工智能"这一概念,标志着人工智能学科的诞生。当时,计算机科学家们开始探索计算机如何模拟人类的思维和智能。

随着时间的推移,人工智能技术不断发展和完善,特别是随着计算机存储和处理能力的提高、大数据的出现和深度学习等新技术的兴起,人工智能技术得到了快速发展。人工智能在人力资源招聘中的作用将会越来越重要,随着人力资源市场竞争的日益激烈,企业需要更快、更准确地招聘合适的人才。人工智能技术可以帮助企业快速筛选和分析大量的求职者简历,并根据职位要求推荐相关的求职者,从而提高招聘效率和准确性,同时降低招聘成本。随着人工智能技术的不断发展和应用场景的不断拓展,人工智能在招聘中的作用也将变得更加智能化和人性化。

二、人工智能对人力资源招聘的影响

人工智能使招聘产生了巨大的改变,人工智能的应用使得招聘流程更加智能化、高效化和精准化。

目前,ATS(Applicant Tracking System)是一种较为流行的人力资源招聘系统,是一种应聘者跟踪系统,也称为招聘管理系统,它是一种利用信息技术来管理招聘流程和招聘数据的软件工具。ATS可以帮助企业在招聘过程中提高效率,降低成本,同时也可以提高人才的招聘质量。ATS的功能包括:管理和跟踪应聘者、管理招聘流程、管理招聘数据、自动筛选简历、自动发送邮件、支持移动招聘等。ATS可以帮助企业提高招聘效率和质量,缩短招聘周期,降低招聘成本,使企业在人才竞争中更具竞争力。在ATS的加持下,招聘工作更加高效。

1.招聘需求分析

招聘需求分析是指企业在招聘过程中,对人才需求的分析。应对目标进行详细的分析和评估,以便更好地制订招聘计划和策略。招聘需求分析主要包括岗位分析、人才分析、竞争分析等。招聘需求分析的目的是更好地理解招聘需求和目标,制订招聘计划和策略,并有效地吸引、筛选和招聘合适的人才。

人工智能在招聘需求分析中通过大数据分析、自然语言处理、机器学习和深度学习等技术,对招聘过程中产生的数据进行处理和分析,以获得更加深入和全面的洞察力和预测能力。人工智能通过Python技术"爬取"智联、前程无忧等招聘网站岗位的招聘数据,分析待招岗位的人才需求现状。分析出岗位候选人在人才市场上的存量、人才供需状态、紧缺人才地图等信息,让企业充分了解市场信息,从而解决人岗匹配精准度低、招不到合适候选人的问题。

人工智能可以收集和整合各种数据来源,如人才市场数据、招聘市场数据、社交媒体数据、企业内部数据等,形成大数据集,为招聘需求分析提供数据支持。自然语言处理是人工智能领域中的一种技术,主要用于处理和分析自然语言文本。在招聘过程中使用自然语言处理技术,对岗位、简历和面试记录等文本数据进行分析和理解时,可以通过分词、词性标注、实体识别、句法分析和语义分析等方法,对候选人的简历进行深入分析和理解,评估其与岗位的匹配程度。

2.招聘渠道选择

招聘渠道选择是指企业在招聘过程中，根据招聘需求和目标，选择合适的招聘渠道进行人才招聘的过程。招聘渠道的选择对于企业招聘的效果和质量具有重要的影响，因此需要进行仔细的分析和评估。目前一些常用的招聘渠道包括：招聘网站、人才市场、社交媒体、校园招聘、内部推荐等。企业在类似于前程无忧、智联招聘、猎聘和中华英才网等平台发布职位招聘信息时，企业招聘专员需要在网站、平台和系统当中逐一发布职位信息，工作重复、工作效率低且工作量大。

对求职者来说，一方面，他们可能只关注一个或几个网站、平台而错过企业在其他平台上的招聘信息；另一方面，企业招聘专员没有精力和时间回复所有应聘者的询问。对于高端人才，企业通常采用猎头的方式获取，这又给企业带来了成本压力。人工智能可以对不同招聘渠道的招聘效果和特点进行分析和预测，从而帮助企业选择合适的招聘渠道。

人工智能可以通过招聘数据源，如招聘网站数据、社交媒体数据、招聘广告数据等，收集和整理数据，并进行数据挖掘和分析，从而获得不同招聘渠道的相关信息和特点。基于对历史数据的学习，人工智能可以对不同招聘渠道的招聘效果和特点进行预测和评估，从而为招聘渠道选择提供决策支持。例如，可以通过监督学习算法，训练一个分类模型，将招聘渠道划分为高、中、低三个类别，以帮助企业选择最优的招聘渠道。

在传统招聘过程中，招聘专员需要维护多个招聘网站、招聘平台，平安集团给出了很好的解决办法。平安集团与上百家招聘网站、招聘平台和猎头公司合作，其招聘系统可以做到职位一键发布，可以同时在与其合作的上百家招聘网站、招聘平台和猎头公司同步发布招聘信息，极大地提升了人员的工作效率，也降低了企业的招聘成本。同时，其已经普遍采用的人工智能机器人，可以不厌其烦地回答每个求职者的每一个问题，极大地提升了求职者的求职体验。

3.简历筛选

简历筛选是招聘过程中企业通过对求职者的简历进行筛选，从中挑选出符合职位要求的人才。企业需要根据招聘职位的特点和要求，制定符合职位要求的筛选标准，包括学历、工作经验、专业技能、语言能力等。筛选标准要具体明确、合理有效，以便更好地进行简历筛选。简历筛选可以通过软件筛选或手动筛选等方式进行，将不符合职位要求的简历淘汰，留下符合要求的简历。企业需要根据实际情况定期更新筛选标准，以满足不同的招聘需求和市场变化。同时，还需要根据简历筛选的实际情况，及时调整筛选标准和方式，提高筛选效率和质量。

在传统招聘中，简历筛选通常由企业招聘专员进行，需要耗费大量时间和精力。现在，人工智能技术可以帮助企业自动地进行简历筛选，大大提高了筛选效率和准确率。人工智能可以对大量的简历数据进行预处理，包括数据清理、降重、标准化等，以保证数据的质量和一致性。其通过自然语言处理和机器学习等技术，对简历中的关键信息进行提取和分析，如候选人的教育背景、工作经历、技能水平等，从而形成简历的特征向量。

人工智能可以通过建模和训练，输入特征向量，通过机器学习算法训练一个分类模型，对不符合要求的简历与符合要求的简历进行划分，从而实现简历筛选的自动化，将招聘需求与分类模型进行匹配，自动筛选出符合要求的简历，并为企业推荐最优秀的候选人。人工智能在简历筛选中的准确率和效果取决于所使用的算法和模型的质量，以及训练数据的质量和数量。因此，企业在进行简历筛选时，需要注意保证算法和模型的质量，以及提供足够的训练数据，以获得最佳的筛选效果。

4.面试安排

面试安排是指在招聘过程中，为了筛选出合适的候选人，雇主所制定的一系列面试流程和时间表。面试安排一般包括：初步面试、技能面试、行为面试、面试反馈等。初步面试是招聘过程中的第一轮面试，用来筛选出符合基本要求的候选人。其通常采用电话面试或视频面试的形式，时间较短，大约为10~20分钟。面试官主要询问候选人的背景、工作经验、学历等基本信息，以初步了解其能力和个性特点。

在初步面试之后，如果候选人符合要求，则会进行技能面试，这通常是一次针对特定技能的深入面试，以评估候选人是否具有所需的技能和经验。技能面试可能会采用编程测试、任务演示、情境模拟等多种形式，时间通常为1~2小时。行为面试是一种基于候选人过去行为表现的面试方法，通过评估候选人的行为模式和态度，来预测其在工作中的表现。面试官会提出一些具体的情境或问题，要求候选人描述自己在类似情境中的行为和反应。这种面试通常会持续1~2小时。

在面试结束之后，面试官应该向候选人提供及时的面试反馈，告诉他们在哪些方面做得好，在哪些方面需要改进。这有助于候选人改进自己的表现，并在下一轮面试中更好地表现自己。在传统面试中往往有很多轮面试，企业招聘专员需要多次协调面试官和求职者的时间、地点，对于求职者而言，需要多次往返企业，面试官还有可能因为个人的喜好而拒绝优秀的候选人。

人工智能在面试安排中可以发挥很大的作用，提高招聘效率和准确性。在国内，"猎聘"为企业和求职者提供专业、高效的人力资源服务。"猎聘"人才招聘模块使用了人工智能技术，具体来说，"猎聘"通过自然语言处理技术和机器学习算法，自动分析候选人的简历和企业的招聘需求，自动匹配符合条件的候选人，并为企业提供候选人档案。借助人工智能技术，"猎聘"可以提高招聘效率和准确性，同时节约企业在招聘过程中的时间和成本。"猎聘"还为面试官提供面试评估报告，帮助企业更好地了解候选人的优劣势和面试官的评价标准。

面试评估报告不仅包括候选人的基本信息和技能背景，还包括候选人在面试过程中的表现、面试官的评价和建议等信息，以帮助企业更好地判断候选人是否符合企业的需要，从而更好地决策。在国外，"HireVue"旗下拥有基于人工智能技术的视频面试工具，以及智能招聘系统和人才管理系统等多个产品。"HireVue"的视频面试工具可以自动分析候选人的面部微表情、语言、声音等信息，从而更好地了解候选人的沟通能力和语言能力。"HireVue"还可以与企业现有的人才管理系统、招聘流程和人力资源策略集成，让企业更加方便地管理招聘流程和招聘数据。通过智能招聘系统和人才管理系统，企业可以更加全面地了解候选人的技能和经验，进行更加准确的筛选和匹配。

5.背景调查

企业经过笔试、面试等环节确定候选人之后，通常会对候选人的工作背景、以往经历、他人评价、工作履历、个人信用及职场表现等情况进行调查。这个时候，企业招聘专员为了确认候选人的学历是否真实，需要到学信网上进行核实，为了确认候选人没有法律纠纷记录，需要到征信系统查询失信记录、金融记录等，这些都会消耗招聘人员的时间、精力。

人工智能能事先建立信息库，使信息库与教育部学历中心网站相连接，应用大数据搜索技术和云计算技术，搜索海量的候选人背景信息数据，并将背景信息存储于智能招聘系统的数据库。需要进行背景调查时，通过智能搜索就可以快速地调查候选人的背景信息，形成的数据信息可为候选人的简历信息真假识别提供参考，节约了传统招聘中背景调查所用的时间。

6.录用决策

录用决策是招聘流程的重要环节之一。在进行录用决策时，企业需要综合考虑候选人各方面的情况，最终决定是否录用。具体来说，需要考虑候选人的技能、经验、性格、人际关系、薪酬要求、信誉，以及招聘市场情况和企业战略。基于以上几个方面的考虑，企业可以做出最终的录用决策。

人工智能技术可以自动根据企业的招聘需求和候选人的背景，推荐符合条件的候选人，帮助企业快速地找到合适的人才。例如，IBM使用一个名为"Watson Candidate Assistant"的招聘助手，该助手可以辅助企业找到符合条件的候选人，同时还可以进行面试评估，分析候选人的情况，评估其技能和经验水平等，从而辅助企业做出最终的录用决策。使用该助手后，IBM的招聘效率提高了50%以上，同时也提高了招聘的准确性。越来越多的企业开始使用人工智能技术辅助进行录用决策，提高了招聘效率和准确性。

7.入职安排

入职安排是指企业在招聘流程中成功录用候选人后，为其提供必要的工作准备和培训，以保证新员工能够尽快适应工作环境、熟悉工作流程，从而更好地完成工作任务。这也是招聘环节的最后一步。

人工智能可以在多个方面辅助企业完成入职安排，如自动化签署合同和表格，即通过电子签名等方式节省时间和人力成本；如智能化的设备配置和准备，即通过人工智能技术来智能化管理设备，并为新员工提供自助式的设备配置和调试服务；如智能化的介绍和沟通，即使用语音助手等技术向新员工提供相关信息和答疑服务，从而提高沟通效率和准确性；如使用智能化的导航系统，即使用导航机器人帮助新员工快速熟悉公司的办公室布局和设施，并提供智能化的安全提示和规定等服务。人工智能还可以帮助企业提高入职安排的效率和质量，更好地提高员工的工作效率和归属感。

三、招聘管理中人工智能的使用现状

1.典型企业

在"2021年世界人工智能大会AI赋能人力资源管理论坛"上，前程无忧CEO甄荣辉表示，"AI拥有更大的能力和范围"，AI招聘在人才画像方面，从前都是看简历、看照片，今天不是了。在简历筛选方面，筛选标准不再"一刀切"，而是根据企业需求将标准多元化。前程无忧利用人工智能技术，可以对候选人进行自动化面试，减少由人工面试所带来的时间和人力成本。通过语音识别、面部识别等技术，前程无忧可以自动化地完成面试过程，并对面试结果进行分析。

阿里巴巴推出了自主研发的超大规模AI语言模型"通义千问"，企业输入文字即可进行远程工作。阿里将AI接入，极大地提升了企业的运作能力。同样的，"通义千问"也可应用于招聘管理。它可以自动生成招聘信息并发布，快速筛选出符合标准的简历。在面试环节，AI可以根据自身的企业文化生成专属考题。

例如，诚信是阿里巴巴的企业愿景和做大做强的依托，依据阿里巴巴坚守诚信的原则，可以询问面试者关于企业诚信方面的问题。收集答案后，经过训练的AI可以生成属于本企业独特的大数据库。在建立了独特的数据库后，应该持续优化招聘流程，通过AI的数据分析和学习，不断完善人才匹配模型，提高招聘效率和准确性。同时，根据企业的实际需求和市场变化，及时进行调整和改进，保持招聘管理的灵活性和适应性。

2.现存问题

虽然人工智能技术在招聘流程中的应用可以提高招聘效率和准确性，但仍然存在一些问题。

（1）数据偏见问题确实存在

由于人工智能算法需要依赖历史数据进行训练和学习，因此存在数据偏见问题。如果历史数据中存在性别、种族、年龄等方面的偏见，那么人工智能算法也会受到这种偏见的影响，从而导致招聘决策的偏见。例如，亚马逊在使用机器学习算法进行招聘时，发现算法会偏向招聘男性候选人。这是因为历史数据中男性候选人的数量较多，机器学习算法因此认为男性更适合该岗位，从而导致了性别偏见。亚马逊已经采取措施解决这个问题，例如添加更多女性候选人的数据，但这个案例表明数据偏见问题确实存在。

（2）传统观念的阻碍

企业HR可能缺乏足够的技术知识和技能，难以应对人工智能招聘带来的挑战。部分企业文化较为保守，不容易接受新鲜事物，因此在招聘方面偏向于使用人工，人工智能的使用率极低。人工智能技术的发展非常快，招聘方法和技术也在不断变化，如果HR无法及时调整自己的招聘策略和方法，就可能落后。再者，企业中可能出现存在人工智能招聘系统但HR系统使用不便、企业开发人工智能招聘系统不合理等情况，这是HR不了解人工智能系统开发，系统开发人员不了解HR业务造成的。

（3）较高的运营成本

人工智能技术的开发和实施需要投入大量资金和人力资源，一些中小型企业可能难以承担这样的成本。人工智能招聘需要使用大量的云计算资源和数据存储资源，这些资源需要较高的运营成本，同时需要具备相关技术和专业知识的人才进行开发和实施，而这些人才的薪酬通常较高。

人工智能技术在不断发展和更新，人工智能招聘也需要不断升级和更新，以保持竞争力。人工智能招聘需要 HR 和候选人进行额外的培训和支持，以确保他们可以适应新的招聘流程和技术。这些可能会导致人工智能招聘的成本不断增加。

四、数字技术应用于企业招聘的策略建议

1.进一步加强监管

在人工智能招聘中，候选人的个人数据是必不可少的。2023 年 4 月 11 日，国家互联网信息办公室发布《生成式人工智能服务管理办法（征求意见稿）》，支持人工智能的发展，同时对于信息和数据方面提出了进一步的监管要求。

相关部门需要加强对人工智能招聘的监督和管理，例如建立人工智能招聘的监管机构；制定人工智能招聘的规范和标准；加强对不合规企业的处罚等。另外，提高人工智能招聘的安全性和消除人工智能招聘中的算法偏见是很重要的问题，企业需要采用公正、透明、客观的算法，避免出现种族、性别、年龄等方面的偏见，同时建立自我检测机制，定期对算法进行审查和优化，提高招聘效率与公平性。企业需要加强对候选人数据的保护，遵守个人信息保护法规，明确数据收集和使用的目的和范围，同时采取技术管理措施，避免候选人和员工数据的泄露和滥用。

2.提升招聘管理能力

企业在使用人工智能招聘技术之前，需要明确招聘目标，例如招聘的岗位、招聘的人群、招聘的数量等，以便根据目标来制定招聘策略和使用相应的人工智能招聘技术。企业要与时俱进，更新企业文化，积极学习与引入人工智能新技术，提升招聘管理能力。同时应加强对 HR 的培训，强化 HR 对人工智能的知识储备和使用技能，HR 需要与科技团队合作，了解人工智能技术的最新进展和应用场景，以便更好地应用人工智能技术解决招聘中的问题，让人工智能成为人力资源工作的辅助工具。在人工智能招聘系统的开发与建设上，开发人员也要与 HR 进行及时的沟通，熟悉人力资源业务流程。

3.开发工具缩减成本

为了让更多企业和组织能够快速上手使用人工智能进行招聘，相关机构和企业可以开发简单易用的人工智能招聘工具，例如人工智能简历筛选工具、机器人面试官等。人工智能招聘的准确性和效率取决于数据的质量。目前，ChatGPT、GPT-4、阿里巴巴的"通义千问"、百度的"文心一言"等人工智能的出现将使招聘管理工作的效率得到快速提升，并提高企业的运作能力。在我国，进行人工智能建设要加强人才培养，设立人工智能相关专业，推动科技人员的跨领域培养，加强人工智能人才的引进，加强人工智能的基础研究，探索和创新人工智能技术的应用场景，以促进人工智能技术的落地和产业化，降低人工智能使用成本，使人工智能招聘技术得到更好的普及。

五、结语

随着人工智能技术的不断发展，招聘过程也在不断地改进和优化。从简化简历筛选到智能面试和人才管理，人工智能技术已经成为招聘过程中不可或缺的一部分。然而，也需要认识到人工智能技术的局限性和不足之处，如缺乏对人的关注、侵犯隐私、信息泄露、存在一定程度的歧视与偏见等。为实现人工智能技术与人力资源招聘的可持续发展，企业需要在利用技术的同时，充分考虑这些挑战，并采取措施确保招聘过程的公平性和人性化。

人工智能虽然可以帮助企业快速、准确地找到合适的候选人，但它并不能完全代替人类的判断和决策能力。在招聘过程中，人类的主观判断和人际交往仍然是非常重要的因素。因此，未来的招聘过程应该实现人工智能技术与人类判断和决策能力的完美结合。企业应该利用人工智能技术的优势，同时也要保持对人类智慧和情感的重视，以达到最好的招聘效果。人工智能对人力资源招聘的影响是显著的，它为提高招聘效率、降低成本、提高招聘质量提供了新的可能。

资料来源：刘澄蔚，李建军. 人工智能对人力资源招聘的影响分析［J］. 现代商业，2024（7）：64-67.

# 模块三　培训与开发

实训八　培训需求分析
实训九　培训课程设计
实训十　培训效果评估
实训十一　新员工入职培训方案设计
实训十二　在职员工培训方案设计

# 实训八　培训需求分析

## 一、实训目的

通过该实训项目，掌握员工培训需求分析的内容、培训需求调查方法，学会设计培训需求调查问卷，能够使用问卷星等平台进行软件操作，并在此基础上撰写培训需求分析报告；同时，了解中国企业的人力资源管理状况与发展趋势，把握人力资源管理活动的规律性和特殊性，客观看待组织需要与个人需要的关系。

## 二、基本知识要点

1.培训需求分析的含义

培训需求分析为企业培训工作提供了运作的基础。它是在企业培训需求调查的基础上，由培训部门、主管人员等相关工作人员采用各种方法与技术，对各种组织及其成员的目标、知识、技能等方面进行系统的鉴别与分析，以确定是否需要培训及需要培训哪些内容的一种活动或过程。

2.培训需求产生的原因

有效的培训需求分析是建立在对培训需求成因有效性的分析基础之上的，对培训需求形成原因的客观分析直接关系着培训需求分析的针对性和实效性。培训需求产生的原因大致可以分为三类：由于工作变化而产生的培训需求，由于人员变化而产生的培训需求，由于绩效变化而产生的培训需求。

3.培训需求分析的作用

（1）了解员工现有信息

对员工现有情况了解得越多，对培训活动就越为有利。培训需求分析就能达到这个目的，通过培训需求分析可以了解可能参加培训的人数，及他们的年龄、工作和生活的地点、职业、兴趣等信息。

（2）了解员工的培训态度

员工的培训态度对培训的成败有着至关重要的作用，如果他们不积极、不配合，培训效果多半可能很糟糕。通过培训需求分析，可以了解员工对培训究竟持什么态度，同时还可以借机向有关人员强调培训的重要性并灌输某种观念，从而有助于增强培训效果。

（3）确定培训内容

培训需求分析能够确定员工的培训需求，比如其需要的是知识培训还是技能培训。例如，岗前培训的需求分析应确定组织需要新员工知道的内容，他们应做哪些调整，面临哪些困难。知道了培训需求，进而就能确定相应的培训内容。比如，新员工入职培训，就应该包含企业的历史、宗旨、使命的培训，企业文化的培训，组织结构、各部门的职能和责任的培训，企业的人事和福利政策培训，企业的奖惩措施培训等。

（4）提供培训素材

有的培训方式需要在各个部门收集相关材料，比如案例研究和角色扮演。通过培训需求分析，可以收集到相当丰富的材料，包括工作手册、组织流程图、岗位介绍、各部门的形式和工作程序以及工作实例等。有了这些材料，培训就可以更有针对性，对员工解决实际问题也更有帮助。

（5）使培训做到量体裁衣

培训的目的就是让员工提高工作业绩，因此它具有服务性。怎样才能更好地为员工服务呢？只有最大限度地了解他们。培训需求分析使培训部门能够在了解员工实际情况的基础上，为员工提供量体裁衣式的培训。

（6）获得管理者的支持

经过了培训需求分析，可以让员工知道企业是重视培训的，同时能充分听取他们的意见以知晓员工究竟需要什么样的培训。在各种接触中，自然能增强培训部门和管理者的交流、理解和信任，因此能得到他们的大力支持。

（7）培训成本预算与控制

在确定培训内容的时候，需要分析一些与培训成本有关的问题，比如培训需要多少工作人员，培训需要多少时间，培训需要哪些相关教材、设备等。这些都是可以计算出成本的。通过培训需求分析，协调培训的人员心中就有了底，到真正实施培训的时候，就能按照既定的标准去实施，这无疑对节约培训经费十分有益。

（8）避免浪费

有的企业培训没有效果的一个重要原因就是没有进行培训需求分析，不管某种培训是否适合自身情况，都跟着潮流去做，最后才发现没有丝毫成效。如果培训不能满足需求，实际上浪费的不仅仅是金钱，更重要的是时间。培训需求分析能避免这样的事情发生，经过分析，需要培训时，再进行培训。

（9）为培训评估提供依据

培训评估的一个重要环节就是制定评估标准，培训需求分析能为培训评估标准的制定提供有用的资料。通过需求分析，企业可以了解员工现有的状况，再和培训后的状况进行对比，培训的效果也能很轻易地显现出来。

4.培训需求分析的目的

培训需求分析的重要性及意义，亦即培训需求分析的目的有：

（1）确认差距

培训需求分析的基本目标是确认差距，它主要包括两个方面：一是组织绩效差距，即组织绩效的实际水平与绩效的应有水平之间的差距，它主要是通过组织绩效评估的方式来确认的；二是员工绩效差距，即员工实际的绩效水平与理想的绩效水平之间的差距，它主要是通过员工绩效考核的方式来确认的。

（2）改变原有分析

原有分析基本是针对组织及其成员的既有状况进行的，当组织面临着持续动态的变革的挑战时，原有需求分析就可能脱离组织及其成员的实际状况，因而改变原有分析对培训显得尤为重要。

（3）促进人事分类系统向人事开发系统转换

需求分析的另一个重要作用便是能促进人事分类系统向人事开发系统转换。人事分类系统在制定关于新员工录用、预算、职位升降、工资待遇、退休金等的政策方面非常重要，但在工作人员开发计划、培训、解决问题等方面的用途有限，当培训部门同人事分类系统的设计与资料搜集密切结合在一起时，这种系统就会变得更加具有综合性和人力资源开发导向。

（4）提供可供选择的解决问题的方法

培训需求分析可以提供一些与培训无关的选择，如人员变动、工资增长、新员工吸收、组织变革，或是几种方法的综合，选择的方式不同，培训的分类也不一样。现实中，最好把几种可供选择的方法综合起来，使其包含多样性的培训策略。

（5）形成一个信息资料库

培训需求分析实际上是一个通过各种方法和技术搜集与培训有关的各种信息资料的过程，经由这一过程，可以形成一个人力资源开发与培训的信息资料库。

（6）决定培训的成本与价值

如果进行了系统的培训需求分析，并且找到了存在的问题，分析人员就能够把成本因素引入培训需求分析中去。

（7）获得组织对培训的支持

创造有利条件使组织支持贯穿于培训的全过程，没有组织支持，任何培训活动都不可能顺利进行，也不可能获得成功。培训需求分析可以使有关人员认识到组织存在的问题，发现组织成员知识、能力和技能上的差距，了解培训的成本和价值，从而为获得组织支持创造条件。

5.培训需求分析的内容

从层次上划分，培训需求分析可以分为三个层面：组织层面分析、职务层面分析及人员层面分析。

（1）组织层面分析

组织层面分析主要包括组织目标分析、组织资源分析、组织环境分析、组织员工素质结构分析及目前的培训体系分析等。

①组织目标分析。

明确、清晰的组织目标对组织的发展起着决定性、引领性的作用，同时也对培训规划的总体设计与实施起着决定性的作用。

②组织资源分析。

培训的实施需要一定的人力、时间、财力等作为基础。在财力方面，组织提供的培训经费会影响培训的范围、频率、执行力度等；在时间方面，对培训时间的合理安排是影响培训效果的重要因素之一；在人力方面，在培训需求分析工作、培训实施过程及培训效果评估过程中，都需要人员的配合与支持。

③组织环境分析。

组织环境分析主要从组织内部环境与外部环境两方面进行，组织内部环境主要包括企业文化，企业的软、硬件设施，企业经营运作的方式，各种规章制度等，外部环境主要包括企业所在地的经济、社会及人文环境等。

④组织员工素质结构分析。

对员工进行素质结构分析，一方面有助于企业准确地制订培训方案，另一方面可以充分利用各种有效的资源，使培训收益最大化。员工素质结构分析主要从员工所受教育水平、专业结构、年龄结构、性格结构等方面进行。

⑤目前的培训体系分析。

培训体系是指为了实现一定的培训目标，对培训讲师、学员和教材进行合理、有计划、系统的安排而形成的一种指导性文件。通常一个完整的培训体系由培训课程体系、培训讲师管理制度、培训效果评估和培训管理体系四部分组成。在进行培训需求分析时，必须明确组织目前的培训体系是否合理，是否需要调整，在哪些方面调整等。

大数据时代，进行企业员工需求分析，首先，要将企业目标分析、资源分析、环境分析等进行量化，可建立组织目标与员工需求的模型，设定组织目标的具体数值，通过数据和图形来说明员工知识、技能与组织目标的差距，反映迫切需求的能力，为员工培训提供明确的目标；其次，对组织资源分析进行数据化，通过对企业人力、物力和财力的量化，确定培训的目标、范围和深度，为培训目标提供保障；最后，通过大数据对组织环境进行数据化分析，通过数据反映企业的优势和不足，并了解内外部环境的变化，可更直观和细化地了解组织的情况。

（2）职务层面分析

职务层面分析主要包括员工所在岗位的工作特征分析和目前工作中急需解决的问题分析等。

①员工所在岗位的工作特征分析。

这部分主要包括一般工作内容分析、工作的复杂程度分析、工作任务的饱和度分析、所在岗位发展趋势的变化分析、管理权限分析及岗位任职资格分析等。

②目前工作中急需解决的问题分析。

培训解决的主要是岗位任职人员的技能和能力问题，了解员工目前工作中存在的最需要通过培训解决的问题，有针对性地对员工所欠缺的工作技能、知识进行培训，以此加强培训效果，从而达到提高员工工作绩效的目的。

（3）人员层面分析

人员层面分析是从培训对象的角度分析培训的需求，通过人员分析确定哪些人需要培训及需要何种培训。人员层面分析一般是对照工作绩效标准，分析员工的绩效水平，找出员工现状与标准的差距，以确定培训对象及其培训内容和培训后应达到的效果，其主要从员工的知识结构、年龄结构、能力等方面进行分析。

①员工的知识结构。

对员工知识结构的分析，不仅是为了准确地制订培训方案，更是为了充分地利用各种有效的资源，从而使培训取得最大的经济效益。在对公司员工的知识结构进行分析时，一般从文化教育水平（如正规的学历教育）、职业教育培训经历（如社会办教育及业余教育等）和专项短期培训经历（如各类认证培训等）三个方面进行。

②员工年龄结构。

企业培训也是一种投资。员工的年龄越小，相对来说，企业预期的投资回报期也就越长。同时，年龄的大小和个人的接受能力有着非常直接的关系，因此在进行培训需求分析时，应考虑合理的年龄搭配，并以此决定岗位的培训内容。

③员工能力分析。

员工能力分析即分析员工实际具备的能力与完成工作所必需的能力之间的差距。如果工作表现差归因于员工能力的缺失，培训则可以扮演一个好角色。通常，绩效评估可用于评估员工的能力。

然而，绩效评估往往只反映谁没有达到绩效期望值，并不体现为什么没有达到绩效期望值，这时候培训管理者应与员工进一步面谈，讨论可改进之处，与员工共同决定个人发展的方式以使企业和员工获得最大的收益和成长。

组织、职务、人员三个层面的培训需求分析是一个有机的系统，缺少任何一个层面都不能进行有效的分析。而在实际应用中，这三方面的需求往往并不完全一致，而是呈交叉状态。对一个组织而言，确立培训需求应取组织整体、工作职务及员工个人三方的交集，以三方的共同需求作为组织的培训目标。

6.培训需求调查方法

（1）访谈法

访谈法就是通过与被访谈人进行面对面的交谈来获取培训需求信息。在应用过程中，可以与企业管理层面谈，以了解组织对人员的期望；也可以与有关部门的负责人面谈，以便从专业和工作角度分析培训需求。一般来讲，在访谈之前，要先确定到底需要何种信息，然后准备访谈提纲。访谈中提出的问题可以是封闭式的，也可以是开放式的。封闭式的访谈结果比较容易分析，但开放式的访谈常常能发现意外的更能说明问题的事实。访谈可以是结构式的，即以标准的模式向所有被访者提出同样的问题；也可以是非结构式的，即针对不同对象提出不同的开放式问题。一般情况下，是把两种方式结合起来使用，并以结构式访谈为主，非结构式访谈为辅。

采用访谈法了解培训需求，应注意以下几点：

①确定访谈的目标，明确"什么信息是有价值的、必须了解的"。

②准备完备的访谈提纲。这对于启发、引导被访谈人讨论相关问题，防止访谈中心转移是十分重要的。

③建立融洽的、相互信任的访谈气氛。在访谈中，访谈人员首先需要取得被访谈人的信任，以避免产生敌意或抵制情绪。这对于保证收集的信息具有正确性与准确性非常重要。

另外，访谈法还可以与下述问卷调查法结合起来使用，通过访谈来补充或核实调查问卷的内容，讨论填写不清楚的地方，探讨比较深层次的问题及其原因。

（2）观察法

观察法是收集第一手资料最基本、最常用的方法。它是根据一定的研究目的，通过到工作现场观察员工的工作表现，来发现问题，获取信息数据。运用观察法的第一步是要明确所需要的信息，然后确定观察对象。观察法最大的一个缺陷是，当被观察者意识到自己正在被观察时，他们的一举一动可能与平时不同，这就会使观察结果产生偏差。因此，观察时应该尽量保持隐蔽并进行多次观察，这样有助于提高观察结果的准确性。当然，这样做需要考虑在时间上和空间条件上是否允许。

在运用观察法时，应该注意以下几点：

①观察者必须对要进行观察的员工所进行的工作有深刻的了解，明确其行为标准；否则，无法进行有效观察。

②进行现场观察不能干扰被观察者的正常工作，应注意保持隐蔽。

③观察法的适用范围有限，一般适用于易被直接观察和了解的工作，不适用于技术要求较高的复杂性工作。

④必要时，可请陌生人进行观察，如请人扮演顾客观察终端销售人员的行为表现是否符合标准或处于何种状态。

（3）问卷调查法

问卷调查法是以标准化的问卷形式列出一组问题，要求调查对象就问题进行打分或做是非选择。当需要进行培训需求分析的人较多，并且时间较为紧急时，就可以精心准备一份问卷，以电子邮件、传真或直接发放的方式让对方填写，也可以在进行面谈和电话访谈时由调查人自己填写。在进行问卷调查时，问卷的编写尤为重要。设计的问题要简单明了、信息量大、语言表达准确，最重要的是能够反映调查者想要获得的信息。调查问卷的问题一般分为三种：开放式问题、探究式问题和封闭式问题。

①编辑与完善调查问卷。

把设计好的调查问题按一定的逻辑顺序加以编辑，形成调查问卷。在设计调查问卷时，要避免问题的变相重复和引导答案式问题的出现，也不要把问题搞得非常复杂。其实，简单易回答的调查问卷更容易让回答者以轻松的心态自由地表达其想法，能够收到很好的效果。调查问卷编辑完毕后，还需对其进行不断的修改与完善。经过修改并最终定稿后，才能准备实施调查，并对调查结果进行分析。编写一份好的问卷通常需要遵循以下步骤：

A.列出希望了解的事项清单。

B.一份问卷可以由封闭式问题和开放式问题组成，两者应视情况各占一定比例。

C.对问卷进行编辑，并最终形成文件。

D.请他人检查问卷，并加以评价。

E.在小范围内对问卷进行模拟测试，并对结果进行评估。

F.对问卷进行必要的修改。

G.实施调查。

②汇总分析调查问卷结果。

通过对调查问卷进行分析，人力资源部或者培训部门应明确企业的目标是什么，企业对员工的期望是什么，员工的实际工作绩效与企业的期望之间存在哪些差距，其中哪些问题可以通过培训解决等一系列问题。

由于培训需求调查方法各有特点与优缺点，所以在实际工作中，几种调查方法经常混合使用。例如，若要从上级或者管理者那里了解企业需要哪些方面的培训，虽然通过问卷调查法可以获得一些相关方面的信息，但如果同时采用访谈法，效果可能会更好。一方面，可以找出他们对培训工作的态度和看法；另一方面，可以让他们积极参与培训工作，有利于推动培训工作的开展。企业应该根据自身的特点选择培训需求的调查方法，可将其组合使用。

（4）经验判断法

有些培训需求具有一定的通用性或规律性，可以凭借经验加以判断。比如，一位经验丰富的管理者能够轻松地判断出他的下属在哪些方面能力比较欠缺，因而应进行哪些方面的培训；人力资源部仅仅根据过去的工作经验，不用调查就知道刚进入公司的新员工需要进行哪些方面的培训；公司在准备将一批基层管理者提拔为中层干部时，公司领导和人力资源部不用做调研，也能大致知道这批准备提拔的人员应该接受哪些方面的培训；在企业重组或兼并过程中，有关决策者或管理部门不用调研，也能大致知道要对相关人员进行哪些方面的培训。

采取经验判断法获取培训需求信息在方式上可以十分灵活，既可以设计正式的问卷表交由相关人员，由他们凭借经验判断提出培训需求，也可以通过座谈会、一对一等沟通方式获得这方面的信息。培训部门甚至可以仅仅根据自己的经验直接对某些层级或部门人员的培训需求做出分析和判断。那些通常根据公司领导的要求举办的培训活动，其培训需求无一不来自公司领导的经验判断。

（5）人才画像

人才画像是指对员工的基本信息、能力素质、工作经验、职业规划、职业兴趣等因素进行深入挖掘、分析和整理，形成一个完整的、具有代表性的员工形象。这个形象不是对一个人的简单描述，而是一个全面、真实、可靠、可操作性的信息汇总，帮助企业更好地管理人才和开展人才发展规划。

人才画像可以协助进行培训需求分析，从新员工入职培训到基层员工技能培训，再到中高层管理者领导力培训都有覆盖，采用人才画像可以明确培训需求为培训工作指明方向。

使用人才画像时，要注意以下几点：

①人才画像虽然全方面描绘了优秀人才的特征，但不是所有的内容都可以通过培训得到弥补，需要结合具体的实际培训活动，对人才画像的具体内容进行筛选。

②在完成人才画像后，要建立属于企业自身的企业人才大脑和画像库，及时更新数据，避免在用原先数据构建人才画像时，存在偏差。

③适用于单一岗位或特定人群人数较多的中大型企业。

④企业内部关键岗位的岗位职责和关键衡量指标相对稳定。

⑤人才画像的制作需要花费较多的人力与时间，因此不是所有的岗位都需要进行人才画像，需要提前商议。

（6）人格测试

人格是人员素质的重要组成部分，是人们具有的独特的、以稳定地对待现实的态度和习惯化的行为方式，是一个人区别于其他人的稳定心理特征。通过人格测试，可以帮助培训师更好地了解培训人员的性格特点、行为方式、社交能力等，从而更加客观地评估候选人的综合素质。在培训过程中，通过人格测试可以了解员工的职业兴趣、学习能力、适应能力等方面的信息，了解他们的培训需求，从而更好地制订培训计划和课程。

目前，大家比较熟知的人格测试为MBTI人格测试分析：MBTI是指迈尔斯-布里格斯类型指标（Myers-Briggs Type Indicator），是一种用于人格分类的心理学工具。这个模型和测试是基于卡尔·荣格在心理学领域的理论框架和研究开发的。MBTI测试的基本思想是提供一种量化的方式来准确定位每个人的偏好和特点。

在测试中，个体需要回答一系列问题，然后根据其回答和人格特征来识别其人格所属类型。MBTI根据结果将被测试的人格分为四个维度，每个维度包括两种类型，共存在16种性格类型，分别是ISTJ（稽查者）、ISFJ（保护者）、INFJ（咨询者）、INFP（导师）、ESTJ（督导）、ESFP（供给者）、ENFJ（教师）、ENFP（倡导者）、ISTP（演奏者）、ISFP（作曲家）、INTJ（科学家）、INTP（建筑师）、ESTP（创立者）、ESFP（表演家）、ENTJ（统帅）、ENTP（发明家）。

使用MBTI时，要注意：①在进行MBTI人格测试之前，需要先了解测试的目的和意义。这种测试用于了解个人的行为和思维方式，与能力测试和智力测试不同，它是一种时间和经验跨度都相对较长的测试，更多地反映一个人的性格特征和处事方式。通过了解自己的人格特点，可以帮助个人更好地了解自己，更好地与他人沟通和交往。

②在进行测试时，需要遵守测试规则。比如，在回答测试问题时，需要在1～5个等级中选择一个最接近的答案，要尽可能真实地回答问题，不要试图欺骗测试系统，这样对测试结果是没有意义的。

③在进行 MBTI 人格测试时，需要保持内心平静，不要受他人的影响，不要受情绪或情感的干扰，尤其是不能在出现困难或负面情绪时放弃测试。需要保持一个良好的状态去面对测试，并且要放松心态，不要过分紧张，才能保证测试结果的准确性。

④虽然 MBTI 人格测试可以帮助了解培训人员的性格特点，但是它也有一定的局限性。测试结果不应该被过度推崇，而应该在实际生活中进行反复实践和验证。

7.分析培训需求时应注意的问题

（1）受训员工的性格特征

通过人格测试，可以了解受训员工期望的培训方式、培训内容的侧重点，并且取得结合培训取得较好效果的同类员工的人才画像，从而可对培训需求进行精简，避免造成培训资金浪费。

（2）受训员工的现状

在调查开始之前，就要明确受训员工的工作情况，了解他们在组织中的位置，以及以前是否受过培训，受过什么样的培训，培训的形式有哪些等。

（3）成功受训员工的人才画像

在调查培训需求之前，要了解公司之前成功培训的员工的人才画像，并将受训员工的需求特点与现有的员工培训的需求特点进行对比，明确哪些需求是通过培训无法获得的，减少不必要的培训成本。

（4）受训员工存在的问题

员工在工作中存在的问题并不是每个员工自己都能发现的，这时培训者要帮助培训对象分析工作中存在问题的原因是什么，这样有利于员工采取更为合作的态度配合调查工作。

（5）受训员工的期望和真实想法

在调查中应确定受训员工期望达到的培训效果，要让员工知道说出自己的培训期望和真实想法，可能会对培训内容有所影响；如果不能满足其期望，应向员工解释原因。

（6）分析方法的使用

在进行培训需求调查时，要注意分析方法的使用。针对不同的调查对象，要设计不同的调查方法，如果从高级管理层到最普通的员工都使用同一份问卷，或者事前没有做足相关的准备工作，培训需求分析只能走过场，不能挖掘出真正的培训需求。

（7）企业发展战略与发展目标

在进行培训调查时，要了解企业的培训发展目标、企业的发展战略、对应的人员数量与质量，并与企业战略所需的目标任务与知识能力进行对比分析，找出需求缺口，才能制定出符合员工情况、适应企业发展的培训计划。

8.培训需求分析报告

培训需求分析报告是培训需求分析的最终成果，通过采用问卷调查法、访谈法、观察法等方法可以收集员工的培训需求信息，通过人格测试可以了解受训员工的性格特征，通过人才画像可以获得成功受训员工的特点以及培训侧重点等，即通过过这三种方式可以获得大量的零散信息，但这些信息必须经过汇总，才能形成有价值的报告。因此，一般的培训需求分析报告主要包括以下七个方面的内容：

①报告提要，即对报告要点的概括。

②需求分析实施的背景。

③开展需求分析的目的和性质。

④概述需求分析实施的方法和流程。

⑤培训需求分析的结果。

⑥对分析结果的简要评析提供参考意见。

⑦附录，包括收集和分析信息时用的相关图表、原始材料等。其目的在于鉴定其收集和分析相关资料及信息所采用的方法是否科学、合理。

# 三、实训内容与要求

实训内容：编制培训需求调查方案。

各小组选定学校周边的一家企业，了解该公司的发展战略、企业使命、企业文化、业务经营范围等。请各小组为该企业进行一次培训需求调查，以便有效地制订下一年度的培训计划。调查原则：采用问卷调查法、访谈法和观察法等，通过对受训人员进行人格测试，结合成功培训人员人才画像的特点，从组织、职务和人员三个层面分别进行分析。

具体要求：为该公司设计一套培训需求调查方案，在对该企业具体实施调查后，撰写企业员工培训需求分析报告。

# 四、实训组织与步骤

建立实训小组（每组5~7人），以小组为单位开展以下各项活动：

1.制作详细的培训需求调查计划书

培训需求调查计划书一般包括但不限于以下内容：①调查目的。调查目的即说明为什么要进行这项调查以及想要知道的内容，比如培训对象、培训内容、培训时间、培训地点、培训形式、培训过程异常控制和预案、培训考核方式、由谁来主导培训等。②调查项目。根据调查目的，决定所获取的资料类型和调查途径。③调查方法。根据调查目的，决定调查地点、调查对象、调查样本及调查方法。④经费预算。经费预算主要包括文印资料费，调查人员的交通费、补贴费，调查过程中所需要的其他费用等。⑤进度安排。根据调查过程所要做的各项工作及关系，列出调查进度表，画出调查进度网络图，以便控制培训需求调查的进度。

2.制作培训需求调查样表

根据调查的目的、对象及选用的方法，制作不同的培训需求调查样表。

3.组织实施培训需求调查

可以综合利用各种不同的方法，重点要调查清楚被调查者受过哪些同类或相关培训（在哪里受训、何时受训、收获如何以及评价），现在拥有的与本培训有关的能力（知识、技能、经验）水平、工作态度、业绩表现，被调查者的知识结构、特长、缺点，学习动机、风格以及培训的环境特点等。

4.培训需求分析整理

对调查所获得的资料进行归类分析和整理，撰写完整的培训需求分析报告。

5.制作幻灯片

将调查的方法、结论及报告等重要内容制作成幻灯片，以便在课堂上进行演示及小组汇报。

6.总结并编写实训报告

# 五、数智化背景下结合软件进行培训需求分析操作

1.软件一

进入精创教育人力资源管理综合实训平台首页，选择"培训主管"角色，进入后点击"培训需求分析"，依次填写"组织与战略培训需求分析""任务层面培训需求分析""人员层面培训需求分析"，根据背景资料，分析企业中存在的组织问题和企业的战略发展目标，并制定恰当的课程。填好之后，点击"立即提交"（如图8-1所示）。

图8-1 培训需求分析界面

**2.软件二**

**（1）软件介绍**

问卷星是一个专业的在线问卷调查、考试、测评、投票平台，专注于为用户提供功能强大、人性化的在线设计问卷、采集数据、自定义报表、调查结果分析等系列服务。

**（2）具体操作**

第一步，使用问卷星，将需要调查问卷的 Word 文档导入（如图 8-2 所示）。

图 8-2　问卷导入

第二步，发布设计好的问卷（如图 8-3 所示）。

图 8-3　发布问卷

第三步，对搜集到的数据进行分析，完成培训需求报告。

# 六、实训时间

在相关理论授课内容结束后即可进行以上步骤，考虑到需要设计相关的问卷

（或访谈提纲等）并进行实地调研，调研结束后需要对相关数据资料进行分析和整理，因此建议学生在课堂上进行理论内容的学习，利用课余时间研讨设计问卷并进行实地调研，在一周内完成。

# 七、实训成果

在完成了培训需求调查后，要将培训需求调查分析的结果用文字描述出来，形成正式的书面报告，以此作为开展培训和申请培训的正式文件。各小组需要完成企业员工培训需求调查问卷和培训需求分析报告。实训报告完成后，由各小组代表在课堂上为同学讲解调研情况及结论，小组成员进行适当补充，其他同学提问，小组成员现场回答，形成答辩氛围，教师做最后点评。

# 八、实训成绩评定

1.实训成绩等级评定

实训成绩按优秀、良好、中等、及格、不及格5个等级评定。

2.实训成绩评定参考标准

（1）培训需求调查的目的是否明确并切合公司发展战略？

（2）调查对象是否明确，调查方式是否合理？

（3）所设计的调查方案内容是否完整，访谈提纲或调查问卷内容是否具有针对性？

（4）所撰写的《培训需求分析报告》内容是否完整、条理清晰、格式规范？

（5）小组成员分工是否合理，其是否团结协作，具有良好的团队精神与合作意识？

（6）能否熟练制作演示幻灯片并进行现场演示，能否自如地回答演示现场的提问？

（7）能否独立编撰并按时上交实训报告？

（8）实训报告是否记录了完整的实训过程，文字是否简练、清楚，结论是否明确，收获和体会是否客观？

（9）小组代表汇报及小组成员答辩情况。

（10）实训成绩评定比例：实训环节表现占60%，实训报告质量占40%。

# 附　录

## 附录1　××公司员工培训需求调查问卷

为了更好地提升公司员工的职业技能，公司计划近期对部分岗位开展培训，请您根据实际情况填写此项调查问卷（见表8-1），感谢您的配合！

表8-1　　　　　　　　　　　员工培训需求调查问卷

**一、基本情况**

| 姓名 | | 性别 | | 年龄 | |
|---|---|---|---|---|---|
| 部门 | | 职务 | | 入职时间 | |
| 教育背景 | 时间 | 学校名称 | | 专业 | 学历 |
| | | | | | |
| | | | | | |
| 培训经历 | 培训时间 | 培训机构 | | 培训内容 | 所获证书 |
| | | | | | |
| | | | | | |

**二、对以往培训的感知（可多选）**

| 1.以往培训的形式 | ▷课堂讲授　▷小组讨论　▷角色扮演　▷游戏训练　▷案例分析 |
|---|---|
| 2.以往参加的培训 | ▷自己要求　▷领导指派　▷企业要求　▷自费学习 |
| 3.以往培训是否针对个人做过培训需求征询 | ▷是　▷否　▷偶尔 |
| 4.培训后技能、绩效的提升是否明显 | ▷明显提升　▷稍有提升　▷基本无效　▷不了解 |
| 5.以往的培训是否与个人的绩效考核相联系 | ▷是　▷否 |

6.目前工作中遇到的困难与挑战（与职务要求相比，您还欠缺哪方面的知识技能，需要借助哪些培训来提高）

7.职业生涯规划（目标可以是掌握某种技能，承担某种责任，担任某种职务，达到多少年收入等）

近期目标：　　　中期目标：　　　长期目标：

| 三、您对哪种培训方式感兴趣 | |
|---|---|
| 内部培训 | ▷课堂讲授  ▷小组讨论  ▷案例分析  ▷角色扮演  ▷会议  ▷其他 |
| 外部培训 | ▷去同行单位交流  ▷院校合作  ▷全脱产  ▷其他 |

四、对未来培训的建议和想法（请在方框内填写数字1~7以表示您的选择顺序）

| | |
|---|---|
| 1.您最喜欢、最有效、最理想的培训方式排序 | ▷课堂讲授  ▷小组讨论  ▷角色扮演  ▷头脑风暴法  ▷户外拓展训练  ▷案例分析  ▷游戏训练 |
| 2.最能接受的培训时间排序 | ▷上班时间  ▷休息日  ▷下班后  ▷无所谓 |
| 3.最想接受的培训课题排序 | ▷专业技术知识  ▷沟通技巧  ▷销售技巧  ▷管理技能 |
| 4.合适的培训频率 | ▷每月一次  ▷每两月一次  ▷每季度一次  ▷每半年一次 |
| 5.没有列出，但有必要写明的内容 | |

6.目前您急需参加的其他培训（如学历教育、计算机技能、英语技能等，至少列出两项）

7.迫切希望提高的技能和掌握的知识（至少列出两项）

　　注：请填写以上信息，并在____月____日前以部门为单位交到人力资源部，以便安排__年培训计划。

## 附录2　人物访谈清单

　　人物访谈清单见表8-2。

表8-2　　　　　　　　　　　　　人物访谈清单

| 具体问题 | 访谈记录 |
|---|---|
| 员工特别出色的知识、技能表现在哪些方面 | |
| 员工特别需要学习的知识和技能包括哪些 | |
| 员工对现职的关心度如何 | |
| 员工有望取得的成就或可承担的职务 | |
| 员工对今后培训的意见 | |
| 其他需要说明的内容 | |

## 附录3　培训需求调查观察表

　　培训需求调查观察表见表8-3。

表 8-3 培训需求调查观察表

| 观察对象 | | 地点 | | 观察时间 | |
|---|---|---|---|---|---|
| 观察内容 | 差 | 一般 | 较好 | 好 | 优秀 |
| 工作纪律遵守情况 | | | | | |
| 工作态度 | | | | | |
| 工作熟练程度 | | | | | |
| 时间安排的合理性 | | | | | |
| 工作方法的合理性 | | | | | |
| 工作完成情况 | | | | | |
| 工作效率 | | | | | |
| 团队意识 | | | | | |
| 整体工作状态 | | | | | |

## 附录4 受训人员人才画像表

受训人员人才画像表见表 8-4。

表 8-4 受训人员人才画像表

| 姓名 | | 出生年月 | | 入职时间 | | 工龄 | |
|---|---|---|---|---|---|---|---|
| 第一学历 | | 最高学历 | | 专业 | | 职称 | |
| 行业及工作经历 | | | | | | | |
| 知识层面（1~5分） | | | | | | | |
| 营销策划知识 | 产品知识 | 计划管理知识 | 人事管理知识 | 公司基础知识 | 学历 | 总分 | 平均分 |
| | | | | | | | |
| 能力层面（1~5分） | | | | | | | |
| 沟通表达能力 | 市场策划实施能力 | 客户关系维护能力 | 计划实施能力 | 目标达成能力 | 团队管理建设能力 | 总分 | 平均分 |
| | | | | | | | |
| 职业素养（1~5分） | | | | | | | |
| 忠诚度 | 廉洁 | 诚信 | 责任心 | 进取心 | 原则性 | 总分 | 平均分 |
| | | | | | | | |
| 关键事件评价 | | | | | | | |
| 3年内KPI分数 | 最近3个月KPI平均分数 | 最近1年KPI平均分数 | 最近3年KPI平均分数 | 潜力等级 | | | |
| | | | | | | | |
| 改善方向 | | | | | | | |
| 获取的相关证书 | | | | | | | |
| 所具备的专业知识 | | | | | | | |
| 人才稳定性 | 稳定因素 | | | | | | |
| | 不稳定因素 | | | | | | |

**附录5 ××企业中层管理人员技能培训需求分析报告**

一、培训需求分析实施背景

××××年××月，××企业对全体员工进行年度培训需求调查，主要了解员工对实施英语培训的态度。

二、调查对象

企业各职能部门员工。

三、调查方式及主要内容

1.调查方式：访谈、问卷调查、人格测试

（1）访谈。由人力资源经理作为培训需求分析的主要负责人，同企业各职能部门负责人（40人）分别进行面谈，并与企业部分高层分别就这40人的工作表现进行沟通。

（2）问卷调查。共发出问卷40份，回收有效问卷35份。

（3）人格测试。共对40人进行了人格测试。

2.调查主要内容及其分析

（1）如果公司计划开展英语项目培训，您是否有意参加此项培训？

调查第一项是关于英语项目培训的参加意愿。首先，如图8-4所示，67.3%的受调查者选择了"非常感兴趣"，说明公司绝大部分同事对英语培训有着浓厚兴趣和积极性，他们有很强的学习欲望和参与热情。其次，有27.3%的受调查者选择了"有一定兴趣"。综合这两部分，总共有94.6%的受调查者对参加公司组织的英语培训有兴趣，这也是在此次培训需求调查中大家意向空前统一的项目，所以英语项目培训将是公司下一年度培训工作的重要项目之一。再次，还有5.4%的受调查者选择了"一般"。最后，选择"没什么兴趣"和"完全没兴趣"两项的受调查者皆为0，这从另外一个侧面反映出大部分同事对英语项目培训比较期待。

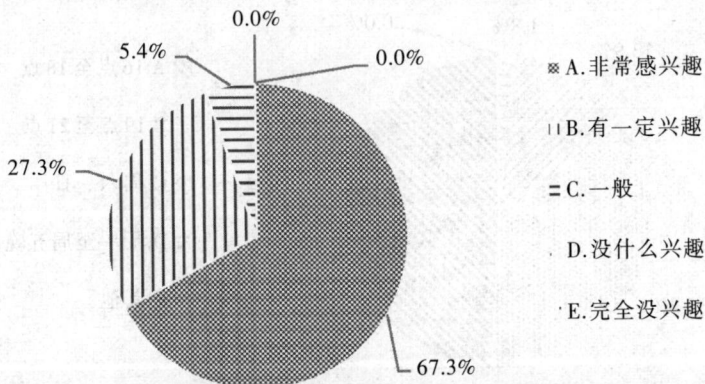

0.0%
5.4%
0.0%
27.3%
67.3%

※A.非常感兴趣
B.有一定兴趣
C.一般
D.没什么兴趣
E.完全没兴趣

**图8-4 英语项目培训参加意愿**

（2）您觉得英语项目培训应侧重于哪些模块？（最多选择三项）

调查第二项是关于英语项目培训侧重模块的选择。首先，如图8-5所示，36.3%的受调查者选择了"口语强化"，说明相当一部分同事有一定的英语基础，他们参加英语培训的目的很明确，就是为了提高口头表达能力；其次，29.4%的受调查者选择了"简单日常用语";最后,还有18.3%的受调查者选择了"语法与结构",16.0%的受调查者选择了"发音与词汇"。从后面两项的选择来看,相当一部分同事的英语基础较弱,在进行英语项目培训时,要充分考虑这部分同事的个人情况。

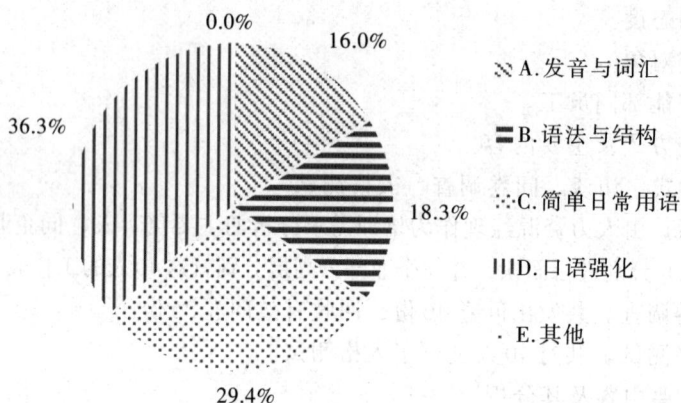

**图8-5 英语项目培训侧重模块**

(3)您觉得英语项目培训安排在哪个时间段最合适?

调查第三项是关于英语项目培训的时间安排。首先,如图8-6所示,49.1%的受调查者选择了"16点至18点",说明有近五成的同事希望英语培训安排在公司惯常的培训时间;其次,有35.2%的受调查者选择了"19点至21点",可以看出这部分同事希望培训时间设在晚上,至于是工作时间还是休息时间都不重要;再次,还有13.9%的同事选择了"周六、日",虽然有一定比例的同事选择了周末,但是这并不能作为参考因素,因为周末大部分同事都有自己的私人事务需要处理,难免会影响培训的实际效果;最后,还有1.8%的同事选择了"周一至周五晚"。

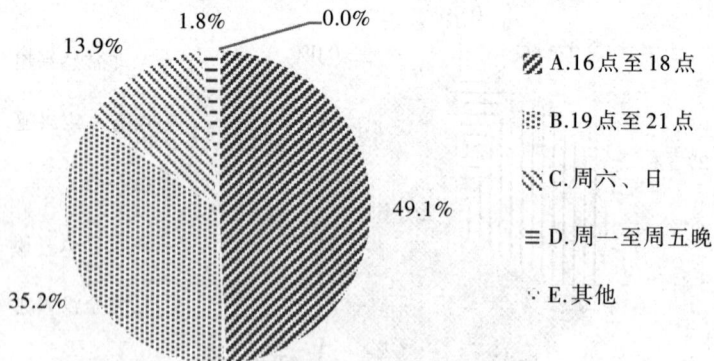

**图8-6 英语项目培训时间安排**

(4)您认为英语项目培训总时长多久最合适?

调查第四项是关于英语项目培训总时长的选择。如图8-7所示,首先,55.8%的受调查者选择了"4个月以上",可以看出大部分同事希望培训时间能稍微延长,以确保学习效果;其次,有38.8%的受调查者选择了"3个月",说明为数不少的同事认为英语项目培训时间不宜较长,3个月为合适期限;最后,还有3%的受调查者选择了"4个月"，1.8%的受调查者选择了"2个月"，0.6%的受调查者选择了"1个月"，这些都代表了少数同事的参考意见。

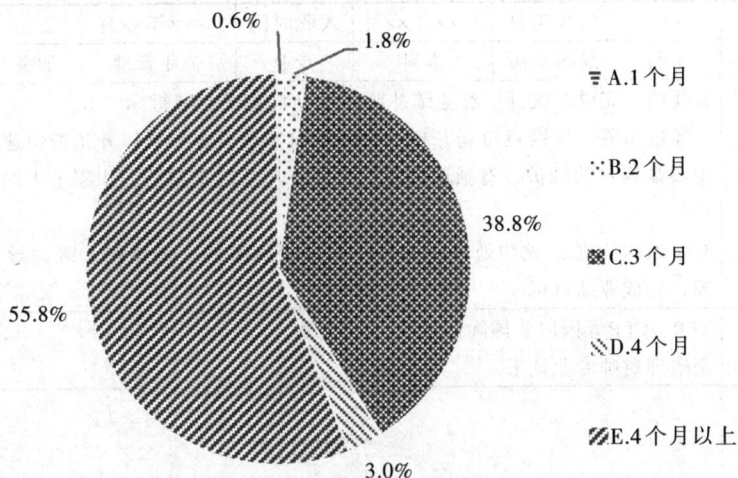

**图 8-7　英语项目培训总时长**

（5）您认为英语培训应该有哪些形式？（限选三项）

调查第五项是关于英语项目培训形式的选择。除了必要的讲师讲授形式外，英语培训其他形式的选择也是很重要的，它可能会直接影响培训的实际效果。

结合人格测试的结果图，如图 8-8 所示，首先，可以得知，有37.1%的受调查者选择了"英语角"，说明这个培训互动形式是大部分英语学习爱好者提高口语水平的较好方法，其中人格测试外向型的占比为22.8%，人格测试内向型的占比为14.3%。其次，有28.5%的受调查者选择了"英语演讲"。从以上两种形式的选择来看，人格测试外向型的人员倾向于使用口语培训。最后，还有22.9%的受调查者选择了"看英文电影/电视"，8.6%的受调查者选择了"听英文歌曲"，2.9%的受调查者选择了"其他"，如"英语学习心得报告会""英语学习兴趣小组"等形式。

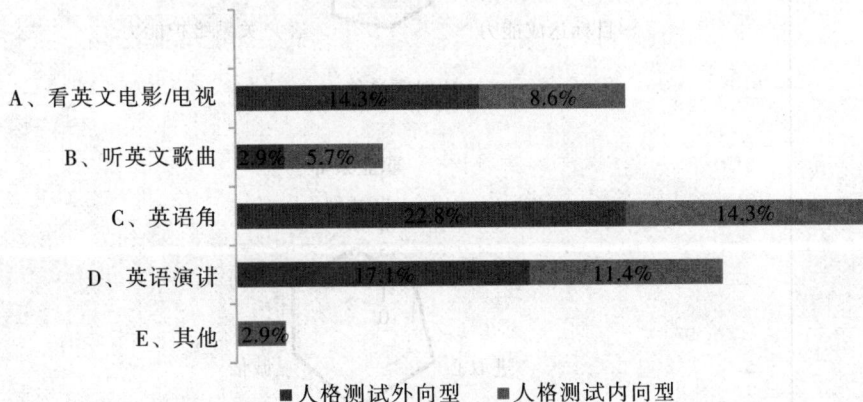

**图 8-8　英语项目培训形式**

（6）受训人员人才画像（见表8-5）

表8-5　　　　　　　　　　受训人员人才画像

| 姓名 | ××× | 出生年月 | ××××年××月 | 入职时间 | ××××年××月 | 工龄 | ××年 |
|---|---|---|---|---|---|---|---|
| 第一学历 | 本科 | 最高学历 | 本科 | 专业 | 企业管理 | 职务 | 经理 |
| 行业及工作经历 | 1.营销：完成多次开门红业绩冲刺，百分百完成业绩指标<br>2.客户拓展：新网点市场开拓，在短期内实现了客户群体开拓的快速增长；注重中高端客户的维护，有独到的客户开发技巧及维护技巧，积累了忠诚的中高端客户<br>3.横纵向沟通：成功处理多起客户亏损投诉事件，能够跟上级领导争取关键资源，完成业绩目标 | | | | | | |
| 相关证书 | AFP、CFP等国内、国际认证<br>金融理财师专业证书 | | | | | | |
| 相关能力 | | | | | | | |

四、培训计划建议

只有了解了参加培训对象的真实想法和评价，我们才能更好地进行下一年度培训工作的规划和改进。以下汇总了具有代表性的意见和建议：

1.目前您在日常工作（包括个人能力与人员管理等）中最大的困扰是什么？请举例说明。（列举三项）

（1）困扰一：部门之间协调处理问题时互相推诿、沟通太难，关系有一点冷淡，沟通不畅的感觉很明显。

解决设想：跨部门及部门内部沟通问题是反馈最多的问题，这也是影响公司运作效率、造成执行力不高的因素之一。所以人力资源部将在下一年度聘请业内知名讲师开设一堂关于"沟通协调"的课程，授课对象为中高层管理者、办公室职员，以此提升其管理技巧和方法。

（2）困扰二：在管理中遇到了一系列新问题，加之现在的经济形势如此严峻，让人觉得压力越来越大。比如，"公司制定的目标越来越高，现实情况却改善不大，因而倍感压力""员工素质低，较难跟上公司及部门的形势要求""车间员工调动与员工辞职太过频繁""'90后'员工很难管理"等。

解决设想：对于压力方面的问题，公司将在下一年度聘请业内知名讲师开设一堂关于"心态调整与减压"的课程，以此消除部分同事不正确的想法，舒缓工作及生活各方面带来的压力。对于员工素质需提高、"90后"员工难管理等问题将由人力资源部会同各部门合力解决，这是当前诸多公司共同面对的难题，不是一节培训课就能解决的，需要我们"因人制宜"地运用一些新方法和新技巧。

（3）困扰三：员工文化程度不高、职业素养较低造成积极性差、自我保守等各方面问题，影响了公司的发展速度和效益。

解决设想：今年11—12月份，人力资源部先后对经理层、主管层及职员层进行了"如何塑造与提升职业竞争力"的培训，取得了各位经理的一致好评，触发了多数同事的自我思考与评价，将在一定程度上影响他们的行为；另外，人力资源部将在下一年度培训总规划中参考上述培训需求信息。

2.下一年度，您在工作中面对的新的挑战与困难是什么？请举例说明。（列举三项）

各位同事所列明的挑战与困难都是站在本部门/本岗位的角度提出的，具有个体性，现将其中具有代表性的说明列举如下：

（1）库存量的增加，降低了资金的流动性，不利于低迷环境中公司的发展。

（2）如何将成本控制、产品质量意识内化为基层员工的自觉行为，而不是外界的灌输和命令性的要求？

（3）基层管理人员的管理理念与管理技能水平急需提升，以应对恶劣经济环境带来的各种各样的压力。

（4）生产效率一时难以达到理想状态时，物料损耗相对会加大，如何在保障质量的前提下控制成本，尽可能提升一线员工的品质意识和直接行为？

3.通过与往年的培训的优秀员工进行沟通交流，结合获得的本岗位的人才画像，您认为培训应侧重哪一方面，请举例说明。

通过与往年的培训的优秀员工进行沟通与交流，我们可以得知，本岗位对英语的口语能力要求较高，通过演讲比赛、创建英语角等方式，可以让员工较快地提高英语的口语能力，在培训的人员内部容易营造全员学英语的氛围。因此，本次的培训工作可以侧重员工的英语口语的提高，多举办演讲比赛、讲故事等活动，鼓励员工用英语交流，形成敢发言、敢用英语交流的学习氛围。

4.下一年度，您个人的职业定位与发展是怎样规划的？需要公司提供哪些支持和配合？

各位同事个体差异较大，无法一一加以列举，现将其中具有代表性的说明如下：

（1）加强综合素质的培养，全面提升管理技能与方法，届时希望公司能给予相应的培训机会。

（2）有意参加在职学历教育，提升个人学历层次，届时希望得到公司在制度和资金方面的支持。

（3）尽量减少车间的物料损耗，并希望制定相关标准，希望能得到公司或相关部门的支持。

（4）希望公司能组织相关人员到优秀同行公司观摩学习。

5.为达成个人绩效，在改善工作、提升相关技能方面，您还期望学到哪些方面的知识？

（1）希望公司能组织英语口语培训或专业英语培训。

（2）提高自身素质及沟通技巧方面的知识与技能。

（3）希望加强员工关系及职业生涯规划方面的培训。

（4）希望加强产品基础知识与工作原理方面的培训。

# 实训九　培训课程设计

## 一、实训目的

通过该实训项目，能够针对企业及员工的实际情况设计开发一门高质量的课程（课程可以自选，但内容须完整），在软件中上传课程时，成功完成课程基本信息的编写。

## 二、基本知识要点

1.培训课程开发的含义

培训课程开发是指培训组织在培训课程设计和授课指导方面所做的一切工作，是一个可持续发展而且可以变通的过程。课程开发探讨的是课程形成、实施、评价和改变课程的方式和方法，它是确定课程、改进课程的活动和过程。

2.培训课程开发的要点

在进行课程开发时，要充分考虑培训需求，受训者兴趣、动机、学习风格等方面的种种因素，应对参训者的学习方式进行开发，这就等于把握住了培训最本质、最有决定性的一个方面，这也恰恰是培训课程开发的精髓所在。

3.培训课程开发的流程

（1）确定培训课程的目的

进行课程开发的目的是说明员工为什么要进行培训。因为只有明确培训课程的目的，才能确定课程的目标、范围、对象和内容。

（2）进行培训需求分析

培训需求分析是课程设计者开发培训课程的第一步。进行培训需求分析的目的是以满足组织和组织成员的需要为出发点，从组织环境、个人和职务等各个层面进行调查和分析，从而判断组织和个人是否存在培训需求以及存在哪些培训需求。

（3）确定培训课程的目标

培训课程的目标是指员工培训应达到的标准。它根据培训的目的，结合上述需求分析的情况，形成培训课程的目标。

（4）进行课程设计

确定培训对象，结合培训需求，设计课程大纲，结合软件内的课程资源，选择合适的培训讲师，完成课程的设计。

（5）进行阶段性评价与修订

在完成课程的单元设计后，需要对需求分析、课程目标、整体设计、单元设计和学习地图进行阶段性评价和修订，以便为课程培训的实施奠定基础。

（6）实施培训课程

即使设计了好的培训课程，也并不意味着培训就能成功。如果在培训实施阶段缺乏适当的准备工作，也是难以达成培训目标的。实施的准备工作主要包括培训方法的选择、培训场所的选定、培训技巧的利用以及适当地进行课程控制等。在实施培训的过程中，掌握必要的培训技巧有利于达到事半功倍的效果。

（7）进行课程总体评价

培训课程评估是在课程实施完毕后对课程全过程进行的总结和判断，重点在于确定培训效果是否达到了预期，以及受训学员对培训效果的满意程度，与培训评估有交叉的地方，但是不能简单地把培训课程评估看作培训效果评估。

# 三、实训内容与要求

内容：对小企业进行培训课程的开发。

具体要求：各小组根据调研企业的具体情况，针对某类岗位进行培训课程的开发，要求能够兼顾企业及员工的需求，完成设计后，上传到软件系统。

# 四、实训组织与步骤

建立小组（每组5～7人），以小组为单位开展以下各项活动：

1.根据培训需求分析报告的内容，选择合适的开发课程

认真研究撰写的培训需求分析报告，综合考虑企业及员工的培训需求，为企业某类岗位的员工选择合适的课程并进行开发。

2.进行课程整体设计

课程整体设计是一门培训课程的整体设计思路，主要包含课程基本信息、课程目标设计、课程内容设计、课程导入设计和课程评价设计五个部分。根据所做的培训课程设计，在相关培训软件中，完成培训课程的录入。

3.制作幻灯片

将课程整体设计和单元设计等重要内容制作成幻灯片，以便于在课堂上进行演示及小组汇报。

# 五、数智化背景下结合软件进行培训课程设计与操作

培训宝是由上海淘课企业管理咨询有限公司打造的一款组织培训管理应用，软件可以满足不同行业的培训和学习的需求，为企业、政府、学校等提供在线培训和在线考试解决方案。培训宝提供诸如培训管理平台、移动学习平台、考试系统、微课课程资源、微课制作指导、培训运营服务等一站式解决方案。

第一步，在培训宝平台完成信息注册后，点击"资源"下面的课程库，然后点击右上角的"新建"按钮，录入课程（如图9-1所示）。

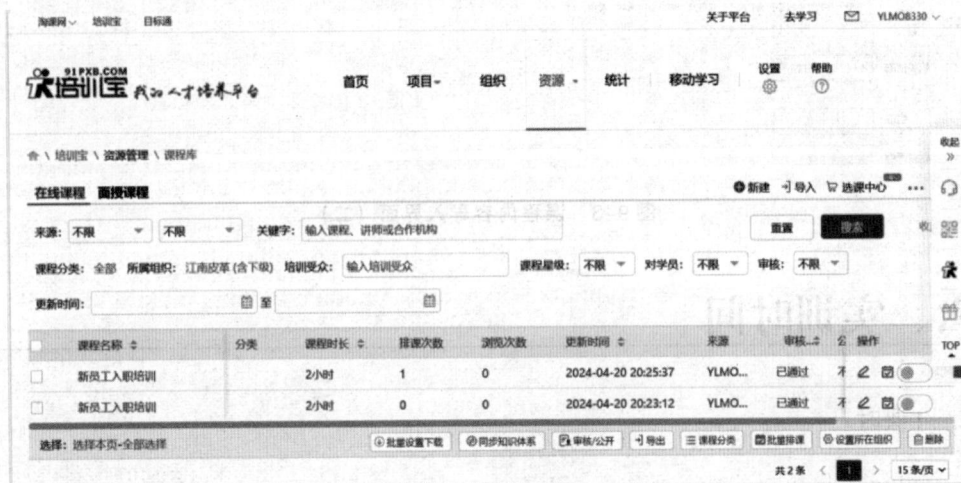

**图9-1　录入课程**

第二步，完成课程内容的导入（如图9-2、图9-3所示）。

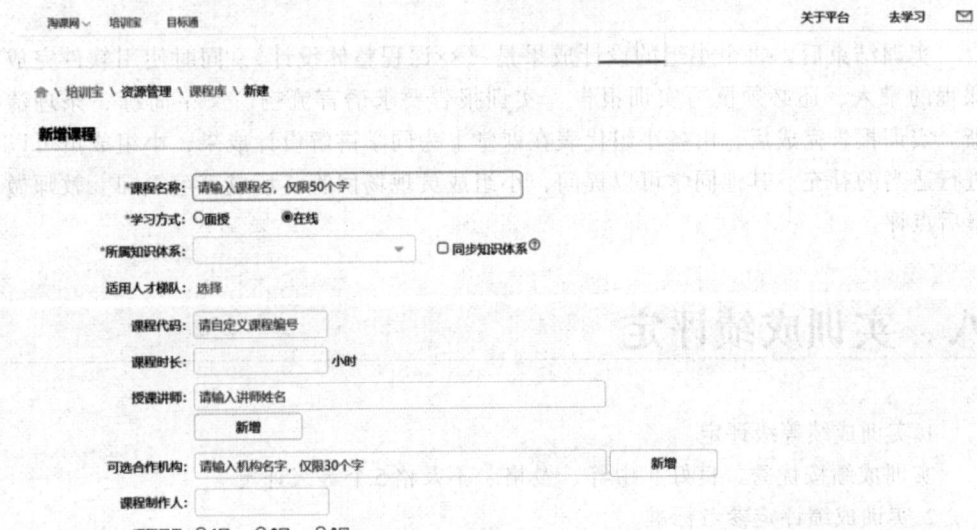

**图9-2　课程内容导入界面（一）**

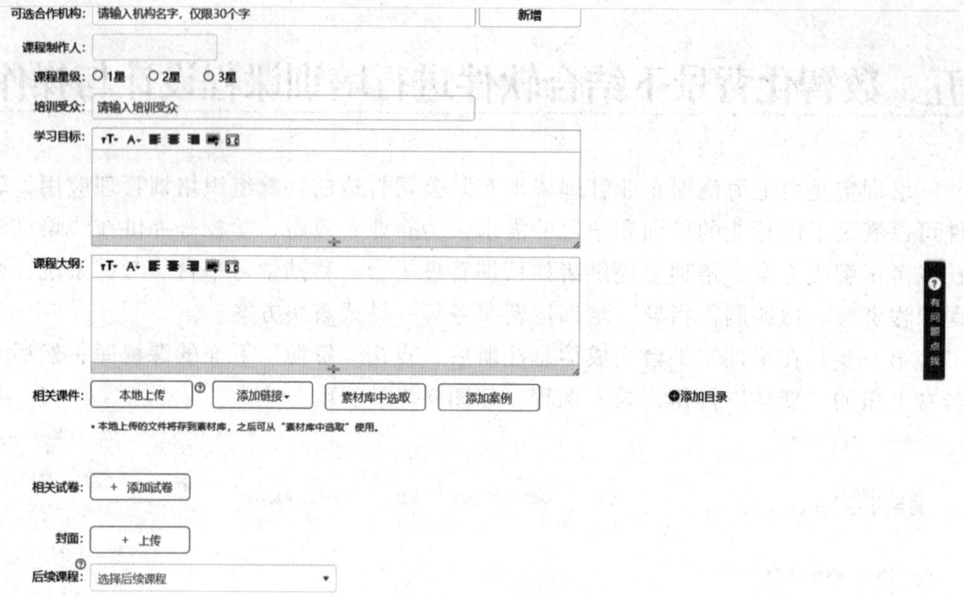

图9-3 课程内容导入界面（二）

# 六、实训时间

1课时。

# 七、实训成果

实训结束后，每个小组的设计成果是《××课程整体设计》，同时使用软件完成课程的录入，还必须撰写实训报告。实训报告要求语言流畅、文字简练、条理清晰。实训报告完成后，由各小组代表在课堂上为同学讲解设计成果，小组成员可以进行适当的补充。其他同学可以提问，小组成员现场回答，形成答辩氛围。教师做最后点评。

# 八、实训成绩评定

1.实训成绩等级评定

实训成绩按优秀、良好、中等、及格、不及格5个等级评定。

2.实训成绩评定参考标准

（1）所撰写的《××课程整体设计》的内容是否完整、格式是否标准等。

（2）所撰写的实训报告的内容是否完整、格式是否标准等。

（3）培训宝设计的课程软件是否满足需求。

（4）能否熟练制作演示幻灯片并进行现场演示，能否自如地回答演示现场的提问。

（5）是否独立撰写并按时上交成果。

（6）实训报告是否记录了完整的实训过程，文字是否简练、清楚，结论是否明确，收获和体会是否客观。

（7）小组代表汇报及小组成员答辩情况。

（8）实训成绩评定比例：实训环节表现占60%，实训报告质量占40%。

# 附　录

## 附录1　案例材料

### 一、培训课程的目标

首先，"时间管理"课程培训的目的是让学习者掌握时间管理的基本概念和技巧，培养他们在工作和生活中高效管理时间的能力，帮助员工学会识别优先任务，提高工作效率；其次，增强其自我管理能力，使其能更好地控制自己的时间和行为，避免拖延和浪费时间。

### 二、"时间管理"课程体系设计

#### 1.课程基本信息（见表9-1）

表9-1　　　　　　　　　　　课程基本信息

| 课程代码 | 010101 | 课程名称 | 时间管理 |
|---|---|---|---|
| 课程类别 | 工作计划管理类 | 培训对象 | 企业管理者和员工 |
| 先修课程 | 管理类基础培训课程 | 授课时间 | 5小时 |
| 课程开发人 | 张×× | 课程批准人 | 李×× |

#### 2.课程目标

（1）知识目标

认识时间管理理论和时间管理的基本准则，确认个人时间效率的影响因素，理解时间管理工具。

（2）能力目标

树立正确的时间管理意识，避免陷入时间管理误区；灵活运用时间管理方法和工具，合理分配自己的时间。

3.课程内容单元

| | |
|---|---|
| 认识时间和时间管理 | 60分钟 |
| 为什么要学习时间管理 | 20分钟 |
| 四代时间管理理论和应用 | 40分钟 |
| 高效时间管理工具 | 120分钟 |
| 高效时间管理法则与技巧 | 60分钟 |

## 附录2　数字化培训案例

黄智鑫：想要解决传统的培训痛点，就需要转型，企业培训进行数字化转型已是大势所趋，也是企业顺应时代保持可持续发展的需要。上海帛钥智能科技有限公司（以下简称"智能"）是一家年轻、开放的高科技软件开发企业。公司主要运用虚拟现实等先进技术，致力于沉浸式内容的开发，为各类企业提供游戏化、场景化、数字化的解决方案。智能发布的F-Learning平台，主要面向企业提供沉浸式培训软件开发服务，包括场景内容开发、场景开发工具F-Studio、数据管理及分析系统三个主要部分。在此基础上，智能推出了基于工业领域的"智能制造人才技能实训系统"，其包括7大模块55个组件及若干个子培训场景。

智能支持客户定制，基于自主研发的开发工具，使内容制作成本大幅降低。智能和国内外众多虚拟现实行业领军企业保持了良好的合作关系，在工业领域推出了沉浸式技能培训、安全培训、精益培训等数字化培训考核解决方案，同时在数字孪生和数字化设计与仿真领域推出了一系列全新产品，并可提供多人协同演练、多人虚拟会议、远程虚拟专家等专业的数字化协作解决方案。

此外，企业团队能够快速地开发虚拟的VR和MR数字化场景平台，同时也申请了专利。这个平台主要提供的是在传统培训和教学中可能没有办法让学员去实际体验的一些培训内容。比如针对传统培训的"难理解"，该平台会把培训内容标准化、结构化、清晰化，使学员更容易理解。再比如一些"高风险"的培训。

我们知道，工业现场的安全操作很重要，通过VR技术，员工可以体验模拟现场的不安全场景与相应行为，比如学员可体验灭火操作流程。在模拟场景中，学员还可以掌握正确的操作方式。总之，将虚拟技术应用到企业培训，将会提高学员的训练技巧和技能。在为企业培养人才的同时，也节约了企业成本，降低了风险系数等。我们的创新通过企业培训活动得到了高度认可和好评。

接下来，我们结合人工智能工具，帮助学员打造一套专业知识库的问答系统。在这个过程当中，我们不断地整合数据，形成领域数据池。随着数据池不断地充实和完善，学员可以在平台快速查询。以我自己为例，我在线下会给许多企业培训，也会涉及开发课程。在开发课程的过程当中，我要收集一些素材和案例，然后组织我的课程内容。

其实在我的电脑里边有很多相关的素材，以前没有智能化工具的时候，我会一个一个去找，或者建立一个excel表格，能够让我快速检索。但现在利用人工智能的工具之后，我只需要对原有数据库做一些标注，把它变成一个向量数据库，就能够快速地生成课程，包括课程大纲、方案内容等。上完课之后，我还可以继续在线上给学员答疑。整个过程完全避免了原有的人工介入，用智能化的手段和技术即可完成整个流程。

传统培训是线下学员跟老师之间的互动，而现在老师和学员均可以不到现场，通过佩戴设备，老师和学员可以同时在一个虚拟空间中进行互动。当然，这个交互系统里会有应答，智能化的AI会有唤醒的功能，学员通过短信留言的方式，把AI教练唤醒，进入到数字化空间中，让他及时地回复，这是一个人工干预的过程。在线下的教学里我们曾经做过一种尝试，所有的学员都佩戴VR眼镜，师生共同进入真实的数字化空间中，讲师就在数字化的场景中对学员进行引导，真实感和体验感非常强。

资料来源：齐向宇. 领航数字化培训，开创企业赋能新篇章——专访杰出创新者，上海帛钥智能科技有限公司创始人、董事长黄智鑫 [J]. 人力资源，2023（13）：12-15.

# 实训十　培训效果评估

## 一、实训目的

通过该实训项目，能够设计培训效果评估表，使用相关培训软件，完成培训效果评估部分，进而掌握员工培训有效性分析的含义、意义、内容及步骤，并在此基础上撰写培训效果评估报告。

## 二、基本知识要点

1.培训效果评估的含义

培训效果评估又称培训开发效果评估，是依据组织目标和需求，运用科学的理论、方法和程序，从培训项目中收集数据，以确定培训的价值和质量的过程。

培训效果评估涉及以下四个关键性问题：

①员工培训后有没有发生变化？

②这种变化是否由培训引起？

③这种变化与组织目标的实现是否有积极的联系？

④下一批受训者完成同样的培训后，是否还能发生类似的变化？

2.培训效果评估的意义

（1）培训效果评估是培训的重要环节

培训效果评估工作很容易被忽视，有些企业把培训后简单的开卷考试当作整个培训活动的结束，有些企业认为效果评估只是发放一些调查表格对培训效果进行意见征询和简单反馈。培训效果的评估不是培训结束后才做的工作，应该在培训前就知道要评估什么，考核方式要有创新。完整的培训流程采用PDCA的闭式循环模式，包括需求分析、制订培训计划、选择培训机构或培训师、实施培训、培训效果评估，其中培训效果评估尤其重要。

（2）培训效果评估是做好企业培训工作的重要保障

培训的目标是实现培训效果最大化，培训后能否提高员工工作的积极性、主动性和创造性，也关系着企业能否提高工作效率创造更大的效益，使企业在市场竞争中占据优势。培训效果评估是对培训项目全面的整体评估，通过培训效果评估可以找出培训工作存在的不足，归纳出经验与教训以便改进，同时也可以挖掘新的培训需求，作为下一轮培训策划实施的重要依据，使企业培训活动进入良性循环。

3.培训效果评估的类型

（1）按评估的性质分类

按评估的性质不同，培训效果评估可分为以下几类：

①后果评估。后果评估即如果不实施培训将会有什么后果，属于反面评价。

②效果分析。效果分析即进行培训后取得了什么样的效果以及效果的程度如何，属于收益评价。

③项目评估。项目评估即对培训本身开展系统分析，最终对项目做出评估，属于培训整体评估。

（2）按评估的方式分类

按评估方式不同，培训效果评估可分为以下几类：

①非正式评估。非正式评估是指评估者依据自己的主观性进行判断，也就是说评估者往往根据"觉得怎样"进行评判，而不是用事实和数字来加以证明。

②正式评估。正式评估往往具有详细的评估方案、测试工具和评判标准。它尽量剔除主观因素的影响，从而使评估更有可信度。在正式评估中，对评估者自身素质的要求降低了，起关键作用的因素不再是评估者本身，而是评估方案和测试工具的选择是否恰当。在长期实践中，评估研究的先驱者们已经发展出一套成熟的评估方案和测试工具。

（3）按评估的时间分类

按评估时间不同，培训效果评估可分为以下几类：

①即时评估。

即时评估一般在培训结束时进行，目的在于对培训对象在培训期间的各种表现做出评估，并与参加培训前的技能水平相比较，以检验培训的成效。即时评估的主要评估内容包括：培训对象的学识有无增进以及增进多少；培训对象的技能有无提高以及提高多少等。

②滞后评估。

滞后评估一般是培训结束回去工作后进行评估。培训的目的不在于培训对象在培训期间表现如何，而在于培训后回到工作岗位的表现。因此，培训回去工作后的评估，要比培训结束时的评估更为重要。滞后评估的内容主要包括：工作态度有无改变，改变的程度如何，维持的时间有多久；工作效率有无增进，增进的程度如何；培训目标有无达成等。

4.培训效果评估的目的

①通过有效性评估，反映培训对于组织的贡献，并以此体现人力资源部或培训部门在组织中的重要作用。

②决定继续进行或停止某个培训项目。

③获得如何改进某个培训项目的信息。

5.培训效果评估的原则

①以能力为主。

②注重效果。

③可信性。

④可行性。

6.培训效果评估的内容

（1）对学员学习成绩的评估

为了检查培训效果，对学员的学习成果进行评估主要从以下两方面进行：

①培训结束时对学习成绩进行检验。这种评估一般在培训结束后进行，主要考查学员对所学知识和技能的掌握情况。

②培训结束后，考查培训对学员回到工作岗位后的工作是否产生作用，主要考查学员的工作态度、工作方法和工作业绩等有无改善和提高。

（2）对培训讲师的评估

对培训讲师的评估可在培训前和培训后进行。培训前可以采用试讲或审查教材等方法，培训后可采用访谈、问卷调查等方法。对培训讲师的评估主要考虑以下几个方面：

①课程的内容是否符合培训目标的要求？

②课程的形式是否被学员接受？

③培训方法是否适当？

④讲师的语言表达如何？

⑤课程还需要进行哪些改进？

（3）对培训组织管理的评估

对培训组织管理的评估一般在培训课程结束后进行，在许多情况下常与对培训讲师的评估一起进行。对培训组织管理评估的内容主要有以下几个方面：

①培训时间安排是否合适？

②培训场所的环境如何？

③培训使用的设备或器材准备如何？

④学员的生活和娱乐活动安排如何？

⑤学员的投入和情绪反应如何？

（4）对培训经济效益的评估

对培训的经济效益进行评估，主要考虑以下几个方面：

①核对培训办班的预算，检查是否超支。

②计算培训的投入产出比，检查培训办班的效率和效益，比如投资利用率、投资收益率。

③培训办班直接取得的经济效益或收入。

7.培训效果评估的一般方法

（1）柯氏四级培训评估模型

柯氏四级培训评估模型是由国际著名学者威斯康星大学教授唐纳德·L.柯克帕特里克于1959年提出的，是世界上应用最广泛的培训评估工具，在培训评估领域具有难以撼动的地位。

①反应层评估：评估被培训者的满意度。

反应层评估是指评估受训人员对培训项目的印象，包括对讲师和培训科目、设施、方法、内容、自己收获的大小等方面的看法。反应层评估主要是在培训项目结束时，通过问卷调查来收集受训人员对于培训项目的效果和有用性的反映。这个层次的评估可以作为改进培训内容、培训方式、教学进度等方面的建议或综合评估的参考，但不能作为评估的结果。

②学习层评估：测定被培训者的学习掌握情况。

学习层评估是目前最常见，也是最常用到的一种评估方式，它测量的是受训人员对原理、技能、态度等培训内容的理解和掌握程度。学习层评估可以采用笔试、实地操作和工作模拟等方法来考查。培训组织者可以通过书面考试、操作测试等方法来了解受训人员在培训前后，知识以及技能的掌握方面有多大程度的提高。

③行为层评估：考查被培训者的知识运用程度。

行为层评估是指在培训结束后的一段时间里，由受训人员的上级、同事、下属或者客户观察他们的行为在培训前后是否发生变化，是否在工作中运用了培训中学到的知识。这个层次的评估可以包括受训人员的主观感受、下属和同事对其培训前后行为变化的对比，以及受训人员本人的自评。这通常需要借助一系列评估表来考查受训人员培训后在实际工作中行为的变化，以判断所学知识、技能对实际工作的影响。行为层评估是考查培训效果最重要的指标。

④效果层评估：计算培训所创造的经济效益。

效果的评估即判断培训是否能给企业的经营成果带来具体而直接的贡献，这一层次的评估上升到了组织的高度。效果评估可以通过一系列指标来衡量，如事故率、生产率、员工离职率、次品率、员工士气以及客户满意度等。通过对这些指标的分析，管理层能够了解培训所带来的收益情况。

柯氏四级培训评估模型见表10-1。

表10-1　　　　　　　　　　　柯氏四级培训评估模型

| 主要内容 | 评估内容 | 评估方法 | 优势 | 劣势 | 改进策略 |
|---|---|---|---|---|---|
| 反应层评估（学员的反应） | 主要是总体的印象，对培训内容、讲师、教学方法、材料、设施、场地、报名程序等的评价 | 问卷调查、小组座谈；常运用四分法（极好、好、一般、差）、五分法（极好、很好、好、一般、差）进行衡量 | 容易开展，是最基本、最普遍的评估方式之一 | 会出现以偏概全、主观性强、不够理智的现象。例如，对老师有好感，就会对其所授课程打高分 | 强调评价的目的，要求大家配合；将课程评价与讲师评价分开；结合使用问卷调查、面谈、座谈等方式；学员进行自我评估 |

| 主要内容 | 评估内容 | 评估方法 | 优势 | 劣势 | 改进策略 |
|---|---|---|---|---|---|
| 学习层评估（学习的效果） | 学员掌握了多少知识和技能，例如学员吸收或记住了多少课程内容 | 运用所学的知识解答试题；进行现场操作；对于专业性岗位课程，要求学员提出改善方案并执行 | 对学员有压力，促使他们更认真地学习；对讲师有压力，促使他们更精心地准备培训课程 | 压力大，可能使报名不太踊跃；在评估之前学员可能已知晓一些事情 | 针对不同的培训课程，采用不同的评估方法 |
| 行为层评估（学员行为的改变） | 培训后的跟进过程，对学员在培训后的工作行为和在职表现方面的变化进行评估 | 观察法，主管、同事、下属、客户对学员的评价及学员的自我评价。这些评价需要借助一些评估表来进行 | 可以直接反映培训课程的效果；使高层领导看到培训的效果，从而支持培训；讲师可以获得学员的支持 | 耗费的时间和精力多；问卷比较难设计，不容易得到配合；员工行为易受其他因素的影响 | 选择适合进行行为层评估的课程；选择合适的评估时间；充分利用专业讲师和咨询公司的力量 |
| 效果层评估（培训产生的效果） | 对组织发展带来可见的、积极的作用；培训是否对企业的经营结果产生直接的影响 | 通过一些企业组织指标来衡量，如事故率、次品率、生产率、员工流动率以及客户投诉率 | 详细的、令人信服的调查数据，能打消高层主管对培训的疑虑，从而把有限的培训费用投到最能为企业创造经济效益的课程上来 | 需要时间，在短期内很难得出结果；对这个层面的评估缺乏必要的技术和经验；简单地对比数字意义不大 | 必须取得管理层的合作，拿到培训以前的相关数据；分辨哪些结果与要评估的课程有关系，并分析在多大程度上有关系 |

（2）考夫曼的五级评估模型

考夫曼扩展了柯克帕狄克的四级模型，他认为培训能否成功，培训前的各种资源的获得至关重要，因而应该在模型中加上这一层次的评估。另外，培训所产生的效果不应该仅对本组织有益，它最终会作用于组织所处的环境，从而给组织带来效益，因而他加上了第五个层次，即评估社会和顾客的反应。因此，考夫曼的培训效果评估包括培训的可行性与反应、获得、应用、组织产出及社会产出五个层次，见表10-2。

表10-2　　　　　　　　　　　　考夫曼的五级评估模型

| 层次 | 标准 | 具体解释 |
|---|---|---|
| 1a | 培训的可行性 | 人力、财务和物力资源投入的质量和可获取性 |
| 1b | 反应 | 方法、手段和过程的可接受程度和熟练度 |
| 2 | 获得 | 个体和小群体的技能与胜任力 |
| 3 | 应用 | 组织内个体效用和小群体（产品）效用 |
| 4 | 组织产出 | 对组织的贡献和回报 |
| 5 | 社会产出 | 社会和顾客的反应、结果和回报 |

（3）CIRO 培训评估模型

CIRO 培训评估模型的设计者是奥尔、伯德和莱克哈姆。CIRO 由该模型中四项评估活动的首个字母组成，这四项评估活动是：背景评估（Context Evaluation）、输入评估（Input Evaluation）、反应评估（Reaction Evaluation）和输出评估（Output Evaluation）。

（4）成本-收益分析法

投资收益率=（培训收益/培训成本）×100%

培训的成本主要包括直接成本和间接成本。

直接成本：讲师酬劳、培训场地租金、培训器材费、教材费等一些培训支出。

间接成本：主要涉及培训组织人员、受训员工、领导支持所付出的时间成本。

培训收益主要是培训后的额外获得，可根据生产效率的提高、次品率下降的幅度来衡量对技术人员培训的收益。

8.培训效果评估的注意事项

①不能仅进行问卷调研，还需要进行深度访谈。

②培训效果评估不能仅仅在培训刚结束时进行，应该伴随着整个培训过程。

③注意定性分析和定量分析相结合。

# 三、实训内容与要求

实训内容：调研企业员工培训效果，完成相关软件培训评估版块，根据培训结果，撰写培训效果评估报告。

要求：各小组根据前期对调研企业开展的深入调研，了解该企业员工在培训现状的基础上使用培训宝的情况，对该企业的员工培训效果进行评估，并撰写培训效果评估报告。

# 四、实训组织与步骤

建立实训小组（每组5~7人），以小组为单位开展以下各项活动：

（1）明确企业员工培训效果调研的目的。

（2）确定公司调查对象。

（3）确定调查内容，使用相关软件，完成设计培训效果评估调查问卷。

（4）整理调研结果，进行数据统计分析。

（5）根据数据统计结果撰写培训效果评估报告。

（6）制作幻灯片，并进行演示。

（7）总结并编写实训报告。

# 五、数智化背景下结合软件进行培训效果评估操作

## 1. 软件一

**具体操作:**

第一步,进入精创教育人力资源管理综合实训平台首页,点击"培训主管"进入培训界面,点击"培训评估",根据背景资料内容,按步骤完成"计划阶段制定流程",点击"立即提交",再点击"下一步"(如图10-1所示)。

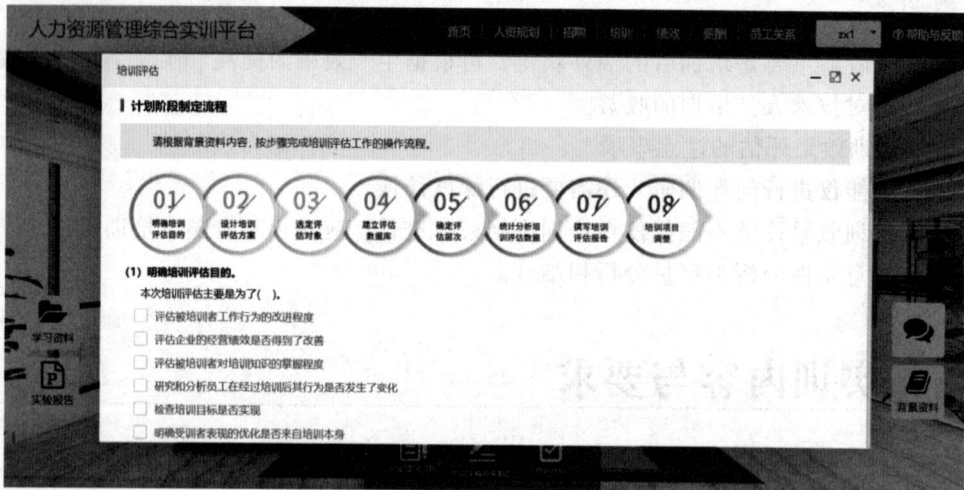

**图 10-1　培训评估界面**

第二步,进入"实施阶段制定流程",填好相关信息之后,点击"立即提交"(如图10-2所示)。

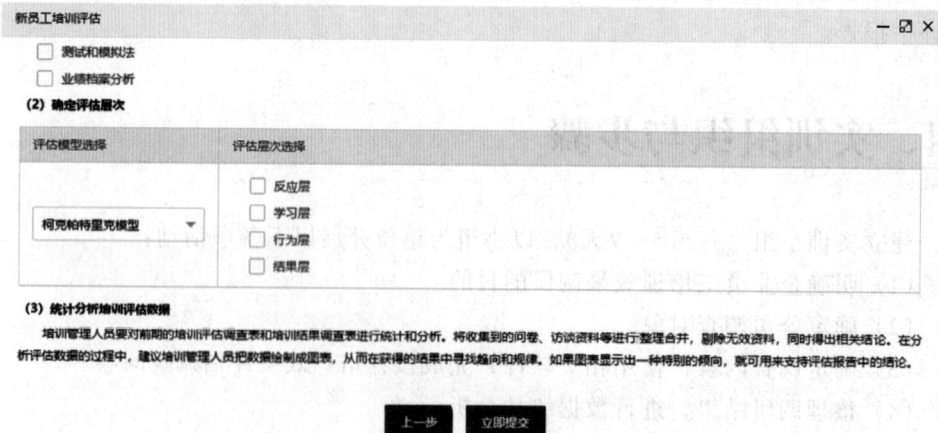

**图 10-2　实施阶段制定流程界面**

第三步,点击"下一步",进入"影响阶段制定流程"页面,填好相关信息之

后，点击"立即提交"（如图10-3所示）。

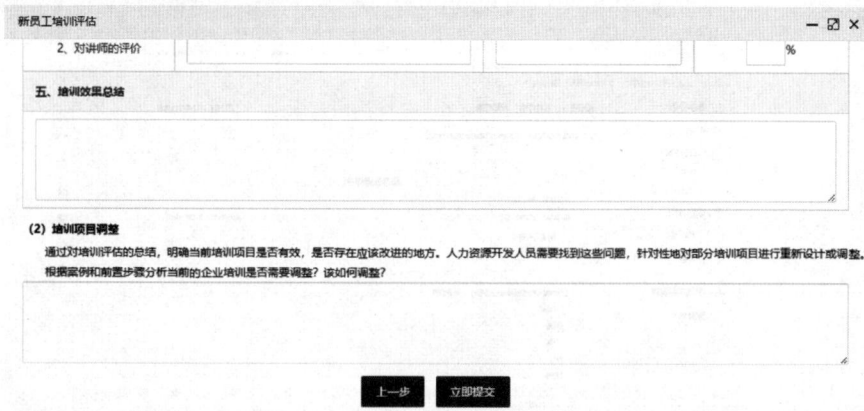

图10-3 影响阶段制定流程界面

2.软件二

具体操作：

第一步，在培训宝注册信息后（如图10-4所示），进入页面，选择"评估"。

图10-4 信息注册

第二步，进入页面后，点击右上角的"新增"，根据制作的培训效果评估表，选择合理的评估方式，这里选择的是课堂评估（如图10-5所示）。

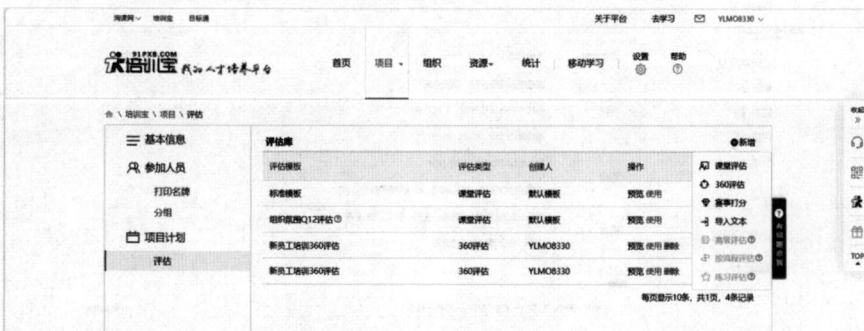

图10-5 选择评估方式

第三步，根据所制作的培训效果评估表，编辑评估内容后，发起评估（如图10-6所示）。

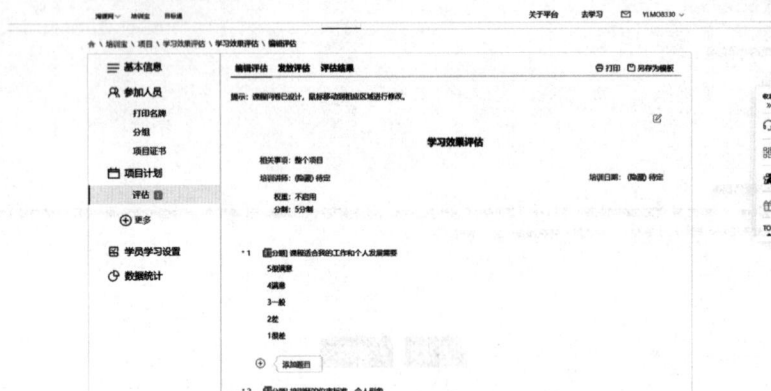

**图10-6　评估流程**

第四步，选择评估的时段、方式（如图10-7所示）。

**图10-7　评估时段、方式**

第五步，查看评估结果，完成培训评估报告（如图10-8所示）。

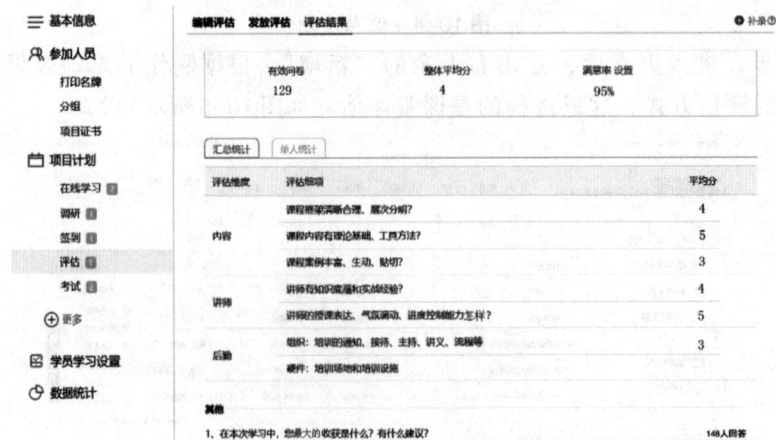

**图10-8　评估报告**

# 六、实训时间

在相关理论授课内容进行时即可进行以上步骤，考虑到需要设计员工培训效果评估调研问卷并进行实地调研，应在使用软件、完成数据搜集、进行分析整理的基础上完成培训效果评估报告，要在一周内完成。

# 七、实训成果

每个小组必须完成实训软件的操作，在实训结束后，撰写培训效果评估报告，同时完成实训报告。实训报告要求结构合理、条理清晰、语言流畅、文字简练。实训报告完成后，由各小组代表在课堂上为同学讲解调研企业员工培训效果情况及结论，小组成员可以进行适当补充，允许其他同学提问，小组成员现场回答，形成答辩氛围，教师做最后点评。

# 八、实训成绩评定

1.实训成绩等级评定

实训成绩按优秀、良好、中等、及格、不及格5个等级评定。

2.实训成绩评定参考标准

（1）使用软件进行员工培训效果评估的流程是否完整？

（2）所设计的员工培训效果评估问卷是否科学合理？

（3）培训效果评估报告的内容是否完整、翔实？

（4）小组成员分工是否合理，其是否团结协作，具有良好的团队精神与合作意识？

（5）能否熟练制作演示幻灯片并进行现场演示，能否自如地回答演示现场的提问？

（6）是否独立编撰并按时上交实训报告？

（7）实训报告是否记录了完整的实训过程，文字是否简练、清楚，结论是否明确，收获和体会是否客观？

（8）小组代表汇报及小组成员答辩情况。

（9）实训成绩评定比例：实训操作环节表现占40%，实训报告质量占60%。

# 附　录

## 附录1　××公司培训效果评估表

××公司培训效果评估表见表10-3。

表10-3　　　　　　　　　　××公司培训效果评估表

课程内容：　　　　　　　培训师姓名：

培训日期：　　　　　　　培训地点：

请就下面每一项进行评价，并在相对应的分数上打"√"：

| | 很差 | 差 | 一般 | 满意 | 很满意 |
|---|---|---|---|---|---|
| ◆　课程内容 | | | | | |
| 1.课程满足我的工作和个人发展需要 | 1□ | 2□ | 3□ | 4□ | 5□ |
| 2.课程内容难度适中、易于理解 | 1□ | 2□ | 3□ | 4□ | 5□ |
| 3.课程内容切合实际、便于应用 | 1□ | 2□ | 3□ | 4□ | 5□ |
| ◆　培训老师 | 很差 | 差 | 一般 | 满意 | 很满意 |
| 4.培训老师的仪表标准、个人形象 | 1□ | 2□ | 3□ | 4□ | 5□ |
| 5.培训老师有充分的准备 | 1□ | 2□ | 3□ | 4□ | 5□ |
| 6.培训老师表达清楚、态度友善 | 1□ | 2□ | 3□ | 4□ | 5□ |
| 7.培训老师对培训内容有独特精辟的见解 | 1□ | 2□ | 3□ | 4□ | 5□ |
| 8.培训老师课堂气氛和吸引力 | 1□ | 2□ | 3□ | 4□ | 5□ |
| ◆　培训方式 | 很差 | 差 | 一般 | 满意 | 很满意 |
| 9.培训方式生动多样、鼓励参与 | 1□ | 2□ | 3□ | 4□ | 5□ |
| ◆　培训总体 | 很差 | 差 | 一般 | 满意 | 很满意 |
| 10.课程时间安排以及时长 | 1□ | 2□ | 3□ | 4□ | 5□ |

◆　参加此次培训的收获（可多选）：

A.获得了实用的新知识

B.理顺了过去工作中的一些模糊概念

C.获得了可以在工作中应用的一些有效的技巧或技术

D.促进客观地观察自己以及自己的工作，帮助对过去的工作进行总结与思考

E.其他（请填写）：

◆　对本人工作的帮助程度：A.较小　　　　B.普通　　　　C.有效　　　　D.非常有效

◆　整体上，您对这次课程的满意程度：A.不满　B.一般　　　C.满意　　　　D.非常满意

您给予这次培训的总评分是（以满分为10分计）：＿＿＿＿

其他建议或培训需求：

## 附录2　××公司培训评估报告

### 一、培训效果调查

培训结束以后，随机抽取了10位学员，对其培训效果进行调查。培训效果综合统计表见表10-4。

表10-4　　　　　　　　　培训效果综合统计表

| 本次培训共收回10份有效培训评估反馈问卷 |  |
| 学员综合评分分布情况（见右图） | |
| 本次培训综合平均满意度为83.7分 | |

培训总体效果调查如图10-9所示：

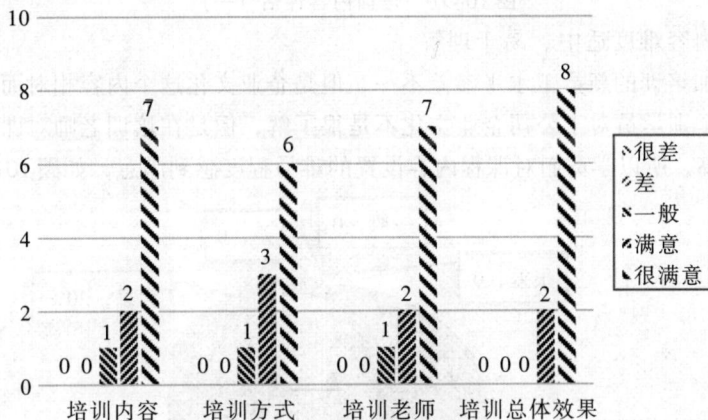

图10-9　培训总体效果调查

对培训内容"满意"的占20%，"很满意"的占70%，"一般"的占10%。

对培训方式"满意"的占30%，"很满意"的占60%，"一般"的占10%。

对培训老师"满意"的占20%，"很满意"的占70%，"一般"的占10%。

对培训总体效果"满意"的占20%，"很满意"的占80%。

总的来说，学员对于"培训内容""培训方式""培训老师""培训总体效果"的满意度都很高，几乎无人认为"差"或者"很差"。以上四项评估内容中，最为满意的是"培训总体效果"，满意度为100%，"培训内容""培训方式""培训老师"的满意度均为90%。

二、客观问卷评估结果

（一）培训内容评估分析

1.课程满足我的工作和个人发展需要

从图10-10可以看出，本次企业文化课程对于员工的工作和个人发展是很有用的，只有一部分学员对于企业文化课程表现出不满意的态度，总体上是满意的。由于此次培训包含了从事不同工作的所有办公室人员，在较短的培训中很难全方位地涉及所有工作方面，很难顾及是否适合每位学员。从学员的评价来看，他们对课程的内容还是满意的。

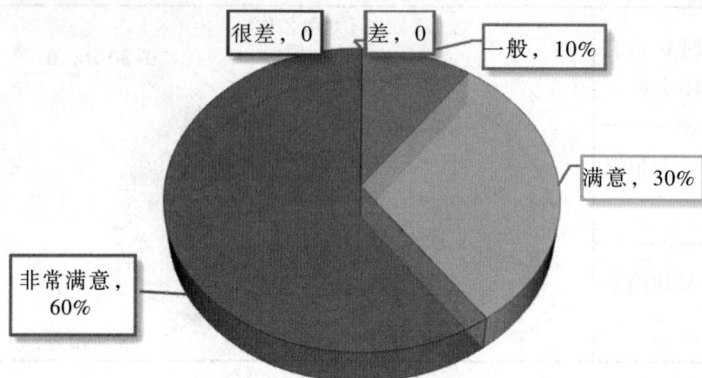

图 10-10 培训内容评估 (一)

**2.课程内容难度适中、易于理解**

虽然参加培训的新员工水平参差不一，但是企业文化这个内容相对而言还是很简单的，只有个别学员对于公司企业文化不是很了解，但是在培训老师对课程讲解后也有一定的提高，所以学员们对课程内容设置的难易程度感到满意，如图10-11所示。

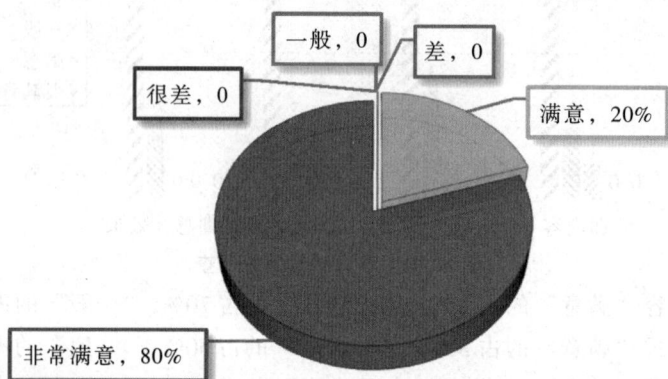

图 10-11 培训内容评估 (二)

**3.课程内容切合实际、便于应用**

本次课程主要讲解企业的文化，由于部分学员认为学习企业文化对于他们帮助不大，所以其满意度一般，如图10-12所示。

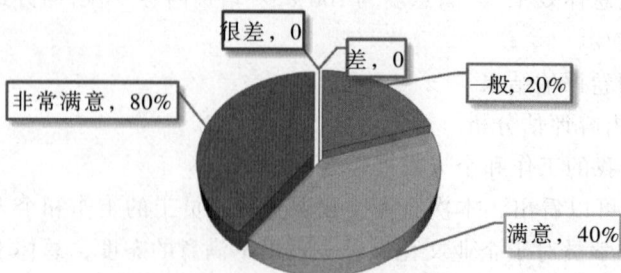

图 10-12 培训内容评估 (三)

（二）培训老师评估分析

1.培训老师的仪表标准、个人形象

从图10-13可以得出，培训老师的仪表标准、个人形象还是做得很好的，受到学员的欢迎。

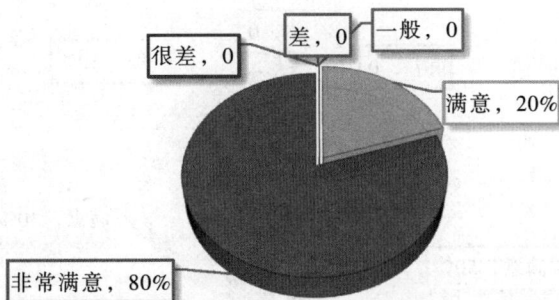

**图10-13 培训老师评估（一）**

2.培训老师有充分的准备

培训老师在培训的过程中有点紧张，有时候语言表达会稍微不流畅，总体上还是令人满意的，如图10-14所示。

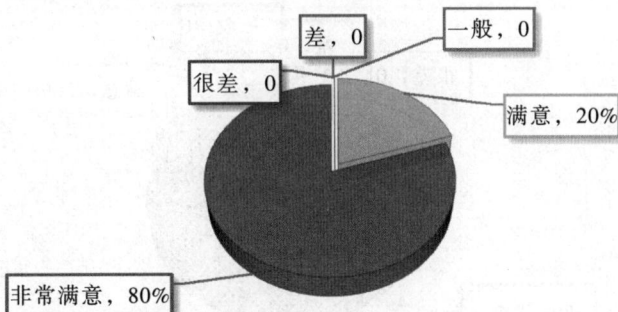

**图10-14 培训老师评估（二）**

3.培训老师表达清楚、态度友善

培训老师在培训的过程中很亲切，很喜欢笑，就是有一点小小的紧张，学员们都很喜欢他，如图10-15所示。

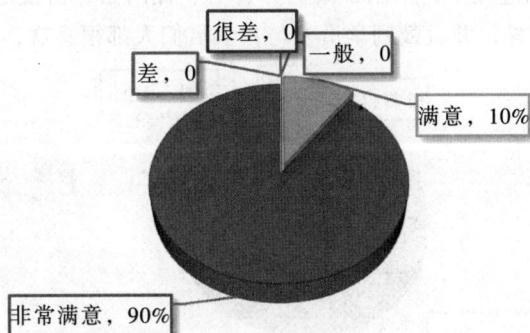

**图10-15 培训老师评估（三）**

**4.培训老师对培训内容有独特精辟的见解**

由于培训时间短，培训老师对于员工的提问并没有做到每个题目都回答，答疑较仓促，只对个别共性问题进行了解答，这造成了学员的评价一般，如图10-16所示。

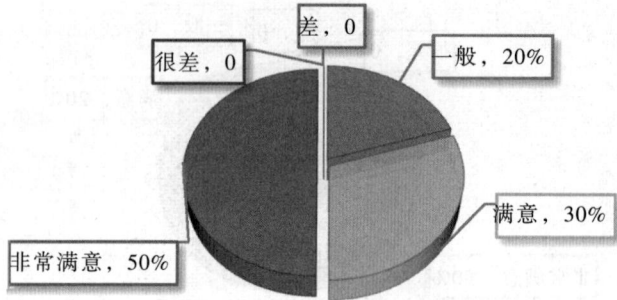

**图10-16　培训老师评估（四）**

**5.培训老师课堂气氛和吸引力**

本次培训的对象是新员工，他们和培训老师的互动性较强，由于课程内容简单，学员对于课堂气氛和吸引力都很满意，如图10-17所示。

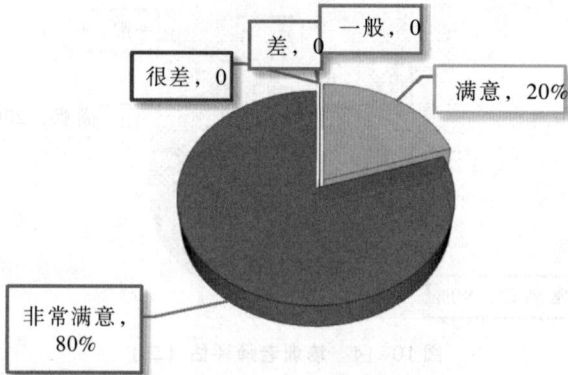

**图10-17　培训老师评估（五）**

**（三）培训方式评估分析**

培训老师在培训过程中，采用了案例分析法、提问法、讲授法、讲故事等培训方法，培训方式生动多样，并且鼓励学员参与，学员们大都很喜欢，如图10-18所示。

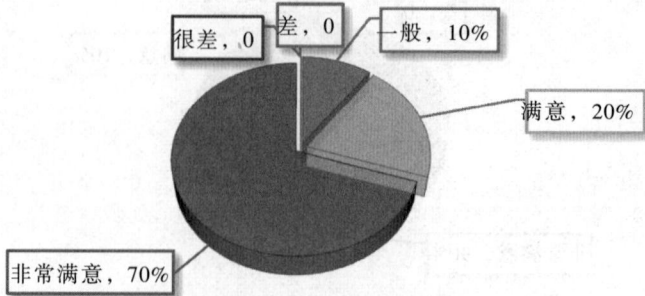

**图10-18　培训方式评估**

（四）培训总体效果评估分析

由于课程安排在下午1：00—2：00，这时候是学员状态差的时候，有些学员在培训的过程中精神不集中，建议下次把时间推后一点。学员对培训时间的满意度如图10-19所示。

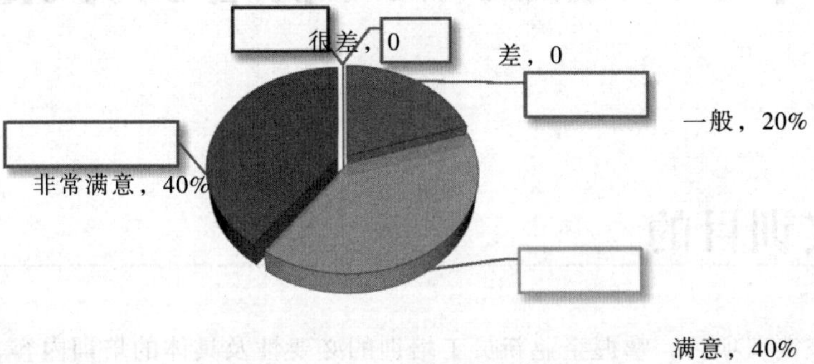

很差，0  差，0  一般，20%

非常满意，40%

满意，40%

**图10-19  培训时间评估**

三、培训效果的词云分析

通过对收集的问卷进行词云分析，总的来说，此次培训取得了比较好的效果。通过图10-20可以看出，大部分人认为获得了适用的新知识，认为此次培训效果不错；也有部分人没有感受，认为培训形式不够新颖，培训效果较差。

**图10-20  培训效果词云分析**

四、其他

对本次培训有何意见或建议：

1.此次培训时间短、内容丰富，培训人员层次差别较大，培训效果受到一定影响。

2.如果发讲义而不是提纲，效果会有所提高。

3.大多数学员希望以后多组织这样的培训。

# 实训十一　新员工入职培训方案设计

## 一、实训目的

通过该实训项目，掌握企业新员工培训的必要性及具体的培训内容，以及培训方案设计的方法。使用相关软件，成功建立新员工培训项目。

## 二、基本知识要点

1.新员工入职培训的含义

新员工入职培训在国内一般称为职前教育。它是指组织通过预先规划的各种活动，一方面把新员工介绍给组织、部门和他们的工作伙伴，另一方面为使他们成为组织合格的一员，所开展的一系列有关知识、技能和态度的学习活动。

2.新员工入职培训的必要性

（1）适应新环境

新员工培训能够使新员工获得职业生涯所必需的有关信息，开始适应组织环境。通过职前培训活动，新员工可以熟悉工作场所，了解企业的规章制度和晋升、加薪等标准，清楚企业的组织结构和发展目标，从而有利于新员工适应新的环境。

（2）胜任新工作

通过员工手册、职位说明书、必要的参观活动和一定的技能培训，新员工可以明确自己的工作任务、职责权限和上下级汇报关系，从而适应新的工作流程，对所做的工作不再感到陌生，有利于新员工快速胜任自己的工作。

（3）提升组织效率

参加初级的沟通游戏、团队协作课程等，可使新员工树立团队意识，也可使老员工与新员工充分接触、相互交流，形成良好的人际关系，增强员工的团队意识与合作精神，从而提升组织效率。

（4）实现角色转变

新员工对于职业、领导的概念，职业生活的"游戏规则"等有着不同的理解。为了使企业的使命得到贯彻，企业的行动目标和品牌得到维持，企业有必要将自己的经营理念和企业文化等融入员工的行为与观念体系中，从而使员工成为本企业真正的"企业人"。通过新员工培训，增加一定的态度转变和行为整合活动，可促使新员工转变角色，从一个局外人转变为"企业人"。

（5）为招聘、甄选和录用、职业生涯管理等提供信息反馈

通过岗位培训，新员工在招聘与甄选活动中"制造"的假象会暴露或者招聘负责人的错误认知和主观偏见会得到证实，而且新员工也会充分地展现自己的形象，使企业加深对员工的了解，这些都会给招聘、甄选和录用、职业生涯管理等提供信息反馈。

3.新员工入职培训的形式

新员工入职培训形式可分为两大类：一类是传统培训，主要包括在职培训、现场培训、讲座培训与程序化教学培训等；另一类是新型培训，主要包括非正规学习培训、视听化培训、模拟式培训、远程网络培训、户外式培训与咨询式培训等。

无论是传统培训，还是新型培训，皆有其优劣性，关键是要针对培训资源、培训对象等因素的特点，将其灵活组合，使其发挥最大效用。

4.新员工入职培训方案包含的内容

（1）确定培训目标

新员工的入职培训相对来说更容易一些，因为新员工可以全日制地开展培训，而且新员工好似一张白纸，培训做得越正规，越有效。大多数新员工入职培训的目标都是尽快实现新员工角色的转变。入职培训的具体目标通常包括：减少新员工的压力和焦虑，减少启动成本，降低员工流动性，缩短新员工达到业务熟练或精通的时间，帮助新员工学习组织的价值观、文化以及期望，协助新员工进行适当的角色定位，帮助新员工适应工作群体和规范，鼓励新员工形成积极的态度等。

（2）确定培训内容

通过新员工培训需求的分析，培训人员必须明确哪些内容可以满足这些培训需求，并对这些内容进行分类，设计开发成培训课程。一般新员工的培训内容主要包括：

①与工作环境有关的内容。

A.企业宏观环境，包括企业的历史、现状及行业地位、发展趋势与目标、优势及面临的问题、组织机构、部门职能、产品和服务、市场战略、质量方针、企业文化与传统、经营理念等。

B.工作环境与设施，主要包括办公设备、生产设备、各办公场所、食堂等，人力资源经理可根据企业的具体情况，选择要参观介绍的地点。

②与工作制度有关的内容。

这一部分涉及的内容较多，关系到员工的切身利益，包括企业各项人力资源管理制度、财务管理制度、行政办公管理制度等。

③与工作岗位有关的内容。

A.岗位职责培训。根据员工岗位说明书，向新员工介绍其所在岗位的主要职

责、新员工的主要任务和职责、工作绩效考核的具体规定等。同时，根据工作流程图，向新员工介绍企业各相关部门的职责和岗位职能，以及与本部门和其他部门的关系。

B.技术培训。对于技术性特别强的岗位，企业可安排新员工到新的工作岗位上进行实地训练，由一位资深员工予以指导，说明操作规范，协助新员工完成工作，并告知应改进的地方。

C.行为规范培训。行为规范方面主要是针对员工的行为标准、着装、工作场所行为规范、工作休息制度、公司礼仪等方面进行培训。

（3）确定培训讲师

目前，市场上的培训讲师水平良莠不齐，而培训效果的好坏直接取决于培训讲师的素质和能力，所以企业选择培训讲师应有一定的标准。一般来说，培训讲师要具备丰富的专业知识和沟通能力，最好有与培训相关的从业经验、灵活的授课技巧、一定的沟通能力和个性魅力等。

①内部讲师。

对于与企业、部门及工作密切相关的入职培训课程，讲师最好是企业的内部人士，因为企业内部人员是最熟悉企业的人。企业高层领导、人力资源经理、部门主管、专业技术人员都可以被邀请来就不同的内容给新员工做入职培训。

②外部讲师。

对于提高新员工个人职业素养的入职培训课程，如时间管理、商务礼仪等，可以请外部专职的培训讲师来讲授。

无论是来自企业内部的讲师，还是从外部聘请的讲师，对于培训讲师的备课、讲课以及考核，培训组织者要实时地跟踪和监控，并制定相应的规范对讲师实行科学、严谨的管理。

同时，为了取得好的培训效果，企业中的部分相关人员应重视培训。新员工的入职培训应该安排一位高层领导参加，表明企业对新入职员工的重视。

（4）选择培训方法

对于新入职的人员，通常采用课堂讲座、多媒体教学、工作指导等方法对其进行培训，也可以采用角色扮演法来提升他们的一些基本技能；对于调岗和职位晋升者，则可以运用工作指导、角色扮演及工作轮换等方法对他们进行培训。

①课堂讲授法。

课堂讲授法是一种基本的、常见的培训方法，课堂讲授法是培训师通过口头语言向新员工传授知识、培训技能、端正态度的方法，在以语言传递为主的教学方法中应用最广泛，且其他各种方法在运用中常常要与课堂讲授法结合。

课堂讲授法的优点：

第一，信息量大。课堂讲授法能使新员工通过培训师的说明、分析、论证、描述、设疑、解疑等教学语言，短时间内获得大量的系统科学知识，因此适用于传授新知识，阐明学习目的、学习方法和进行思想教育等，如企业的历史、现状及行业地位、发展趋势与目标、优势及面临的问题、组织机构、部门职能、产品和服务、市场战略、质量方针、企业文化与传统、经营理念等。

第二，灵活性强。课堂讲授法灵活性及适应性强，无论是课内教学还是课外教学，无论是感性知识还是理性知识，课堂讲授法都可运用。它使学生通过感知、理解、应用达到巩固和掌握知识，在教学进程中便于调控，且随时可与组织教学等环节结合。

第三，有利于培训师主导作用的发挥。培训师在培训过程中要完成传授知识、培养能力、端正态度三项职能，同时要通过说明目的、激发兴趣、教会方法、启发自觉学习等调动新员工的积极性，这些都适合运用课堂讲授法来体现自己的意图，表达自己的思想。课堂讲授法也易于反映培训师的知识水平、教学能力、人格修养、对学员的态度等，这些又对新员工的成长和发展有着不可估量的作用。

其局限性：课堂讲授法无法使新员工直接实践和及时做出反馈，有时会影响新员工积极性的发挥；也可能会忽视个别差异的存在，与学员之间缺乏沟通，无法及时进行效果评估，且授课人数不宜过多。

②角色扮演法。

角色扮演法是指由学员自己想象角色的场景，并加以描述和表演，可由多个学员扮演同一角色，在表演结束后，听取学员的讨论、体会和总结。角色扮演法让学员成为参与者，主动发现结果的效果要比被动接受结果好，因此其培训效果较好，但是需要事先准备材料和道具，需要时间来保证这种方法的贯彻实施。

角色扮演法的优点：能够激发学员解决问题的热情，可增加学习的多样性和趣味性；能够激发热烈的讨论，使学员各抒己见；能够提供为他人设身处地考虑的机会，能避免可能的危险与尝试错误的痛苦。

其局限性：培训的新员工的数量不宜太多，演出效果可能受限于学员过度羞怯或过深的自我意识。

培训时应注意的问题：要准备好场地与设施，使演出学员与观众之间保持一段距离；演出前要明确学员所遭遇的情况，谨慎挑选演出学员并进行角色分配，鼓励学员以轻松的心情参加演出；可由不同组的学员重复演出相同的内容，可安排有着不同文化背景的学员演出，以了解不同文化的影响。

③案例研讨法。

通过为受训的新员工提供相关的背景资料，让其寻找合适的解决方法。这一方式使用费用低，反馈效果好，可以有效训练学员分析问题和解决问题的能力。另外，培训研究表明，案例研讨法也可用于知识类的培训，且效果更佳。

案例研讨法的优点：可以帮助学员学习分析问题和解决问题的技巧，能够帮助学员确认和了解不同解决问题的可行方法。

其局限性：需要较长的时间；可能同时激励与激怒不同的人；与问题相关的资料有时可能不甚明了，影响分析的结果。

④个别指导法。

个别指导法是由一个在年龄上或经验上资深的员工，来支持一位新员工或资历较浅的员工进行个人发展或生涯发展的体制。师傅的角色包含了教练、顾问以及支持者。身为教练，会帮助资历浅者发展其技能；身为顾问，会提供支持并帮助新员工建立自信；身为支持者，会以保护者的身份积极介入各项事务，让新员工或资历浅者得到较重要的任务，或运用权力让他们升迁、加薪。

个别指导法的优点：在师傅指导下开始工作，可以避免盲目摸索，有利于尽快融入团队，可以消除刚刚进入工作的紧张感，有利于优良工作作风的传递，可以从指导人处学习丰富的经验。

⑤线上培训。

线上培训是指通过企业的内部网或互联网对学员进行培训的方式。在线上培训中，讲师将培训课程上传至培训网站，分布在世界各地的学员可利用网络浏览器进入该网站接受培训。

线上培训的优点：无须将学员从各地召集到一起，大大节省了培训费用；线上培训方式下，网络上的内容易修改，且修改培训内容时无须重新准备教材或其他教学工具，费用低，可及时、低成本地更新培训内容；在合法合规的情况下，线上培训可充分利用网络上大量的图片和影音等资源，增加培训的趣味性，从而提高学员的学习兴趣；线上培训的进程安排比较灵活，学员可以充分利用空闲时间参加培训，而不用中断工作。

线上培训的缺点：线上培训要求企业建立良好的网络培训系统，这需要投入大量的培训资金，中小企业受资金限制，往往无法花费资金购买相关培训设备和技术；某些培训内容不适合采用线上培训方式，如关于人际交流技能的培训。

⑥虚拟培训。

虚拟培训是指利用虚拟现实技术生成实时的、具有三维信息的人工虚拟环境，学员通过运用某些设备接收和响应该环境的各种感官刺激而进入其中，并可根据需要通过多种交互设备来驾驭环境、操作工具和操作对象，从而达到使培训对象提高各种技能或学习知识的目的。

虚拟培训具有仿真性、超时空性、自主性、安全性；在培训中，学员能够自主地选择或组合虚拟培训场地和设施，而且学员可以在重复中不断增强自身的培训效果；这种虚拟环境使他们避免了现实培训环境中的风险并能从这种培训中获得感性知识和实际经验。

（5）确定培训的时间与地点

合理安排培训的时间，有助于培训讲师在整个培训过程中按部就班地完成培训任务。培训地点的选择要依据其采用的培训方式和方法而定。

（6）培训费用的预算

企业为了更好地控制成本，就要做整个培训项目的预算。培训预算费用应该定多少，是由企业的行业特点、销售业绩和员工整体水平等诸多因素决定的。

对于培训经理来说，在做培训计划时需要制订必要的成本控制和费用节约方案，并要考虑企业培训预算的合理分配，这直接关系到培训项目能否通过审批并顺利地开展和实施。

（7）培训实施管理

①培训资料的准备。

A.员工手册。员工手册是新员工入职培训的教材之一。

B.部门内部培训教材。部门内部培训教材主要是指各部门岗位说明书、专业技术文档等，这都是新员工入职培训教材的重要来源。

②培训后勤保障。

培训后勤保障工作主要包括培训相关人员的生活安排、培训器材的准备、培训场地的管理等。

另外，新员工培训不是企业人力资源部一个部门的事情。对于新员工培训的责任部门和人员，一定要明确人力资源部、高层管理者、岗位所在部门负责人、相关部门负责人的职责，明确不同内容的责任主体，并在各自部门和岗位的考核中予以体现，以保证各岗位和部门担负起各自应尽的职责。

为了保证培训的实际效果，新员工培训实施之后应及时进行记录归档和效果评估。

5.设计新员工入职培训方案时应注意的问题

①所设计的入职培训方案必须符合组织发展战略。

②所设计的入职培训方案必须包含以上相关内容。

③要考虑培训费用的预算。

# 三、实训内容与要求

实训内容：设计新员工培训方案，在相关培训软件系统内完成新员工培训方案的设计。

要求：各小组根据前期选定的调研企业继续开展深入调研，主要了解企业的新员工培训现状、培训效果等情况，开展新员工培训现状调研，进而为该公司的新员工设计一份合理的培训方案，完成新员工培训方案设计的软件操作。

# 四、实训组织与步骤

建立实训小组（每组5~7人），以小组为单位开展以下各项活动：

（1）明确公司进行新员工培训的目的。

（2）确定公司调查对象。

（3）确定调查内容，通过问卷或访谈了解该公司新员工培训现状。

（4）整理调研结果，分析新员工培训需求。

（5）根据新员工培训需求，设计一份完整的新员工培训方案。

（6）完成新员工培训方案的软件操作。

（7）制作幻灯片，并进行演示。

（8）总结并编写实训报告。

# 五、数智化背景下结合软件的新员工培训方案设计与操作

第一步，完成培训宝的信息注册，进入页面，点击"新建项目"（如图11-1所示）。

**图 11-1  新建项目**

第二步，录入所要新建的项目的名称、时间等（如图11-2所示）。

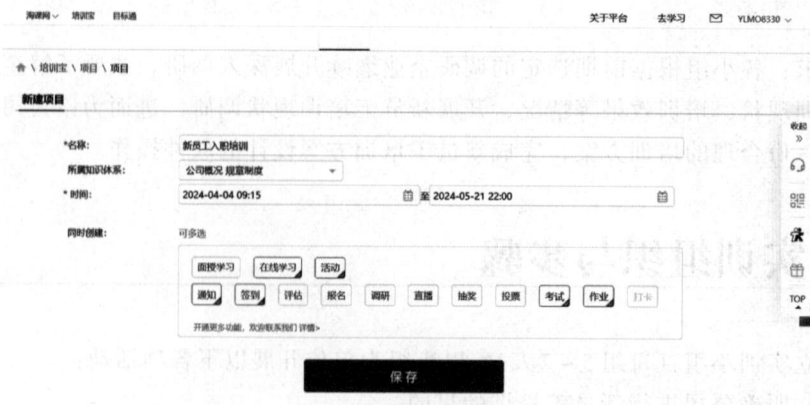

**图 11-2  基础信息录入**

第三步，保存后，点击左上角的"参加人员"，勾选参加培训的新员工（如图

11-3所示）。

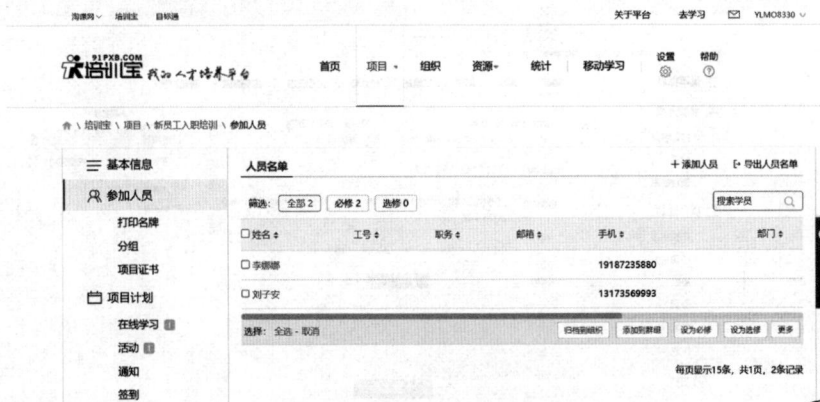

**图11-3　参会人员信息录入**

　　第四步，保存并点击分组后，根据制定的培训计划表，对参加培训的人员进行分组（如图11-4所示）。

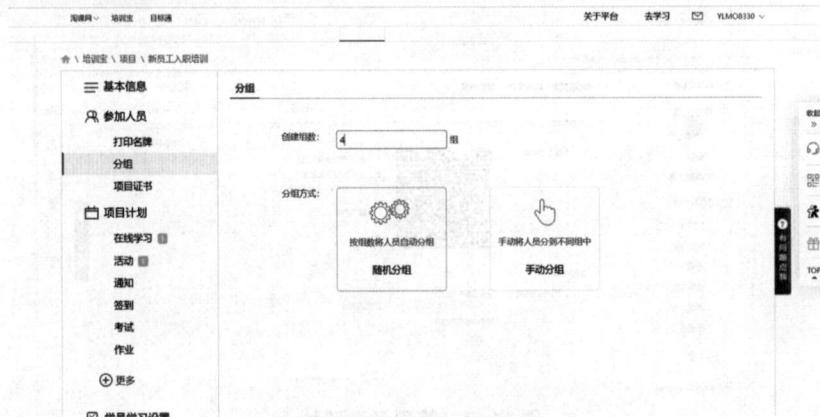

**图11-4　参会人员分组**

　　第五步，保存，点击左侧的"项目计划"下的"在线学习"后，点击右侧"新建在线学习"，完成课程内容的新建（如图11-5所示）。

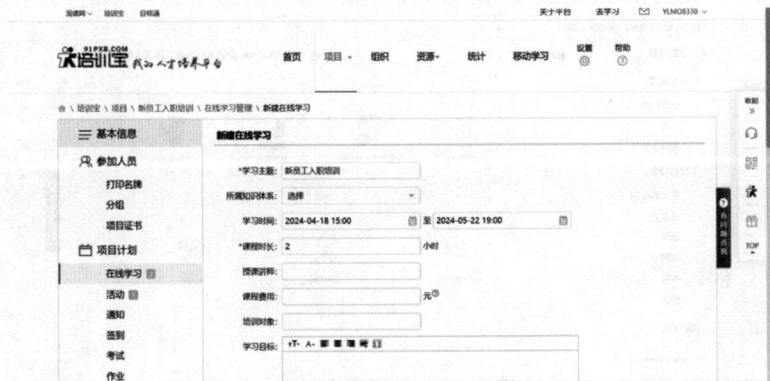

**图11-5　课程内容新建**

第六步，点击"培训通知"，选择通知新员工参加培训的方式（如图11-6所示）。

图11-6 选择通知方式

第七步，发送后，点击"签到"，完成编辑签到，发放签到（如图11-7所示），在学习活动完成后，可以看到签到结果，完成考勤记录。

图11-7 签到考勤统计

第八步，点击左侧信息栏"项目计划"中的"考试"，并"选择新建方式"，根据制订的培训计划，选择考题的录入方式（如图11-8所示）。

图11-8 考试题库录入

第九步，点击左侧信息栏的"项目计划"中的"更多"，完成调研问卷的编写（如图11-9所示），在课程完成后，选择"发放调研"（如图11-10所示），在课程学习完成的一到两天内，完成调研后，可点击查看调研结果。

图11-9 调研问卷编写

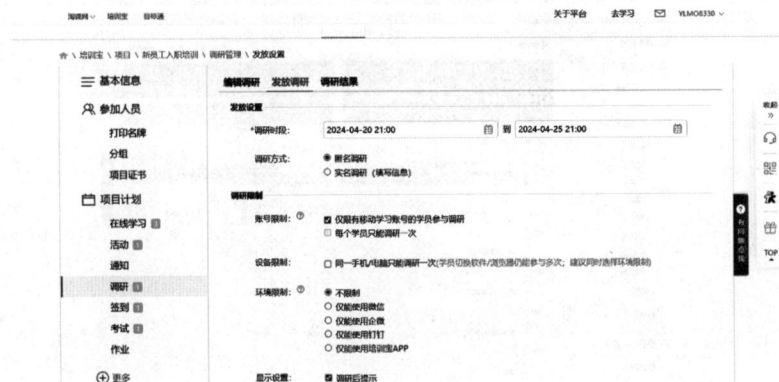

图11-10 发放调研

第十步，点击左侧信息栏的"项目计划"中的"更多"，点击"评估"后，选择合适的评估方式（如图11-11所示），编辑评估信息（如图11-12所示），对培训结果进行评估考核。

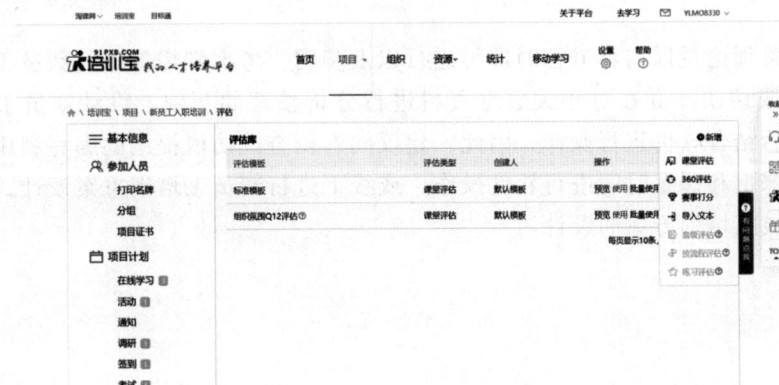

图11-11 评估方式选择

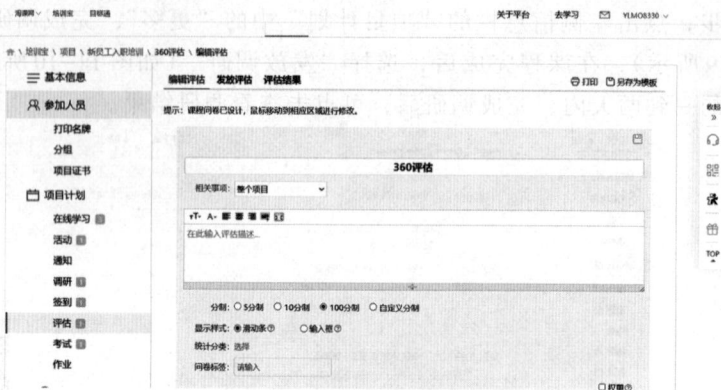

**图 11-12　编辑评估界面**

第十一步，点击左侧信息栏的"数据统计"后，选择右上角的"编辑规则"设置合理的权重。点击左侧"数据报表"可以查看学习的进度（如图 11-13 所示）、各组织的情况，以及留言情况。

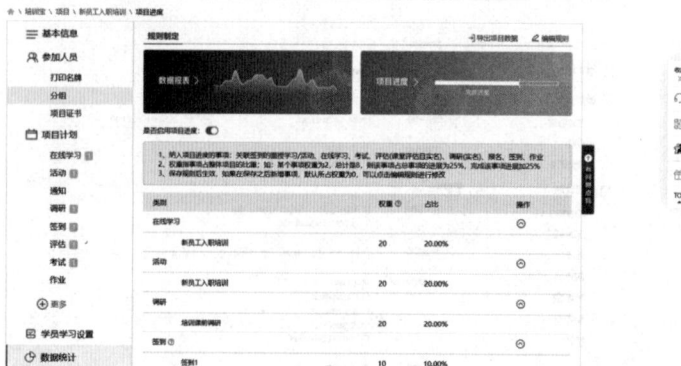

**图 11-13　仪表盘数据查看**

# 六、实训时间

在相关理论授课内容进行时即可进行以上步骤，考虑到需要进行新员工培训现状的调研或访谈，并在对相关数据资料进行分析整理的基础上设计新员工培训方案，完成后结合软件进行操作，因此，建议问卷调查或访谈提纲的编写利用课下时间，利用课上和课余时间进行软件操作，或线下进行新员工培训方案设计，在一周内完成新员工培训方案的设计。

# 七、实训成果

实训结束后，每个小组必须完成企业新员工入职培训方案设计，同时可进行培训的软件操作，撰写实训报告。实训报告要求语言流畅、文字简练、条理清晰。实训报告完成后，由各小组代表在课堂上为同学讲解调研情况及结论，小组成员可以进行适当补充。其他同学提问，小组成员现场回答，形成答辩氛围。教师做最后点评。

# 八、实训成绩评定

1.实训成绩等级评定

实训成绩按优秀、良好、中等、及格、不及格5个等级评定。

2.实训成绩评定参考标准

（1）新员工培训需求分析标准参见实训八。

（2）所设计的新员工培训方案是否内容完整、结构合理？

（3）所设计的新员工培训方案是否可行？

（4）是否完成了新员工培训方案设计的软件操作？

（5）小组成员分工是否合理，其是否团结协作，具有良好的团队精神与合作意识？

（6）能否熟练制作幻灯片并进行现场演示，能否自如地回答演示现场的提问？

（7）是否独立编撰并按时上交实训报告？

（8）实训报告是否记录了完整的实训过程，文字是否简练、清楚，结论是否明确，收获和体会是否客观？

（9）小组代表汇报及小组成员答辩情况。

（10）实训成绩评定比例：实训环节表现占30%，实训报告质量占30%，软件操作占40%。

# 附　录

**附录1　××公司新员工培训方案**

一、新员工培训目的

企业实施新员工培训的目的主要有以下七点：

第一，为新员工提供正确的、相关的公司及工作岗位信息，鼓励新员工的士气。

第二，让新员工了解公司所能提供的相关工作情况及公司对其的期望。

第三，让新员工了解公司历史、政策和企业文化，为他们提供讨论的平台。

第四，减少新员工初进公司时的紧张情绪，使其更快适应。

第五，让新员工感受到公司对他的欢迎，使新员工体会到归属感。

第六，使新员工明白自己工作的职责，加强与同事之间的联系。

第七，培训新员工解决问题的能力，并提供寻求帮助的方法。

二、新员工培训内容（见表11-1）

表11-1　　　　　　　　　　　　　　　新员工培训内容

| 新员工培训项目（负责人） | 时间 | 培训内容 |
|---|---|---|
| 就职前培训（部门经理） | 到职前 | 1.致新员工欢迎信（人力资源部负责） |
| | | 2.让本部门其他员工知道新员工的到来 |
| | | 3.准备好新员工的办公场所、办公用品 |
| | | 4.准备好给新员工的部门内训资料 |
| | | 5.为新员工指定一位资深员工作为新员工的带训人 |
| | | 6.准备好布置给新员工的第一项工作任务 |
| 公司整体培训（人力资源部） | 到职后第__天 | 1.公司历史与愿景、公司组织结构、主要任务 |
| | | 2.公司政策与福利、公司相关程序 |
| | | 3.公司各部门职能介绍、公司培训计划与程序 |
| | | 4.公司整体培训资料的发放、回答新成员提出的问题 |
| | | 5.观看公司的发展战略等相关视频 |
| 部门岗位培训（部门经理） | 到职后第1天 | 1.到人力资源部报到，进行新员工须知培训（人力资源部负责） |
| | | 2.到部门报到，部门经理代表全体部门员工欢迎新员工的到来 |
| | | 3.介绍新员工认识本部门员工，带其参观企业及周围环境 |
| | | 4.介绍部门结构与职能、部门内的特殊规定 |
| | | 5.新员工工作描述、职责要求 |
| | | 6.讨论新员工的第一项工作任务 |
| | | 7.派老员工陪新员工到公司餐厅吃第一顿午餐 |
| | | 8.学习办公室礼仪和书面形式的线上课程 |
| | | 9.利用VR技术模拟安全场景，对入职员工进行安全教育 |
| | 到职后第5天 | 1.1周内，部门经理与新员工进行非正式谈话，重申工作职责，谈论工作中出现的问题，回答新员工的提问 |
| | | 2.对新员工1周的表现做评估，并确定一些短期的绩效目标 |
| | | 3.设定下次绩效考核的时间 |
| | 到职后第30天 | 部门经理与新员工面谈，讨论试用期（1个月）以来的表现，并填写评价表 |
| | 到职后第__天 | 人力资源部经理与部门经理一起讨论新员工的表现，看其是否适合现在的岗位，填写试用期考核表，并与新员工就试用期考核表进行谈话，告知新员工公司绩效考核要求与体系 |

三、新员工培训教材

1.公司整体培训教材

2.各部门内训教材

3.新员工培训须知

四、入职培训费用估算

培训计划中一项很重要的内容就是估算培训费用（见表11-2），以控制培训成本和合理地分配企业的培训预算。

表11-2　　　　　　　　　　　　　培训费用

| 培训课程名称 | | 培训日期 | | 培训地点 | |
|---|---|---|---|---|---|
| 培训费用估算 | 培训费用项目 | | 费用估算明细 | | |
| | 教材开发费 | | _____元/本×_____本=_____元 | | |
| | 讲师劳务费（或奖金） | | _____元/时×_____时=_____元 | | |
| | 讲师交通费 | | _____元/日×_____日=_____元 | | |
| | 讲师膳食费 | | _____元/日×_____日=_____元 | | |
| | 培训场地租金 | | _____元 | | |
| | 培训设备租金、教学工具租金 | | _____元 | | |
| | 其他费用 | | _____元 | | |
| | 合计 | | _____元 | | |
| 申请人（部门） | | 财务经理 | | 总经理 | |

五、新员工培训项目实施方案

1.在公司内部宣传"新员工培训方案"

2.每个部门推荐本部门的培训讲师

3.对推荐的内部培训讲师进行培训

4.给每个部门印发"新员工培训实施方案"资料

5.各部门于次年_____月开始实施部门新员工培训方案

6.每位新员工必须完成一套"新员工培训"表格

7.公司不定期实施全体新员工培训

8.在整个公司内进行部门之间的部门职能培训

六、新员工培训反馈与考核

1.岗位培训反馈表（到职后1周内）

2.公司整体培训当场评估表（新员工用）（培训当天）

3.公司整体培训考核表（培训讲师用）（培训当天）

4.新员工试用期内表现评估表（到职后30天）

5.新员工试用期绩效考核表（到职后_____内）

### 附录 2　中石油集团网络培训

网络培训工作是中国石油集团（以下简称"集团"）员工教育培训的重要组成部分，是集团教育培训工作数字化转型的重要支撑。中国石油数字化学习平台——"中油 e 学"的应用标志着集团教育培训工作揭开了新的篇章，平台建设推动了集团培训"上云用数赋智"，构建了"人人皆学、处处能学、时时可学"的终身学习体系，为推进人才强企工程提供数字力量。

2018 年，中共中央印发了《2018—2022 年全国干部教育培训规划》，明确提出要加快推进干部教育培训和互联网融合发展。面临能源行业新变革，集团在多个重要会议上强调要在人才强企方面见到新气象，持续完善"生聚理用"工作机制，为建设世界一流综合性国际能源企业提供人才保证，并对员工教育培训工作提出了新任务、新要求。当前，教育培训数字化转型已经成为趋势，"平台+内容+服务"的一体化解决方案成为培训数字化转型的重要突破口。

为有效满足集团战略发展、业务转型和员工队伍能力素质提升的要求，在集团人力资源部的指导下，中国石油远程培训学院（以下简称"远程学院"）加快推进平台建设，于 2020 年 11 月 28 日实现中油 e 学正式上线。"中油 e 学"集在线学习、培训计划管理、培训班管理、新员工跟踪培养、问卷调研、数据报表、考试、竞赛、直播互动等功能于一体，覆盖培训业务主要场景，支持组织大规模学习和精准培训，为集团人才强企工程建设和员工成长赋能提供有力支撑。

"中油 e 学"平台上线后，远程学院不断创新工作举措，持续扩大平台应用范围，提高平台推广力度，各项工作成效显著，数据指标增长强劲，整体应用规模持续扩大，平台总访问量达 1780 万人次，登录总人数超过 64 万，总学习人次超过 3 800 万，总学习人数超过 50 万，总学习时长超过 1 100 万小时，人均学习时长达到 20 小时。

#### 聚焦核心场景

集团围绕培训管理重点场景，按照计划管理需求开发多级计划管理功能，上线集团级培训计划管理模块、企业级培训计划管理模块，以及共享班主任和提报单位库功能，覆盖了集团级 AB、企业级 CD、基层站队级 EF 类三级培训计划流程，实现了培训计划与组织实施的有效衔接和线上、线下项目的信息化、流程化管理，形成了培训项目的完整闭环管理，提升了培训管理的数字化水平。

集团级培训计划和项目组织实施全流程在"中油 e 学"平台线上运行，组织了有效考试 4 139 场，集团下属企业（以下简称"企业"）培训工作与"中油 e 学"应用深度融合，减轻了各企业重复维护数据的负担，有力推动了教育培训业务协同、流程互通和数据互联。

"中油 e 学"开发了新员工跟踪培养管理功能，设计了新入职员工跟踪培养管理业务模型和整体架构，围绕"培养、测评、跟踪"三条主线，分三个阶段稳步推进。当前，已完成第一阶段基础能力培养功能的上线，集团可全方位掌握新员工培养轨迹，各企业开始全面推进新员工培养工作并在"中油e学"进行管理，打造新入职员工跟踪培养体系。

集团开发"中油e学"APP，并上线iOS和安卓市场，确保使用不同品牌手机的用户可自行选择下载；上线智能客服，实现全天候24小时在线服务；优化智能推荐、听力考试、结项资料、课程管理权限、批量更新账号、数据报表等功能，通过合理的交互设计和功能升级，让"中油e学"更实用、更便捷、更人性。

集团重点加强"中油e学"安全防护能力和舆情监测，平台通过网络安全等级保护三级测评认证，切实提升产品和服务的安全性和可靠性，确保各项数据安全；制定《用户协议与隐私政策》《个人信息更新免责声明》，尊重并保护所有使用服务用户的个人隐私权，确保应用符合国家相关法律法规；基于国家护网行动，提供为期三周的重点保障，严格落实值班制和报告制，安排运维人员24小时在"中油e学"平台监控值守，实现对全部模拟攻击的成功拦截，顺利完成防守任务；持续清查平台敏感信息，在重大节日期间逐条逐项进行对比与排查，确保不漏环节、不留死角，有效降低敏感事件风险发生概率。

### 聚焦队伍建设

集团加快"中油e学"培训课件开发，按管理员、班主任、学员、讲师四种角色制作平台操作手册和视频课程，帮助不同角色人员尽快熟悉和掌握平台的操作使用；组织开展一级平台管理员资格认证授权工作，通过在线自学、实操演练、模拟考试、认证上岗的训战结合方式完成138家企业535人的授权工作；组织开展管理员数字化能力提升直播培训，各企业共设229个集中学习分会场，2 400余人参加培训；组织实施培训数字化能力提升面授培训班，讲解"中油e学"平台的培训管理功能实操和教育培训数字化转型新趋势、新理念、新方法等内容，切实提高了培训管理者的平台应用和数字化能力，形成了一级认一级、一级带一级，层层推进"中油e学"应用的工作格局。

### 聚焦重要任务

根据中央和集团学习任务的要求，集团第一时间组织开展法治思想教育培训、党史百年、国家安全生产法宣贯培训等多个大型网络专题班，专题班学习总人数超过74万人，总人次超过1 361万，推动学习向基层覆盖、纵向延伸，切实提升广大干部员工的思想政治水平和理论水平，节约了培训成本；推进"中油e学"与业务培训的有效结合，开展运营、实施、安管人员能力提升培训，以及注安考前辅导等网络培训，培训人数超过5 000人，切实提升了员工专业水平。

集团国际化后备人才培训班在"中油e学"运行实施，实现了"线上直播+云端互动+专题辅导+智能考试"的培训方式，创新尝试了先网络选拔后集中面授的进阶式培训。"中油e学"承担集团新入职员工集中培训项目的网络学习和直播前期工作，在平台进行线上班级组建、班主任功能操作培训、三轮直播功能测试等工作，圆满完成4次直播培训任务，有24家培训中心、150多个分会场、近15万干部员工同时观看，并对取得的成果进行集中展播。

**聚焦精品内容**

"中油e学"推动精品内容建设和资源有效连接，转变资源运营模式，通过外引内生的方式快速开发精品资源，建立标准化资源形式及管理流程。当前，"中油e学"已经拥有课程资源1万余门，试题数量80万条，汇集来自中央党校、大连高级经理学院、应急管理网院、哈佛管理导师、中欧商学院等机构的优质内容，有效支撑起集团党性教育、履职能力、通用素质、专项计划、岗位练兵等各类培训和考试。

集团加速"中油e学"资源流转和内部转化，对数千门统建资源按照业务和能力体系进行标签化的重塑划分，为学员提供个性、精准、有效的学习规划，以有价值、高质量的内容持续提升员工的学习内驱力。

**聚焦重大主题**

集团结合建党百年和党史学习教育的要求，深入开展"送服务到基层办实事"主题活动，通过现场培训、视频直播、电话辅导、案例解析等线上线下相结合的方式，完成67家企业1 600余名基层管理员赋能培训和分院建设辅导，助力推动一批有迫切需求的企业快速完成培训数字化转型。

集团在"中油e学"平台组织开展培训项目设计大赛、实训师大赛、石油石化行业首届党建好讲师大赛、党校学习大讲堂、专业技术大讲堂、公司治理讲座等线上活动，直播观看人次超过140万，有力提升了平台的活跃度，让平台成为员工学习和成长的重要工具和途径。企业可以通过"中油e学"举办类型多样的活动，包括青海油田承办的西部企业地质动态分析专业竞赛理论考试、玉门油田开展的培训项目设计大赛、长城钻探开展的"1+N培训卡"小视频制作大赛等，进一步丰富了员工培训和学习的形式。

随着数字化时代的到来，"互联网+培训"深度融合成为员工教育培训高质量发展的重要举措。数字化学习平台建设要围绕技术创新，强化基础能力，优化资源建设模式，组织重点网络学习项目及活动，构建人才培养数智化生态体系，从而提升人力资源价值，加速人才供给，力争实现业务数字化、数据资产化和数字业务化的新变革，为人才强企提供选育用留全链条支撑。

资料来源：李明，马晓龙. 聚焦数字化平台，推进人才强企 [J]. 人力资源，2022（24）：40-41.

# 实训十二　在职员工培训方案设计

## 一、实训目的

通过该实训项目，掌握企业在职员工培训的必要性及具体的培训内容与方法，设计培训方案等内容；同时，培养创造性思维，增强团队协作能力，树立公平公正的态度。

## 二、基本知识要点

1.相关概念

在职培训最早产生于美国，是指管理者在日常的工作中指导下属提高知识、技能和端正态度的一种训练方法。由于其是在日常工作中使用，具有很大的灵活性和实用性，因而在职培训法得到了快速发展。现在，人们普遍认为，在职培训是促使员工进步最有效的手段，它是将培训和工作结合得最好的训练方法。

培训目标：开发员工潜能，规范员工行为，促使其取得岗位成长。

培训对象：中、下层员工。

培训内容：指导、规范日常工作，教育、激励下属员工。

培训方式：工作现场的实地演练。

培训时间：工作时间。

2.实施在职培训前应注意的事项

（1）了解员工的基本情况

员工的基本情况包括下属员工的知识、能力和态度，应将此作为在职培训的依据。一般可通过员工面谈、收集审核员工档案、让员工填制知识能力测试表与在职培训的目标申请表等了解员工的基本情况。

（2）制订在职培训计划

制订培训计划时，应结合工作需要和员工情况，二者权衡，以制订适合员工发展又满足工作需要的培训计划。

3.在职培训与其他培训的区别

（1）不耽误工作时间

脱产培训需要员工暂时地离开工作岗位，肯定会给工作的连续性造成一定的影响。在职培训则不同，它将培训和工作紧密结合起来，融培训于工作之中，使培训和工作之间产生互动，使员工从工作中获得培训，从培训中获得更多的工作机会，从而获得更有价值和实际意义的提升。

（2）节约培训费用

尽管培训不被看作成本而是投资，但它毕竟会产生费用。与脱产培训相比，在职培训可以节约大量的培训费用，同样用2 000元的费用，参加短训班的话也许只够一个人用，如果2 000元钱买套光盘，则可以培训更多的人，让更多的人从中受益。

（3）建立经理与员工之间的沟通渠道

通过在职培训增加经理和员工接触的机会，方便彼此沟通，互相学习，建立彼此的信任基础和沟通渠道，让培训成为经理和员工沟通的方式。

（4）更有针对性

培训既可以提高员工能力，也可以解决一些问题。在工作当中，经理和员工更容易发现问题并进行思考。在在职培训的观念指导下，经理指导员工思考问题，提出改进建议，加深员工的印象，使改进更有针对性和实效性。

4.在职培训的时间及频率

不同企业针对在职员工的培训时间有所不同，如有些企业利用员工的业余时间，在下班后或周末进行培训，有些企业会在每天上班前进行短暂的培训，还有些企业利用上班时间，集中几天完成培训。不论培训时间如何确定，一般应事先征得员工同意。

不同行业的企业，培训频率差别很大，如保险公司的业务销售员，基本每天早晨上班前都会有短暂的培训，而一般加工企业的生产工人，基本上是作为新员工时进行过培训，以后就靠不断地重复以获得经验，所以在设计员工培训方案时一定要加以考虑。

5.在职培训的内容及培训师的选择

在职培训和新员工培训有很大的不同，在职员工已经有明确的工作岗位，现有的工作知识、技能和态度也已经达到一定的水平，可以参照岗位说明书上的要求有针对性地进行培训，新员工培训的部分内容可以集中起来进行。但是，在职员工的培训更多的是针对具体的专业技能，因此培训内容需要视具体岗位而定。

针对具体的工作岗位上所需的专业技能，一般企业为了控制培训费用，都是从内部挑选技术过硬的专业技术工人充当培训师。但是，有些工人自身技术过硬，未必有良好的沟通技能和表达能力，不一定能有好的培训效果，因此，即使为了控制成本，但为了达到好的培训效果，选择的专业技术工人也应进行适当培训后才能成为企业内部的培训师。培训经费比较充裕的企业可以选派部分员工去同行业的企业参观学习，实施脱产培训。

6.常用的在职培训方法

（1）师带徒

师带徒又称学徒培训，是指由用工单位招收学徒工，其在师傅的直接教导下通过生产实践活动，学习并掌握生产技艺或业务技巧从而成为新技术工人或专业人员的一种培训方式。

评价：学徒培训适用范围广，培训数量大，能利用已有的设备和技术，因此很多国家都有学徒培训制度。学徒培训的缺点在于偏重技术操作方面的训练，而在理论学习上显得不足，从而限制了学习的广度和深度。

（2）导师制

导师制是一种教育制度，与学分制、班建制同为三大教育模式。导师制由来已久，早在19世纪，牛津大学就实行了导师制，其最大特点是师生关系密切。导师不仅要指导他们的学习，还要指导他们的生活。导师制具体可以分为非正式的导师制和正式的导师制。现代企业中实施的导师制一般都属于正式的导师制。

实施导师制过程中，应注意加强对导师的培养和建立导师制的各个系统。

导师制的优势：有利于领导力建设；有利于企业文化建设；有利于员工胜任工作；有利于知识资产的转化；有利于企业人才的保留。

（3）工作轮换制

工作轮换属于工作设计的内容之一，是指在组织的不同部门或某一部门内部调动雇员的工作，目的在于让员工积累更多的工作经验。工作轮换有两种具体形式：受训者到不同部门考察工作但不会介入所考察部门的工作；受训者介入不同部门的工作。

从长远看，工作轮换制能更很好地满足员工的内在需求，从而有效激发员工的工作热情，提高员工的工作和生活质量；能为员工的职业成长提供另一种思路；也能为企业适应外界环境的多变性做好准备。但是同时，实施工作轮换制时也应注意一些问题，如工作轮换的流程设计、完备的绩效考核体系等是实施工作轮换制的必备条件。另外，工作轮换制需要增加培训成本，临时导致生产率的下降等问题也可能会发生，因此，在实施工作轮换制时应着眼于企业长期的利益，根据各企业的实际情况相机而动。

（4）教练式

教练源于体育领域。顶尖的网球手、高尔夫球手和其他竞技项目的运动员都有教练。教练帮助他们提高技能，磨砺技术，制定重大赛事的行动战略。后来，教练作为一种管理技术从体育领域应用到企业管理领域，企业教练也就应运而生。教练主要着眼于激发学员的潜能，它是一种态度训练，而不是知识训练或技巧训练。

教练与导师的不同：教练式辅导往往有具体的短期目标，这个目标和工作本身密切相关，并且易于衡量。教练可以是外部聘请的，也可以是企业内部的，甚至是被辅导者的直接领导。导师则不同，导师对其辅导的员工往往没有明确的目标，二者更像是一种长期的非正式的关系。导师一般由企业内部来指派，通常由企业内部经验丰富的高管人员担任，但绝对不是被辅导者的直接上司，而且导师辅导的内容是个人发展（包括工作和生活）。

（5）行动学习法

行动学习法是由英国管理学思想家雷吉·雷文斯在1940年发明的，并将其应用于英格兰和威尔士煤矿业的组织培训。行动学习法培训，就是通过行动实践学习，即在一个专门以学习为目标的背景环境中，以组织面临的重要问题为载体，学习者通过对实际工作中的问题、任务、项目等进行处理，从而达到开发人力资源和发展组织的目的。

（6）拓展培训

拓展训练是指通过模拟探险活动进行情景式心理训练、人格训练、管理训练，它以外化型体能训练为主，学员被置于各种艰难的情景中，在面对挑战、克服困难和解决问题的过程中，他们的心理素质得到了提高。

（7）线上培训

线上培训是将现代网络技术应用于人力资源开发领域而创造出来的培训方法，它以无可比拟的优越性受到越来越多企业的青睐。线上培训又称为基于网络的培训，是指通过企业的内部网、局域网或因特网对学员进行培训。

如何可以对员工所需培训的知识内容进行数据分析，按照培训层级分专业形成规范、统一、易学的课程资源，建立员工"学习地图"，为员工提供清晰的学习路径，促进员工的自主学习。

7.在职培训的基本步骤

（1）沟通阶段

沟通阶段的目标：营造学习的轻松气氛；融洽与下属的关系；介绍培训的大体情况；摆正员工的心理位置和激发员工的学习热情。

（2）传授工作技巧和知识（管理者在讲授时应思路清晰、头脑冷静）

根据员工的基本情况、理解能力，因材施教、因人施教；对重点、难点进行详细说明。

（3）让员工进行具体的工作

让员工根据上司传授的技巧依法实践；让员工一边操作，一边口述过程及注意事项；让员工指出工作的关键之处，并示范；让员工多次练习，直到熟练为止。

（4）评估效果

在日常工作中观察、评估；确定重点观察对象；与员工交流；制订新的培训计划。

8.设计在职培训方案需注意的问题

①必须事先调查分析在职员工的培训需求。

②不同岗位上员工培训课程设置的侧重点应有所不同。

③设计的培训时间应合理。

④进行培训信息反馈及效果评估。

# 三、实训内容与要求

实训内容：设计一份在职员工培训方案。

要求：各小组根据前期选定的调研企业继续开展调研，主要了解企业在职员工的培训现状、培训中存在的问题及培训效果等情况，开展在职员工培训需求调研，进而为该公司的在职员工设计一份合理的培训方案。

# 四、实训组织与步骤

建立实训小组（每组5~7人），以小组为单位开展以下各项活动：

（1）明确公司进行在职员工培训的目的。

（2）确定公司调查对象（销售人员、技术人员、生产人员、管理人员等）。

（3）确定调查内容，设计在职员工培训需求调查问卷。

（4）整理调研结果，分析在职员工培训需求。

（5）根据在职员工培训需求，设计一份完整的在职员工培训方案。

（6）制作幻灯片，并进行演示。

（7）总结并编写实训报告。

# 五、实训时间

在相关理论授课内容进行时即可进行以上步骤，考虑到需要设计在职员工培训需求调研问卷并进行实地调研，并在对相关数据资料进行分析整理的基础上设计培训方案，因此，建议课后设计问卷及访谈提纲，学生利用课余时间进行实地调研，在一周内完成。

# 六、实训成果

实训结束后，每个小组必须完成企业在职员工培训方案设计，同时需要撰写实训报告。实训报告要求结构合理、条理清晰、语言流畅、文字简练。实训报告完成后，由各小组代表在课堂上为同学讲解调研情况及结论，小组成员可以进行适当补充，允许其他同学提问，小组成员现场回答，形成答辩氛围，教师做最后点评。

# 七、实训成绩评定

1.实训成绩等级评定

实训成绩按优秀、良好、中等、及格、不及格5个等级评定。

2.实训成绩评定参考标准

（1）在职员工培训需求分析标准参见实训八。

（2）所设计的在职员工培训方案内容是否完整，是否包含应有的内容？

（3）所设计的在职员工培训方案是否可行？

（4）小组成员分工是否合理，其是否团结协作，具有良好的团队精神与合作意识？

（5）能否熟练制作幻灯片并进行现场演示，能否自如地回答演示现场的提问？

（6）能否独立编撰并按时上交实训报告？

（7）实训报告是否记录了完整的实训过程，文字是否简练、清楚，结论是否明确，收获和体会是否客观？

（8）小组代表汇报及小组成员答辩情况。

（9）实训成绩评定比例：实训环节表现占60%，实训报告质量占40%。

# 附　录

## 附录1　××公司销售人员培训方案

一、培训时间

何时需要对销售人员进行培训？

1.有大批销售人员新加入企业时

对于新入职的员工，要集中进行培训。

2.销售业绩整体下滑时

在企业销售业绩整体下滑时，企业可以考虑进行全员培训。

3.新产品上市时

企业有新的产品上市时，一般要对销售人员进行产品知识、产品定位、销售对象分析等培训，使销售人员了解新产品及消费对象。

4.市场竞争激烈时

当同类产品在广告、价格、经销商策略、促销策略上做出调整时，为了应对这种竞争的变化，企业需要对销售人员进行培训，以提高销售人员的竞争力。

5.销售人员升职时

当业务人员升任为主管，或者销售主管升任为销售经理或区域经理时，因为角色发生了变化，职责也发生了变化，所以需要对他们进行培训。

另外，在培训时间的安排上，要考虑产品销售的淡旺季。培训应尽量避开产品销售的旺季，以免影响销售活动的开展。

二、培训地点

对于销售人员培训地点的选择，要保证销售人员的培训实施过程不会被中断或受到干扰。根据培训方式的不同，培训地点也会有所不同：

1.拓展性训练多在室外或者专门的拓展训练基地。

2.理论性或者知识性培训多选在室内，一般在公司的会议室或酒店进行。

3.比较重要的中高层销售培训多选在郊区的酒店、度假村或者异地，以最大限度减少干扰。

4.一般通用性的知识可以依托智慧教室、录播教室，开展网络培训。

三、培训师

在选择销售人员的培训师时，资历和经验是首要的考虑因素，一般由学有专长、具有丰富销售经验的专家学者或实践经验丰富的销售骨干、销售经理担当。

销售培训对培训师的实战经验要求比较高，一个没有从事过销售的培训师只能讲述一些理论或者心态方面的内容，而销售实践和技巧类的课程一定要聘请那些销售一线的骨干或具有丰富销售经验的人来讲授。

四、培训方式（见表12-1）

表12-1　　　　　　　　　　　　　培训方式

| 培训方式 | 简单介绍 | 培训内容 |
|---|---|---|
| 室内课堂教学 | 由销售专家或销售经验丰富的销售人员讲授相关知识 | 企业概况、产品知识、销售原理、心理素质 |
| | 最原始的方法，同时也是一种有效的方法 | |
| | 应用广泛，费用低，能增长受训人员的实用知识 | |
| | 仅为单向沟通，受训人员参加讨论的机会较少 | |
| 会议培训 | 讨论由主讲老师或销售专家组织 | 销售原理、心理素质、态度 |
| | 双向沟通，受训人员有机会提意见，互相交流想法和经验 | |
| 案例讨论研究 | 受训人员亲自参与的实战培训方法 | 销售方法、技巧、态度 |
| | 受训人员分析销售实例，并给出实例中问题的解决办法 | |
| 角色扮演 | 由讲师扮演客户，向受训人员（扮演销售人员）提出各种问题，以检查学员接受和处理问题的能力和技巧 | 方法、技能、技巧、反应能力 |
| | 接近一种测验，能对受训人员的优缺点进行客观的评价 | |
| 情景模拟 | 模仿多种业务情境，让受训人员在一定时间内做出决定 | 方法、技能、技巧、适应能力 |
| | 观察受训人员面对新情况的适应能力 | |
| 参观学习 | 现场体验式学习 | 产品生产流程、现场销售 |
| | 销售人员观察、体会产品生产过程，质量有所保证 | |
| | 这些知识有利于应对客户的拒绝和投诉 | |
| 现场辅导 | 新来的销售人员接受课堂培训后，由经验丰富的销售人员辅导，在工作岗位上练兵 | 销售业务流程、电话沟通技巧、工作方法 |
| | 有利于受训人员较快地熟悉业务 | |
| | 技能传授的有效途径，促进了辅导人员能力的提升 | |

| 培训方式 | 简单介绍 | 培训内容 |
|---|---|---|
| E-Learning | 在传统授课的基础上，E-Learning培训是销售人员了解企业、熟悉产品与销售渠道的有效工具 | 企业概况、产品知识、销售原理和技能 |
| | 时间、地点选择灵活，既可同步学习，也可异步学习 | |
| | 利用互联网、网络大学和手机APP等大数据手段对培训情况进行跟踪和反馈，可以对指定学习平台的管理进行记录，掌握员工对于学习培训任务的完成情况 | |
| | 方便统计员工的培训完成情况，便于量化统计培训效果，以便安排下一次的培训 | |
| 学习共享平台交流 | 培训师可将每节课的课件传阅到平台上供学员观看 | 方法、技能、技巧 |
| | 完成相关的互动任务，推动学员之间的相互学习、总结分享各种经验 | |

## 附录2　国网山东电力数字化培训

面对数字化浪潮，国网山东电力以"服务企业战略落地、服务员工智慧培训、服务培训管理智慧转型"为出发点，搭建了覆盖培训全要素、全流程、全体系的数字化管理体系，让数字技术赋能培训体系，让培训体系倍增企业业绩。

早在2017年，在培训数字化建设工作的探索时期，国网山东电力基于培训业务多系统搭建、多平台应用的现状，敏锐察觉到各平台离散数据存在的应用价值，全力构建以数据中台、业务中台和技术中台为基本架构的"大中台"系统，如图12-1所示。

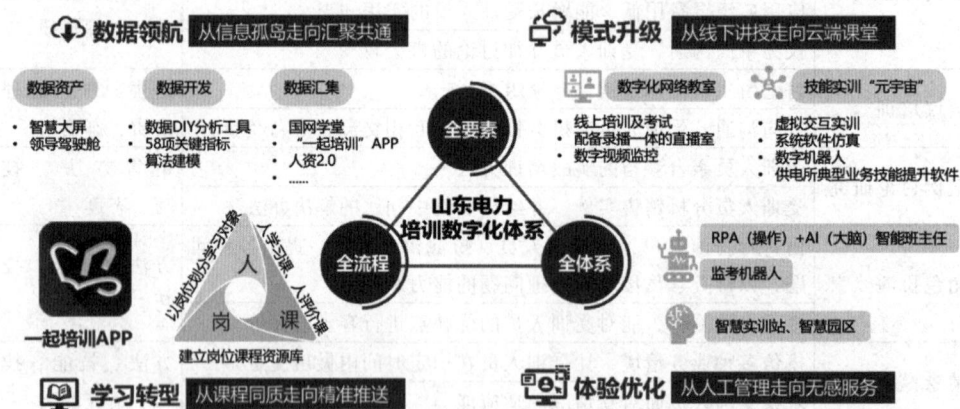

图12-1　以"数据中台、业务中台、技术中台"为基本架构的"大中台"系统

在业务中台建设中，其立足教育培训中职工教育、人才评价等五类业务，分类制作标准化作业指导书，建立了标准化业务流；对五类业务进行多维度结构分析，总结归纳五类23项业务节点，理顺了标准化数据流。通过打造标准化业务流、数据流，实现了培训业务的"一链指引"。

5年来，依托"大中台"标准化建设，国网山东电力开展生产技能培训58.4万人天，逐步形成了覆盖培训管理、培训实施、数字校园、数据应用以及员工学习等功能的数字化培训新生态，以数据深度挖掘、资源极度共享、标准高度统一的中台建设全面领航培训数字化转型。

云端课堂是其信息技术与课程整合的主阵地，也是教学变革的主战场。在技能实训方面，国网山东电力充分依托虚拟现实（VR）、增强现实（AR）、混合现实（MR）、全息等虚拟技术以及系统仿真、数字孪生、AI等新一代信息技术，开发了一系列虚拟交互实训、系统软件仿真和数字机器人等数字培训课程，涵盖了高空作业安全防护、变电设备、不停电作业、电力营销、输电无人机等11个工种35项技能，以逼真的模拟环境代替真实生产环境；以AI智能指导代替讲师现场指导，显著提升了培训的安全性。

同时，结合国网山东电力数字化供电所的建设，针对性地开发了涵盖供电所八种典型业务的技能提升软件，为供电所台区经理、综合柜员业务培训提供了有力支撑。

2022年6月，其"一起培训"APP上线了课程自动推送功能。针对每一位员工所属专业、工作岗位、培训经历、个人发展规划，在海量课程库中精准定位合适课程，一键生成"课程清单"，并进行课程视频自动推送。国网山东电力依托国网学堂山东专区，建成五大培训模块，涵盖40个培训子类别，共计1 469门课程。

针对培训管理中存在的繁复耗时问题，国网山东电力打造了智慧实训站、智慧园区，研发了"RPA（操作）+AI（大脑）智能班主任"、监考机器人等系统，充分利用数字劳动力，使智慧培训无处不在。

智慧实训站、智慧园区建设是通过对公司1家培训中心、7家实训站、1 675间实训教室进行全面升级改造，构建成的多场景智能化培训支撑平台。其基于5G技术实现园区高速无线网络覆盖，基于物联网、人脸识别技术实现园区出入口管理，采用大数据BI分析、AI技术建设了AI酒店前台和智慧化教室。依托智慧实训站、智慧园区强有力的技术支持，"RPA+AI智能班主任"可以代替人工完成从报到、食宿安排、考勤、上课到评估的培训全过程智能化、无感知管理，将培训管理人员从繁复耗时的流程中解脱出来的同时，还可以在学员的实训过程中完成AI自动纠错、学员技能水平自动评估等功能。

资料来源：李刚，张鹏，孙卫东，等．"智汇"培训 "数说"未来——国网山东电力数字化培训体系建设实践［J］．中国电力教育，2022（9）：16-17．

# 模块四 绩效管理

实训十三 企业绩效管理诊断

实训十四 关键绩效指标设计

实训十五 平衡计分卡（BSC）设计

实训十六 OKR目标与关键成果法

实训十七 员工绩效考核设计

# 实训十三　企业绩效管理诊断

## 一、实训目的

通过该实训项目，走进企业，认识企业的绩效管理实施情况，了解员工考评的方法、考评的组织与实施，详细写明考评的整个过程以及考评结果的反馈，特别关注某一部门的目标、职责以及绩效，为以后的实训工作做好充分准备，并撰写企业绩效管理实施情况调研报告。报告要求语言简练、用词准确，调查的资料可靠，结论合理、有说服力。

## 二、基本知识要点

1.调查研究常用的九大方法

（1）实地观察法

调查者在实地通过观察获得直接的、生动的感性认识和真实可靠的第一手资料。该方法适用于对那些不能够、不需要或不愿意进行语言交流的情况进行调查。

优点：可获得直接的第一手资料。

缺点：因使用该法所观察到的往往是事物的表面现象或外部联系，带有一定的偶然性，且受调查者主观因素影响较大，因此不能进行大样本观察，需同时使用其他调查方法。

（2）访谈调查法

该方法适用于调查的问题比较深入，调查的对象差别较大，调查的样本较小，或者调查的场所不易接近等情况。

优点：能获得较多、较有价值的信息。

缺点：由于访谈标准不一，对其结果难以进行定量研究，且访谈过程耗时长、成本较高、隐秘性差、受周围环境影响大，故难以大规模进行。

（3）会议调查法

邀请若干调查对象以座谈会的形式来搜集资料、分析和研究社会问题。

优点：工作效率高，可以较快地了解比较详细、可靠的社会信息，节省人力和时间。

缺点：由于这种做法不能完全排除被调查者之间的社会心理因素影响，调查结论往往难以全面反映真实的客观情况，且受时间条件的限制，很难做深入细致的交谈，调查的结论和质量在很大程度上受调查者自身因素的影响。

（4）问卷调查法

问卷调查法即间接的书面访问。该方法适用于对现实问题、较大样本、较短时期、相对简单的调查，被调查对象应有一定的文字理解能力和表达能力。

优点：

能突破时空的限制，在广阔的范围内，对众多调查对象同时进行调查。

缺点：

问卷调查法只能获得书面的社会信息，而不能了解到生动、具体的社会情况，因此该方法不能代替实地考察，特别是对新事物、新情况、新问题的研究，需配合其他调查方法共同完成。

（5）专家调查法

这是一种预测方法，即以专家作为索取信息的对象，依靠其知识和经验，通过调查研究，对问题做出判断和评估。该方法适用于缺少信息资料和历史数据，而又较多地受到社会、政治、人为因素影响的信息分析与预测课题。专家调查法被广泛应用于对某一方案做出评价，或对若干备选方案评价出相对名次，选出最优方案；对达到某一目标的条件、途径、手段及它们的相对重要程度做出估计等。

优点：简便、直观。

缺点：相关专家的意见仅局限在定性分析的层面上，难以获得定量的结果；调查要反复多次进行，耗时长，费用高；专家不易达成共识。

（6）抽样调查法

抽样调查法是指按照一定方式，从调查总体中抽取部分样本进行调查，并用所得结果说明总体情况的一种方法。该方法适用于调查范围广、耗时长、难度大的调查。

优点：节约人力、物力和财力，能在较短的时间内取得相对准确的调查结果，具有较强的时效性。

缺点：抽样数目不足时会影响调查结果的准确性。

（7）典型调查法

典型调查法是指在特定范围内选出具有代表性的特定对象进行调查研究，借以认识同类事物的发展变化规律及本质的一种方法。该方法适用于调查样本很大时，但必须注意对象的选择，要选择对总体情况比较了解、有代表性的对象。

（8）统计调查法

统计调查法是指通过分析固定统计报表的形式，把下边的情况反映上来的一种调查方法。该方法适用于分析某项事物的发展轨迹和未来走势，但报表分析和实际调查要相结合。

（9）文献调查法

文献调查法是指通过对文献的搜集和摘取，以获得关于调查对象信息的方法。该方法适用于研究调查对象在一段时期内在发展变化，研究角度往往是探寻一种趋势，或弄清一个演变过程。

优点：能突破时空的限制，进行大范围调查，调查资料便于汇总整理和分析；同时，还具有资料可靠、能用较小的人力与物力收到较大效果的优点。

缺点：它往往是一种先行的调查方法，一般只能作为调查的先导，而不能作为调查结论的现实依据。

2.问卷设计（调查表）

（1）技术原理

概率与统计原理、样本选择、调查员素质、统计手段、问卷设计水平等因素都会影响调查结果。

（2）基本结构

①开头部分。

开头部分包括以下内容：

A.问候语。其作用是引起被调查者的兴趣和重视，消除调查对象的顾虑，激发调查对象的参与意识，以争取他们的积极合作。问候语包括：称呼、问候、访问员介绍、调查目的、调查对象作答的意义和重要性、说明回答者所需花费的时间、感谢语等。

B.填写说明。填写说明让被调查者知道如何填写问卷，如何将问卷返回到调查者手中。

C.问卷编号。问卷编号主要用于识别问卷、调查者以及被调查者姓名和地址等，以便于校对检查、更正错误。

②主体部分。

在整个问卷设计之前，应该有总体上的大致构想：

A.应该将差异较大的问卷分块设置，从而保证每个问题的相对独立。

B.问卷主体设计应简明。

C.问卷设计要有逻辑性和系统性，一方面可以避免需要询问信息的遗漏，另一方面也会使调查对象感到问题集中、提问有章法。

D.问卷题目设计必须有针对性，充分考虑受访人群的文化水平和年龄层次等。

③背景部分。

背景部分包括：性别、民族、婚姻状况、收入、教育程度、职业等。其中，教育程度可分为：小学、初中、高中、职高、中专、大专、本科或者本科以上；职业可分为：政府机构/公共事业单位（医院、学校、警察）、外资/合资企业、学生、离退休等。

④提问方式。

提问方式可分为以下两种：

A.封闭式提问，即在每个问题后面给出若干选择答案，被调查者只能在这些备选答案中选择自己的答案。

　　B.开放式提问，即允许被调查者用自己的话来回答问题。

# 三、实训内容与要求

　　要求学生深入真实的企业，采用实地观察法和问卷调查法，了解该企业在考评员工的过程中采用的具体的措施和方法，写明员工的工作性质、工作岗位、考评的方法、考评的组织与实施，详细写明考评的整个过程以及对考评结果的反馈。

# 四、实训组织与步骤

　　（1）各小组进行企业参观。

　　（2）各小组成员在企业相关人员的指导下阅读相关材料，了解企业的考核现状。

　　（3）各小组进行资料的汇总、归纳，并撰写实训报告。

# 五、实训时间

　　2课时。

# 六、实训成果

　　认真填写表13-1，要求表达清晰，内容翔实，问题分析要合理、准确，提出的建议要合理。

表13-1　　　　　　　　　　　　　企业绩效管理诊断

| 一、企业概况 |
| --- |
| 二、企业绩效考评的实际情况 |
| 1. 工作性质 |
| 2. 工作岗位 |
| 3. 考评的方法 |

三、考评的组织与实施

1. 考评的实施程序

2. 考评者的选择

3. 考评时间

4. 考评的信度和效度

四、企业绩效考评存在的问题（写明考评过程中存在的问题）

五、企业绩效考评的结果及经验总结

教师评语：

成绩：

指导教师签名：

# 七、实训成绩评定

（1）学生积极参与，在整个实训过程中，能发挥自己的主动性和团队的集体优势，参与情况占总成绩的50%。

（2）实训报告：能够准确表达实训目的、实训内容、实训步骤以及实训效果等，并对存在的问题进行相应的分析，占总成绩的50%。

# 附　录

## 美的集团数字化转型的绩效分析

本文选取美的集团2010—2021年的相关数据，为更直观地看出制造业企业数字化转型前后的变化，以2012年为转型节点对美的集团数字化转型的效果进行具体分析，初步判断数字化转型是否对企业绩效有正向作用（见表13-2）。美的集团实施转型升级战略后每年的公开报表显示，其营业收入和净利润均在持续增长。2021年，美的集团营业收入达到3 433.61亿元，净利润为290.15亿元，相比往年数据，这两项财务指标均创下历史新高。

在其转型后，毛利率指标自2013年起逐年快速增长，但在2017年略有下降，主要原因为：一是受政府宏观调控和市场环境变化影响，家电企业原材料成本上升导致最终产品价格上升，这样的市场变动给国内大多数产业造成了极大冲击；二是因为2017年美的集团斥资收购了德国制造公司库卡，而该公司机器人业务的毛利率相对核心业务而言处于较低水平，导致美的集团2017年的毛利率较上年有所下降。2012—2021年，净利率变化、营业利润率趋势基本和销售毛利率一样，同样受国家环保政策及市场政策等因素影响，2017年家电行业整体受到原材料价格波动和并购库卡影响，企业净利润上升幅度较小，导致2017年美的集团这两项指标出现同比下降。

综上分析，美的集团2017年的盈利指标下降属于正常现象，其盈利能力在区间内仍呈上升趋势。在之后的3年，美的集团通过对自身的业务进行调整及与业务之间的互相融合，多项盈利指标继续呈上升趋势。其中最突出的指标是销售净利率，自7.73%增长至9.68%，增长幅度为25.23%。

表13-2 2010—2021年美的集团营业利润率、销售毛利率和销售净利率一览表

| 年份 | 2010 | 2011 | 2012 | 2013 | 2014 | 2015 | 2016 | 2017 | 2018 | 2019 | 2020 | 2021 |
|---|---|---|---|---|---|---|---|---|---|---|---|---|
| 营业利润率（%） | 5.31 | 5.57 | 6.83 | 7.71 | 9.49 | 10.77 | 10.89 | 8.98 | 9.85 | 10.67 | 11.08 | 9.75 |
| 销售毛利率（%） | 18.16 | 19.12 | 22.56 | 23.28 | 25.41 | 25.84 | 27.31 | 25.03 | 27.54 | 28.86 | 23.72 | 22.48 |
| 销售净利率（%） | 6.17 | 4.95 | 5.99 | 6.86 | 8.22 | 9.84 | 9.97 | 7.73 | 8.34 | 9.09 | 9.68 | 8.50 |

资料来源：程旭，疏丹丹. 数字化转型对制造企业绩效的影响机制研究——以美的集团为例[J]. 商展经济，2023（15）：157-160.

# 实训十四　关键绩效指标设计

## 一、实训目的

通过该实训项目，熟悉企业内部关键绩效指标设计的流程，加深对关键绩效指标体系的原理、构成、设计思路以及设计流程等的理解，并通过使用软件对关键绩效指标进行设计，增强实际应用能力；同时，通过小组研讨的方式锻炼团队合作能力，为将来的实际工作打下坚实的基础。

## 二、基本知识要点

1.关键绩效指标（KPI）的含义

KPI的第一层含义在于，它是通过对组织内部流程的输入端、输出端的关键参数进行设置、取样、计算、分析，衡量流程绩效的一种目标式量化管理指标，是把企业的战略目标分解为可操作的工作目标的工具，是企业绩效管理的基础。

其第二层含义在于，KPI是对公司战略目标的进一步细化和发展。

最后一层含义在于，关键绩效指标随公司战略目标的发展演变而调整。

2.KPI的意义

①作为公司战略目标的分解，KPI的制定将有力地推动公司战略在各单位、各部门的执行；

②KPI使上下级对职位工作的职责和关键绩效要求有了清晰的共识，确保了各层、各类人员努力方向的一致性；

③KPI为绩效管理提供了透明、客观、可衡量的基础；

④作为关键经营活动的绩效的反映，KPI帮助各职位员工集中精力处理对公司战略有最大驱动力的方面；

⑤通过定期计算和回顾KPI执行结果，管理人员能清晰了解经营领域中的关键绩效参数，及时诊断存在的问题，并采取行动予以改进。

3.KPI指标构成

①财务与非财务指标相结合，体现关注短期效益、兼顾长期发展的原则；

②以财务指标为主、非财务指标为辅。

4.确立的原则（SMART原则）

①S代表具体（Specific），指绩效考核要切中特定的工作指标，不能笼统；

②M代表可度量（Measurable），指绩效指标是数量化或者行为化的，验证这些绩效指标的数据或者信息是可以获得的；

③A代表可实现（Attainable），指绩效指标在付出努力的情况下可以实现，避免设立过高或过低的目标；

④R代表现实性（Realistic），指绩效指标是实实在在的，可以证明和观察；

⑤T代表有时限（Time-bound），注重完成绩效指标的特定期限。

5.设计思路

绩效管理的目的是确保员工的工作活动以及工作产出能够与组织战略目标保持一致。同时，绩效管理也是对员工工作绩效的量化评估，其结果往往被用来作为薪资调整、员工晋升、培训的依据，绩效管理是企业赢得竞争优势的中心环节。在建立绩效管理体系提取关键绩效指标时，要确保员工的关键绩效指标（KPI）与公司目标的一致性。

通常在设计绩效指标时，我们首先会理顺企业的战略目标和阶段性（年度）目标（在未来的几年中发展前景是什么），然后使用目标管理法（MBO）、平衡计分卡（BSC）等工具分解出企业要采取的战略举措（为了实现目标必须采取哪些行动），分析企业的核心成功要素（为了行动成功必须具备哪些因素），提取企业的核心衡量指标（如何来衡量驱动要素的成功与否），再从纵向和横向上将公司层面的绩效指标分解到部门、子公司、事业部等，然后逐级分解到岗位，确保关键绩效指标对战略目标达成的支持。

从纵向上讲，关键绩效指标的设计要把战略目标从纵向上层层分解到员工的绩效指标中，以保证绩效指标能真正地落地；从横向上讲，公司关键绩效指标的达成，需要业务部门、职能部门、业务单元之间互相协调，发挥组织的协同性。基于企业战略的关键绩效指标的设计思路确保了部门和员工关键绩效指标能有效地服务于企业战略的实现，使以战略目标为导向的企业绩效管理体系更具完整性和系统性。

6.设计的基本方法

（1）鱼骨图分析法

①鱼骨图分析法的定义。

鱼骨图分析法，又名因果分析法，是一种发现问题根本原因的分析方法。

②鱼骨图分析法的类型。

A.整理问题型鱼骨图（各要素与特性之间不存在原因关系，而是结构构成关系）；

B.原因型鱼骨图（鱼头在右，特性值通常用"为什么……"来写）；

C.对策型鱼骨图（鱼头在左，特性值通常用"如何提高/改善……"来写）。

③鱼骨图分析法的分析结构。

A.针对问题点，选择层别方法（如人机料法环等）；

B.利用头脑风暴法分别对各层别找出所有可能的原因（因素）；

C.对找出的各要素进行归类、整理，明确其从属关系；

D.分析选取重要因素；

E.检查各要素的描述方法，确保语法简明、意思明确。

④鱼骨图分析法的分析要点。

A.确定大要因（大骨）时，现场作业一般从"人机料法环"入手，管理类问题一般分"人事时地物"层别，视具体情况决定；

B.大要因必须用中性词描述（不说明好坏），中、小要因必须使用价值判断（如"……不良"）；

C.头脑风暴时，应尽可能多而全地找出所有可能的原因，对人的原因，宜从行动而非思想、态度方面着手分析；

D.如果某种原因可同时归属于两种或两种以上因素，请以关联性最强者为准（必要时考虑三现主义，即现时到现场看现物，通过相对条件的比较，找出相关性最强的要因进行归类）；

E.选取重要原因时，不要超过7项，且应标识在最末端。

⑤鱼骨图分析法的使用步骤。

A.查找要解决的问题；

B.把问题写在鱼骨的头上；

C.召集同事共同讨论问题出现的可能原因，尽可能地找出问题；

D.将相同的问题分组，在鱼骨上标出；

E.根据不同问题征求大家的意见，总结出正确的原因；

F.拿出任何一个问题，研究为什么会产生这样的问题；

G.针对问题的答案再问为什么，这样至少深入5个层次（连续问5个问题）；

H.当深入到第5个层次后，认为无法继续进行时，列出这些问题的原因，而后列出至少20个解决方法。

（2）九宫图分析法

①九宫图分析法的定义。

九宫图分析法是一种有助于扩散性思维的思考策略，它利用一幅像九宫格的图，将主题写在中央，然后把由主题所引发的各种想法或联想写在其余的八个圈内，向八个方向去思考，发挥八种不同的创见。

②九宫图分析法建立的具体流程。

A.分解企业战略目标，分析并建立各子目标与主要业务流程的联系。

企业的总体战略目标在通常情况下均可以分解为几项主要的支持性子目标，而这些支持性的更为具体的子目标本身需要企业的某些主要业务流程的支持才能在一定程度上达成。

B.确定各支持性业务流程的目标。

在确认对各战略子目标的支持性业务流程后，需要进一步确认各业务流程在支持战略子目标达成的前提下流程本身的总目标，并运用九宫图分析法进一步确认流程总目标在不同维度上的详细分解内容。

C.确认各业务流程与各职能部门的联系。

本环节通过九宫图的方式建立流程与工作职能之间的关联，从而在更微观的部门层面建立流程、职能与指标之间的关联，为企业总体战略目标和部门绩效指标建立联系。

D.部门级KPI指标的提取。

在本环节中，将从上述环节建立起来的流程重点、部门职责之间的联系中提取部门级KPI指标。

E.目标、流程、职能、职位目标的统一。

根据部门KPI指标、业务流程以及确定的各职位职责，建立企业目标、流程、职能与职位的统一体系。

# 三、实训内容与要求

在第一阶段调研的基础上完成该实训项目。

（1）关键绩效指标的选取过程：从绩效指标对员工绩效的贡献度来考查并选取贡献度在50%以上的指标。

（2）关键绩效指标的标准设定：根据80/20原则来进行标准的设定，给员工提高工作绩效留下足够的发展空间。

（3）关键绩效指标体系的构建：根据确定的绩效指标和绩效指标标准，设定相应的指标权重，构建整体的绩效指标体系。

（4）完成关键绩效指标表与考核指标设定表。

（5）成功注册简道云，根据完成的指标表和设定表完善指标库，确定指标分类、指标名称、定性/定量指标以及相关的评分标准、评分依据。成功构建考核模板，确定模板名称、适用范围、考核指标以及指标的总权重。

# 四、实训组织与步骤

（1）学生根据调研企业的实际情况，根据所学内容确定整体设计思路。

（2）各小组在课后完成绩效考核指标体系的设计、软件内绩效考核的录入，并提交最终成果。

（3）各小组分别展示设计成果。

（4）其他小组成员进行提问。

（5）教师进行总结点评。

# 五、数智化背景下结合软件的绩效考核指标体系设计的流程

**1.软件一**

第一步，进入精创教育人力资源管理综合实训平台首页，点击"绩效主管"，进入绩效界面后，点击"关键绩效指标"（如图14-1所示）。

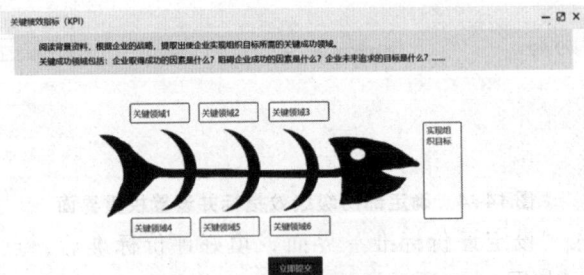

**图14-1 关键绩效指标界面**

第二步，进入"确定关键绩效要素"的界面，根据背景资料填写相关信息之后，点击"立即提交"（如图14-2所示）。

**图14-2 确定关键绩效要素界面**

第三步，进入"确定关键绩效指标"界面，根据背景资料填好相关信息之后，点击"立即提交"（如图14-3所示）。

**图14-3 确定关键绩效指标界面**

第四步，进入"确定部门级绩效指标并设置权重"界面，从总经理办公室、人力资源部、财务部、生产技术部、营销部等部门出发，根据流程、制度或各部门的职能，从中选出与本部门相关的关键绩效指标，并为每一项指标设置权重。填好之后，点击"立即提交"，再点击"下一步"（如图14-4所示）。

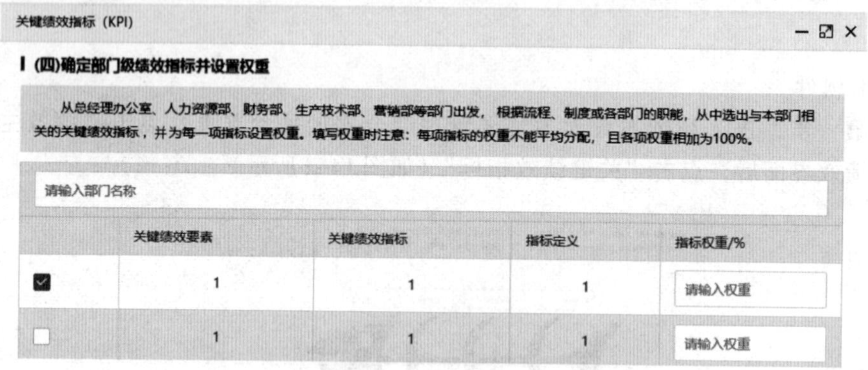

**图14-4 确定部门级绩效指标并设置权重界面**

第五步，进入"设定评价标准"界面，填好评价标准后，点击"立即提交"，再点击"下一步"（如图14-5所示）。

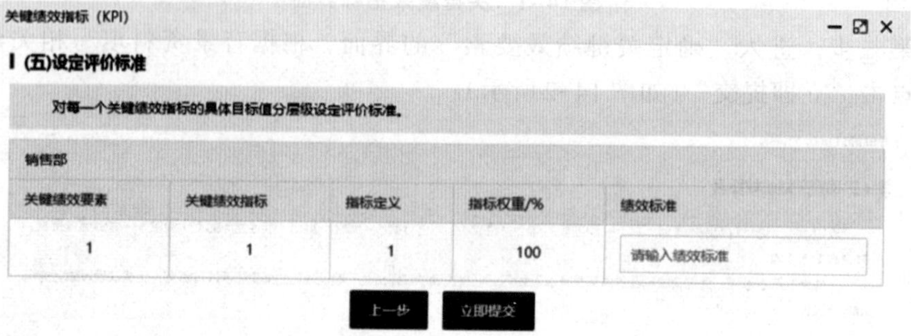

**图14-5 设定评价标准界面**

第六步，进入"确定个人关键绩效指标"界面，填好相关信息之后，点击"立即提交"（如图14-6所示）。

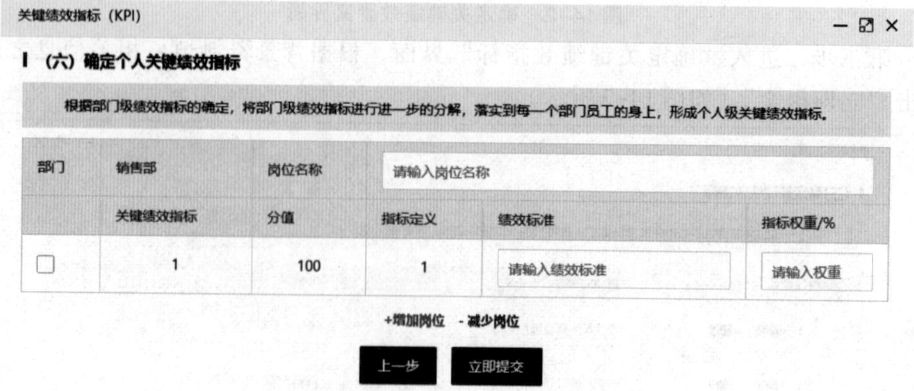

**图14-6 确定个人关键绩效指标界面**

第七步，进入"生成员工关键绩效指标表"界面，查看后，点击"完成"（如图14-7所示）。

图14-7　生成员工关键绩效指标表界面

2.软件二

（1）软件介绍

简道云是帆软软件有限公司旗下的一款软件。简道云提供表单、流程、分析仪表盘、知识库等功能模块。管理员无须使用代码即可构建符合需求的业务管理应用（如生产管理、进销存、订餐等）。员工可以在电脑、手机上接收简道云消息、处理业务。

（2）操作步骤

第一步，登录简道云系统，完成信息录入后，点击HRM人事管理系统（如图14-8所示）。

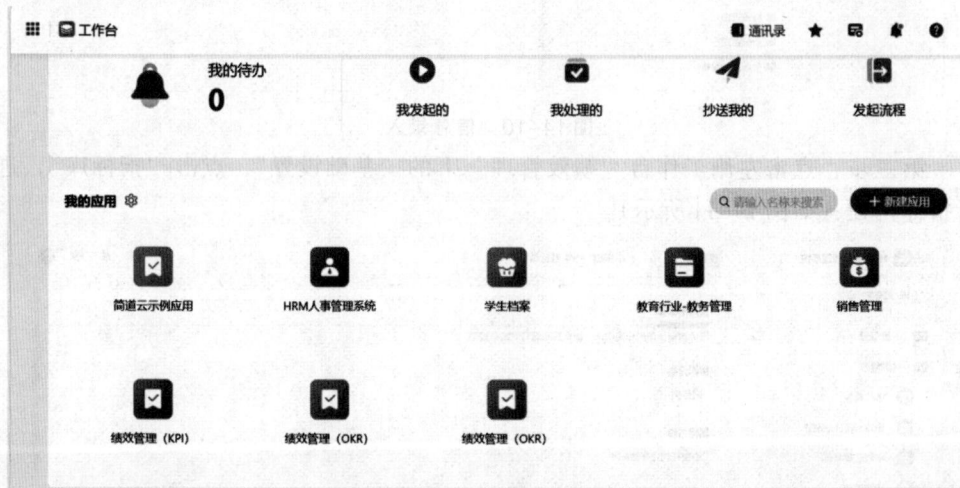

图14-8　进入系统

第二步，点击主界面左下角的"管理后台"（如图14-9所示），进入相应界面后，点击"添加成员"，选择自己喜欢的方式，将小组成员录入进去（如图14-10所示）。

图 14-9　主界面

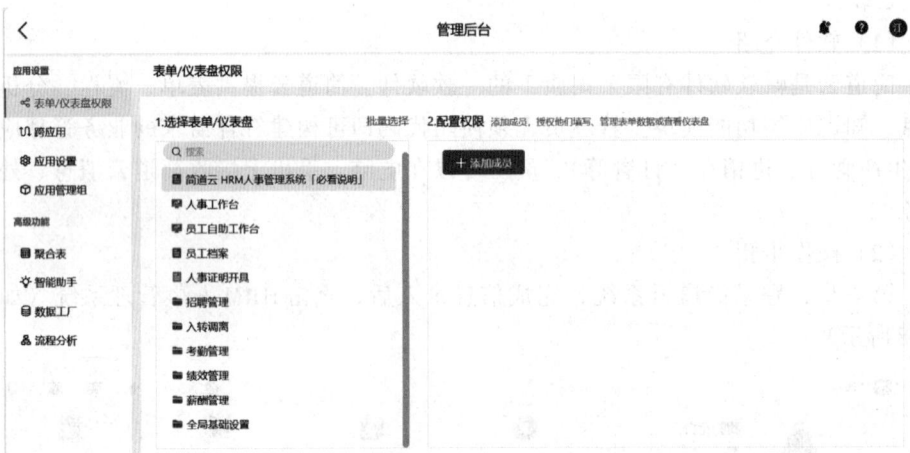

图 14-10　信息录入

第三步，点击左侧工作台"绩效管理"下的"基础设置"，点击"指标库"，进行指标构建（如图 14-11 所示）。

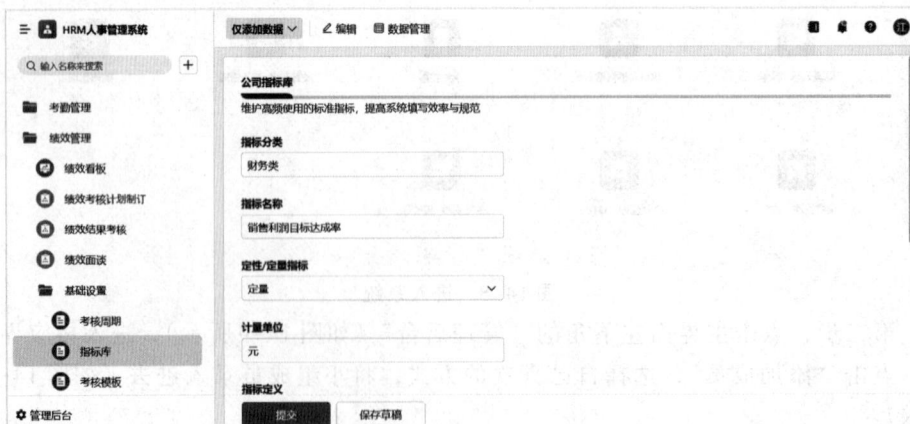

图 14-11　指标库设计

第四步，点击左侧工作台"基础设置"下的"考核模板"，设计合适的考核模板（如图14-12所示）。

**图14-12 考核模板设计**

第五步，点击左侧工作台"绩效考核计划制订"，将要考核的人员和考核指标全部录进去（如图14-13所示）。

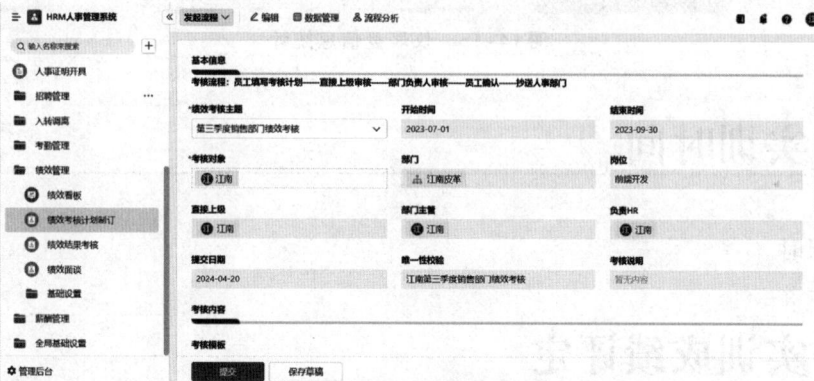

**图14-13 考核计划制订**

第六步，点击左侧工作台"绩效结果考核"，考核流程是：被考核人填写自评—直接上级评价—部门负责人复核—被考核人确认—抄送人事部门（如图14-14所示）。

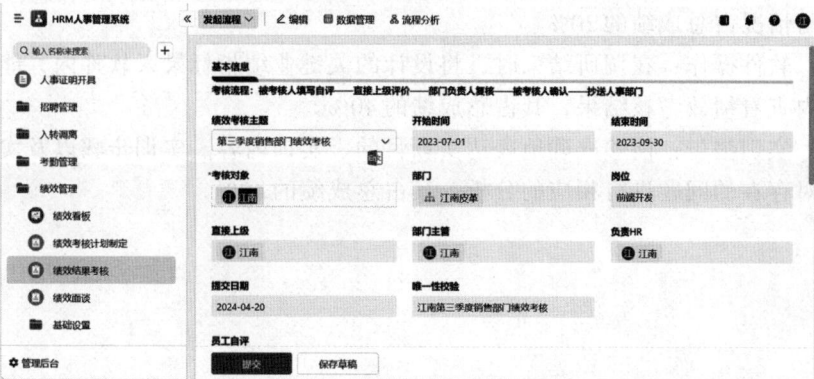

**图14-14 绩效结果考核流程**

第七步，点击"绩效看板"，对考核数据进行筛选，可以找到前面制订的考核计划的最终结果，并以仪表盘的方式展现出来（如图14-15所示）。如果对当前的展示方式不满意，则可以点击左上角的"编辑"选择自己喜欢的表格样式与组件。

图14-15　仪表盘信息统计

# 六、实训时间

2课时。

# 七、实训成绩评定

（1）方案设计科学合理。

（2）学生积极参与，在整个实训过程中，能发挥自己的主动性和团队的集体优势，参与情况占总成绩的20%。

（3）软件操作：在调研结束时，将设计的关键业绩指标录入软件内，能够在绩效面板内查看绩效考核结果，其占总成绩的40%。

（4）实训报告：能够准确地表达实训目的、实训内容、实训步骤以及实训效果等，并对存在的问题进行相应的分析，其占总成绩的40%。

# 附 录

## 附录1 销售经理关键业绩指标

销售经理关键业绩指标见表14-1。

表14-1 销售经理关键业绩指标

**职责概述**

在销售总监的领导下，负责日常销售管理工作，指导、提升销售人员的销售技能与技巧，带领销售队伍开拓市场，建立销售网络，扩大产品销售渠道，及时、安全地回收货款，实现企业的销售指标

| 主要工作 | 关键业绩指标 |
|---|---|
| 1.根据企业的市场发展规划，协助销售总监制定总体销售战略、销售计划及量化销售目标<br>2.根据企业年度销售计划，制订详细的销售工作计划，分解销售任务指标，确定相关人员的责任和义务<br>3.根据销售计划制定销售费用预算限额，根据财务部核定的额度做好销售费用控制工作 | 1.销售计划完成率<br>2.销售回款完成率<br>3.部门费用预算达成率<br>4.客户投诉解决及时率<br>5.核心员工流失率 |
| 4.负责开拓市场，建立销售网络，进行销售渠道的拓展与维护工作，协调各地市场的销售问题<br>5.组织做好销售款项的催收工作，确保销售款及时回笼，督促做好所收款项的及时报账工作<br>6.参与或主持合同的谈判、拟订、签署等工作<br>7.组织做好客户联系与关系维系工作，及时处理客户投诉，保证客户满意度<br>8.组织做好客户信息的收集整理工作，完善客户数据库<br>9.负责销售人员的日常管理、业务培训与考核工作<br>10.完成领导交办的其他工作 | **任职资格要求**<br>1.学历<br>大学本科及以上学历，工商管理、市场营销等相关专业<br>2.工作经验<br>5年以上销售管理工作经验<br>3.能力要求<br>具有高度的工作热情、极强的组织管理能力、团队建设能力、商务谈判能力、市场拓展能力等 |

## 附录2 销售经理考核指标设计表

销售经理考核指标设计表见表14-2。

表 14-2 **销售经理考核指标设计表**

| 被考核者 | | | 考核者 | | |
| --- | --- | --- | --- | --- | --- |
| 部 门 | | | 职 位 | | |
| 考核期限 | | | 考核日期 | | |

| 关键绩效指标 | | 权重 | 绩效目标值 | 考核得分 | |
| --- | --- | --- | --- | --- | --- |
| | | | | 指标得分 | 加权得分 |
| 财务类 | 销售利润目标达成率 | 10% | 考核期内销售利润目标达成率为____% | | |
| | 销售回款率 | 10% | 本期销售回款率要比上期提高____% | | |
| | 坏账率 | 5% | 本期坏账率要比上期降低____% | | |
| | 部门费用预算 | 5% | 考核期内，部门费用控制在预算额度之内 | | |
| 运营类 | 销售量 | 20% | 考核期内，所有产品销售量达到____件 | | |
| | 销售额增长率 | 15% | 考核期内，销售额增长率不低于____% | | |
| | 新产品销售量 | 5% | 考核期内，新产品销售量达到____件 | | |
| | 市场占有率 | 5% | 考核期内，市场占有率不低于____% | | |
| | 客户流失率 | 5% | 考核期内，客户流失率不高于____% | | |
| 客户类 | 客户满意度 | 5% | 考核期内，客户满意度评分达____分 | | |
| | 客户投诉解决及时率 | 5% | 考核期内，在规定时间内及时解决客户投诉，延误次数不超过____次 | | |
| 学习发展类 | 员工技能提升率 | 5% | 考核期内员工技能提升率不低于____% | | |
| | 核心员工流失率 | 5% | 考核期内核心员工流失率不高于____% | | |
| 合 计 | | | | | |

| 被考核者 | | 考核者 | | 复核者 | |
| --- | --- | --- | --- | --- | --- |
| 签字： | 日期： | 签字： | 日期： | 签字： | 日期： |

# 实训十五　平衡计分卡（BSC）设计

## 一、实训目的

通过该实训项目，能够加深对平衡计分卡的原理、构成、设计思路以及设计流程等的理解，并通过设计过程增强学生的实际应用能力；同时，通过小组讨论的方式锻炼团队工作能力与技巧，为将来的实际工作打下坚实的基础。

## 二、基本知识要点

1.平衡计分卡的定义

以企业战略为导向，通过财务、客户、内部业务流程和学习与增长四个方面及其业绩指标的因果关系，全面管理和评价企业综合业绩，是企业愿景和战略的具体体现，既是一个绩效评价系统，也是一个有效的战略管理系统。

2.指标体系

（1）财务类指标

财务类指标是资本市场上投资者重点关注的反映公司价值的重要参数，它们是体现公司价值创造成果最直接的效益指标。这类指标能全面、综合地衡量经营活动的最终成果、公司创造股东价值的能力，可显示出策略的执行是否改善了公司利润。其衡量指标有营业收入、资本报酬率、经济增加值、净资产收益率、总资产周转率、资本增值率等。

（2）客户类指标

客户类指标是检视客户满意状况的核心指标，企业应以目标客户和目标市场为导向。客户类指标通常包括客户满意度、客户保持率、客户获得率、客户盈利率、合同准时率、优质项目率、投诉降低率，以及在目标市场中所占的份额。

（3）业务流程类指标

业务流程类指标衡量为实现公司价值增长的重要营运操作控制活动的效果，是紧密结合不同岗位特色、体现其直接工作效果的指标，也是对公司利用各种营运活动推动整体战略目标实现能力的直接考查，如技术/生产效率、设备利用率等。

（4）学习与成长类指标

学习与成长类指标确立了企业要创造长期的成长就必须建立的基础框架，确立了未来成功的关键因素。平衡计分卡的前三类指标一般会揭示企业的实际能力与实现突破性业绩所必需的能力之间的差距，为了缩小这个差距，企业必须投资于员工技术的升级、组织程序和日常工作的理顺，这些都是平衡计分卡学习与成长类指标追求的目标。

3.原理

在信息时代，传统的绩效管理方法有待改进，组织必须通过在客户、供应商、员工、内部业务流程、技术革新等方面的投资，获得持续发展的动力。基于这样的认识，平衡计分卡方法认为，组织应从四个角度审视自身业绩：财务、客户、业务流程、学习与成长。

4.建立平衡计分卡需遵循的原则

（1）因果关系；

（2）成果量度与绩效驱动因素；

（3）与财务联结。

上述原则将平衡计分卡与企业战略联结，其因果关系链代表的流程和决策，会对未来的核心成果形成某些影响。其目的是为组织形成新的工作流程规范，并确立战略优先任务、战略成果及绩效驱动因素，以进行企业流程的改造。

5.建立步骤

（1）第一步，前期准备

前期准备是战略绩效管理推进的第一步，主要工作内容包括：组建BSC推进团队，编制推进计划，进行前期调查，宣传培训，收集所需的信息资料。

①组建BSC推进团队：推进团队必须由公司总经理带领，了解公司整体运作、熟悉各个职能领域现状的各部门经理/主管，以及拥有平衡计分卡与绩效管理专业知识的人力资源部相关人员参与（后期可聘请专业团队），只有这样的团队组合才能保证这场管理变革具有强大推动力。

②编制推进计划：明确战略绩效管理推动的时间表，确保推进工作有条不紊地进行，主要包含工作活动内容、责任人、时间进度安排和产出成果四个方面。

③进行前期调查，以澄清以下四个方面的问题：

第一，全体员工对战略的认识与认同程度。

第二，全体员工对平衡计分卡与绩效管理的认识与认同程度。

第三，掌握公司绩效管理的现状。

第四，在公司内部发出一个信号：公司将进入平衡计分卡与绩效管理的时代。

④宣传培训：明确推进BSC的意义，同时使管理层掌握战略绩效管理设计和操

作技巧。

⑤收集所需的信息资料：信息来源于内部与外部。

（2）第二步，编制公司平衡计分卡和绩效计划

①第一项工作是运用战略地图来描述公司战略，在此基础上可将其细分为三个相互支持的细分步骤：

A.战略环境描述。运用工具PESTEL、波特五力分析、企业内部价值链分析、SWOT分析等。

B.绘制公司层面战略地图。无论绘制哪个层面的战略地图，都应建立在前面战略环境扫描的基础上，同时运用工具如利益相关者需求分析、市场细分、核心能力界定等。

C.设计图、卡、表文件。根据各层级"战略地图"，将其转化为对应的"平衡计分卡""战略行动计划表"，图、卡、表是用来描述战略的三个必备文件。

a.战略地图是各层级战略描述的一个集成平台。根据公司战略，设定如下四个方面的关键成功因素（CSF）：

第一，财务。

●对公司股东来说，哪些财务目标（因素）是最重要的？

●哪些财务目标（因素）最符合公司的战略？

第二，客户。

●我们对目标客户（市场）提供的价值定位是什么？

●哪些目标（因素）最清楚地反映了我们对客户的承诺？

●如果我们成功地兑现了这些承诺，我们在客户获取率、客户保留率、客户满意度和盈利率这几个方面会取得怎样的绩效？

第三，内部运营。

●我们要在哪些流程上表现优异，才能成功实施企业战略？

●我们要在哪些流程上表现优异，才能实现关键的财务与客户目标？

第四，学习与成长。

●我们的主管（与员工）要提高哪些关键能力才能改进核心流程，达到客户与财务目标，从而成功地执行公司战略？

●我们如何通过改善业务流程和提高员工团队合作、解决问题的能力及工作主动性来提高员工的积极性，并有效推广组织文化，从而成功地执行公司战略？

●我们应如何实施BSC来创造和支持组织的学习文化并加以持续运用？

b.平衡计分卡是对战略地图的进一步解释，它包括战略目标与主题、核心衡量指标、战略目标值（3~5年）、战略行动计划表。

c.战略行动计划表将"平衡计分卡"罗列的单项战略行动计划进一步落实为可操作、可监控，具体明确时间节点、责任归属和资源安排的行动计划。其可分为四步：

第一，汇总现有的各项行动计划。

第二，分析各项行动与战略目标的关系并补充行动。

第三，与战略预算资金相连接，修正、调整所有的行动计划。

第四，将行动计划纳入各级平衡计分卡。

②第二项工作是分解设计公司绩效计划，从而落实战略执行的"责任机制"。编制程序如下：

A.界定考核指标与分解指标：借助"指标界定"工具。

考核指标：反映公司业绩显得尤为重要。

分解指标：又称关注指标，不需要设置在公司层面，可分解到下一层级。

否定指标：责任重大，一定不能出现。

B.分配指标权重。

C.指标赋值。

D.绩效沟通。在设定好指标的权重和目标值之后，可拿出"绩效合同"的初稿与直接下级进行有效的沟通。总之，通过有效沟通，对"绩效合同"的内容达成共识。沟通方式是灵活的，可单独面谈，也可以会议形式集体沟通。

E.签订"绩效合同"。

（3）第三步，编制部门、员工平衡计分卡与绩效计划

经营绩效，又称组织绩效，包括公司绩效、部门绩效，其监控部门为行政部。

员工绩效，是指个人绩效，监控部门为人力资源部。

在将公司战略转化为经营绩效、部门绩效和员工绩效图、卡、表的过程中，可运用"绩效指标分解矩阵""内部利益相关者需求分析法""指标五因素分析法""绩效指标实操性检查""绩效指标解释表"等工具将其整合在考核指标的设计之中。

绩效计划的具体操作与公司层面绩效计划的操作相同。

（4）第四步，设计平衡计分卡与绩效管理运作系统

# 三、实训内容与要求

在第一阶段调研的基础上，完成该实训项目。

（1）了解平衡计分卡的原理、构成；

（2）掌握平衡计分卡的设计思路和设计流程。

# 四、实训时间

2课时。

# 五、数智化背景下结合软件的绩效考核指标体系设计流程

第一步，进入精创教育人力资源管理综合实训平台首页，点击"绩效主管"进入绩效界面，点击"平衡计分卡"，完成相应内容的学习后，点击"下一步"（如图15-1所示）。

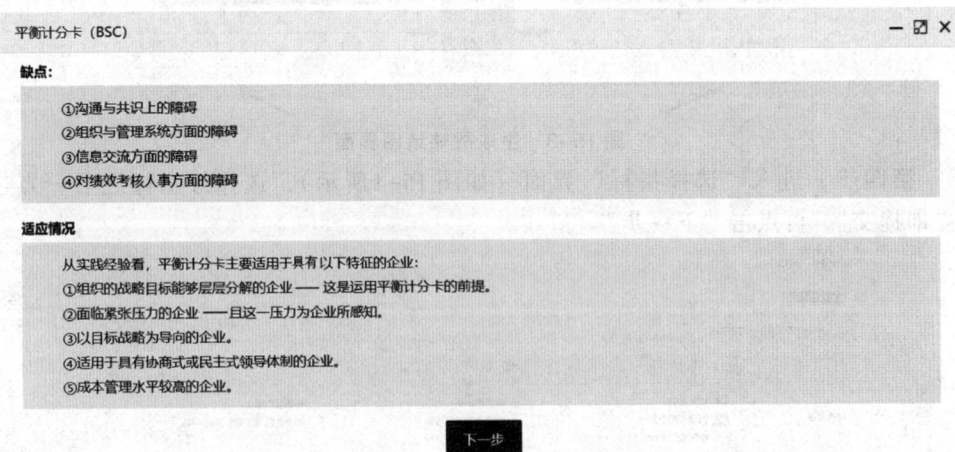

**图15-1　平衡计分卡界面**

第二步，进入"平衡计分卡工具制定流程"，阅读和分析背景资料，依次填写"战略目标""财务层面""客户层面""内部流程层面""学习和成长层面"，点击"添加"即可添加分解目标，点击"减少"即可删除新增的分解目标，填好之后，点击"立即提交"（如图15-2所示），再点击"下一步"。

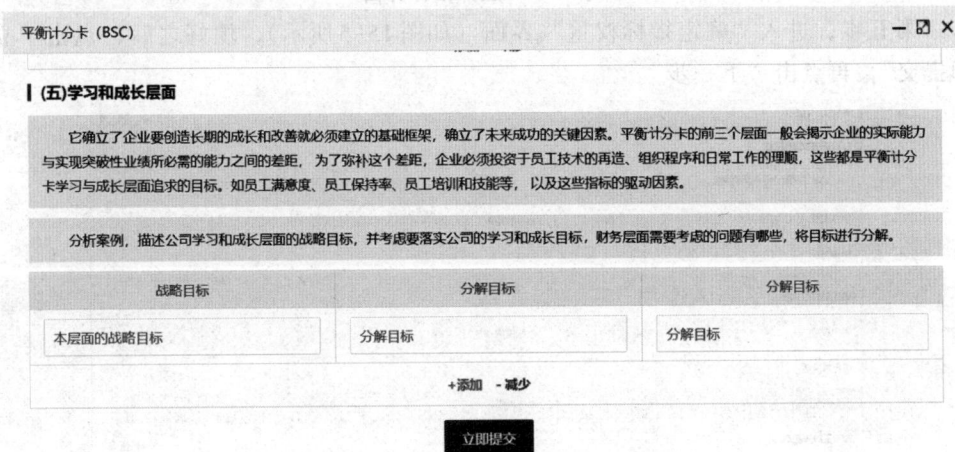

**图15-2　平衡计分卡工具制定流程界面**

第三步，进入"生成战略地图"界面，填写不同层面的战略目标，并分解目标（如图15-3所示）。填好之后，点击"立即提交"，再点击"下一步"。

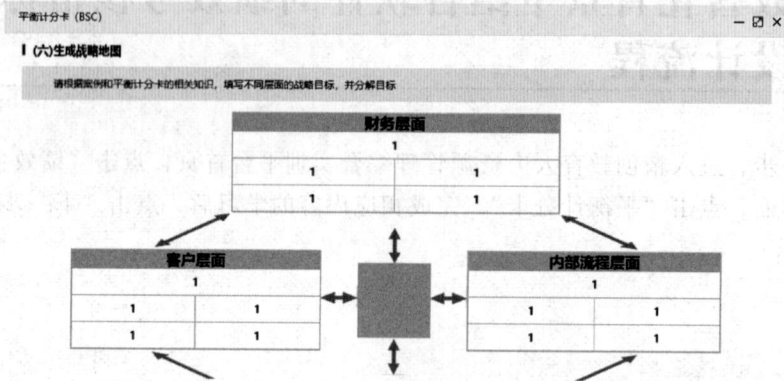

图15-3 生成战略地图界面

第四步，进入"选择指标"界面（如图15-4所示），选择好指标之后，点击"立即提交"，再点击"下一步"。

图15-4 选择指标界面

第五步，进入"确定指标权重"界面（如图15-5所示），填好之后，点击"立即提交"，再点击"下一步"。

图15-5 确定指标权重界面

第六步，进入"确定目标值"界面（如图15-6所示），填好之后，点击"立即提交"，再点击"下一步"。

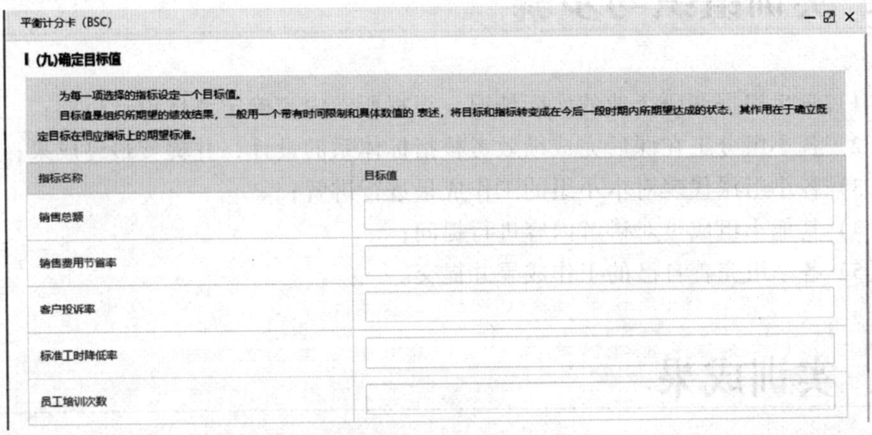

图15-6 确定目标值界面

第七步，进入"设定评分标准"界面，填好之后，点击"立即提交"，再点击"下一步"（如图15-7所示）。

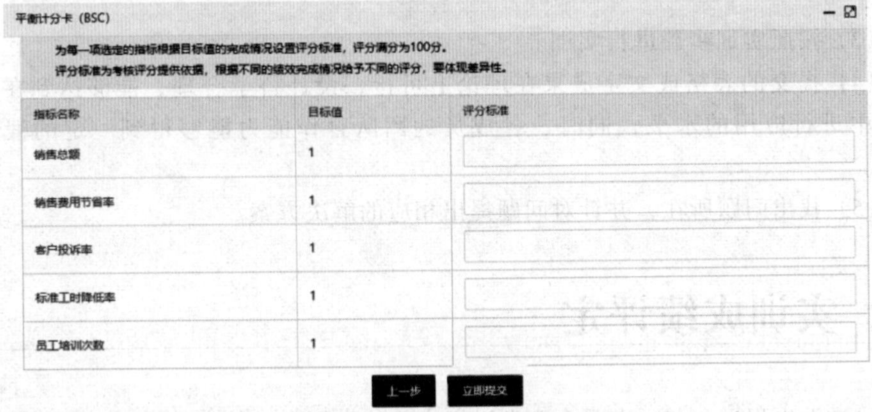

图15-7 设定评分标准界面

第八步，进入"生成平衡计分卡考核表"界面，查看相关内容，然后点击"完成"（如图15-8所示）。

图15-8 生成平衡计分卡考核表界面

## 六、实训组织与步骤

（1）学生根据调研企业的实际情况，根据所学内容确定整体设计思路；

（2）各小组分工在课后完成绩效考核指标体系的设计，并提交最终成果；

（3）各小组派代表对本小组的工作成果进行讲解；

（4）其他小组成员对讲解内容进行提问；

（5）各小组完善自己的工作成果并提交。

## 七、实训成果

（1）能够准确表达实训目的，言简意赅。

（2）详尽地描述自己设计整个计分卡的过程、讨论的内容以及最后成果的提交等。

（3）按照实训步骤进行实训。

（4）提交的表格或文字成果在理论上可行，设计科学合理，能够达到在实际工作中进行应用的水平；同时，各成员的团队合作能力能够得到一定的锻炼和提高。

（5）找出问题所在，并针对问题提出相应的解决方案。

## 八、实训成绩评定

（1）学生积极参与，在整个实训过程中，能发挥自己的主动性和团队的集体优势，参与情况占总成绩的50%。

（2）实训报告：能够准确表达实训目的、实训内容、实训步骤以及实训效果等，并对存在的问题进行相应的分析，其占总成绩的50%。

## 附　录

RJ酒店基于平衡计分卡的绩效考核体系见表15-1。

表 15-1                          RJ酒店基于平衡计分卡的绩效考核体系

| 维 度 | 指 标 |
|---|---|
| 财务方面 | 平均房价、客户出租率、单位客房收入、单位收入相对竞争对手的单位客房收入增长率及成本控制 |
| 客户方面 | 客户满意度、客户保持率、新客户获得率 |
| 业务流程方面 | 酒店产品的设计、员工培训情况、提供服务、销售和营销目的的实现进度、饭店的会计和内部控制过程、新产品创新率 |
| 学习与成长方面 | 员工流失率、内部提升率、员工授权度、信息技术的使用 |

RJ酒店基于平衡计分卡的绩效评价体系见表15-2。

表 15-2                          RJ酒店基于平衡计分卡的绩效评价体系

| 考核内容 | 评价指标 | 分值 | 评分内容及标准 | 扣分 | 得分 | 备注 |
|---|---|---|---|---|---|---|
| 财务方面 | 酒店营业额 | 15 | 酒店营业额越高，说明客户入住率越高，效果越好 | | | 财务方面各项指标综合得分 |
| | 单位客房收入 | 5 | 单位客房收入越多，说明酒店的营业额越高 | | | |
| | 客房出租率 | 5 | 客房出租率越高，酒店利润越多 | | | |
| | 经营成本节约率 | 5 | 酒店经营成本越低，利润越多 | | | |
| 客户方面 | 客户保持率 | 8 | 根据前台入店登记信息可知客户在酒店的入住情况 | | | 客户方面各项指标综合得分 |
| | 新客户获得率 | 7 | 根据前台的入住登记情况可确定该客户是否为新客户 | | | |
| | 客户满意度 | 5 | 定期在客户入住酒店之后打电话或使其填写客户满意度表来确定其满意度 | | | |
| 内部流程方面 | 新产品设计 | 5 | 开发新的酒店客房产品 | | | 业务流程各项指标综合得分 |
| | 酒店卫生情况 | 5 | 酒店越清洁，越好 | | | |
| | 员工培训情况 | 10 | 定期对员工进行在岗培训与新员工的入职培训 | | | |
| | 酒店设备检查维修及客房物品控制 | 5 | 定期检查客房物品使用情况，及时维修损坏物品，控制客房物品的使用 | | | |
| 学习与成长方面 | 员工培训记录与评估 | 10 | 培训周期及培训效率 | | | 学习与成长各项指标综合得分 |
| | 员工流失率 | 10 | 员工离职与新进员工比率 | | | |
| | 内部提升率 | 5 | 员工的职业生涯发展与内部晋升 | | | |

说明：综合指标在90分以上为优秀，75~89分为良好，60~74分为及格，60分以下为不及格，且四项指标中有一项指标低于15分，即为不及格

# 实训十六 OKR目标与关键成果法

## 一、实训目的

通过该实训项目，能够加深对OKR的原理、构成、设计思路以及设计流程等的理解，并通过软件的使用，增强学生的实际应用能力；同时，通过小组讨论的方式锻炼团队合作能力与技巧，结合数据软件的应用，为将来的实际工作打下坚实的基础。

## 二、基本知识点

1.OKR（目标与关键成果法）的定义

OKR（Objective & Key Results），即目标与关键成果法，包括目标和关键结果两个部分。目标（Objective）是对企业战略的细化拆解，即希望阶段性实现的有挑战的价值目标。关键成果（Key Results）是实现目标的关键路径，通过可衡量的KR，我们可以判断目标的结果是否达成。

2.OKR的设计原则

（1）规范的目标需要符合四个原则

①与企业的战略目标一致，对企业的长期发展有价值。

②对员工有挑战性，能够激励员工，鼓舞人心。

③合理设置目标数量，一般为3~5个，可少不可多，聚焦优先级，使组织上下向一个方向努力。

④目标设置内容明确，清晰，是对达成状态的具体解释，而非含糊不清的描述。

（2）好的关键成果一定要符合SMART原则

①具体的（Specific）：用具体的语言清楚地说明要达成的KR，以便确定要达成的行为标准，不要模棱两可，影响他人对目标的认知

②可衡量的（Measurable）：使用客观的、可观测的标准来描述KR的产出（定性、定量都可以），以便评估是否达成。

③可实现的（Attainable）：KR是对自己的承诺，需要用行动来实现这个关键成果，需要能分解、具体的行动计划。

④与目标相关联的（Relevant）：O是希望实现的目标，KR是对目标是否实现的判断，KR需要对O有直接以及充分的支撑，理想状态下，当所有的KR完成了，O就实现了。

⑤有时限的（Time-bound）：KR的设置都有时间限制，一般都是周期内完成的，需要定期检查它的完成进展，及时掌握相关情况的变化，以便根据情况变化对工作计划做出调整。

3.OKR的执行方法

第一步，自上而下，由公司制定企业总体年度OKR，然后分解为企业季度OKR；由各部门制定本部门季度OKR；由员工制定个人季度OKR。

第二步，自下而上，各部门汇集员工的想法提交本部门季度OKR；由公司参考制定企业季度OKR；由各部门调整本部门季度OKR；由员工制定个人季度OKR。

4.OKR的会议类别

（1）董事会（公司/部门）

会议目的：管理层、部门相关负责人与员工充分沟通后，就目标达成共识并公示OKR。

流程：CEO&各部门提交本年/季度/月度公司需要实现的目标（optional）；管理层/部门讨论并确定业务目标；向各部门介绍公司月/季/年度OKR，并确定每个部门的OKR；CEO确认部门OKR，避免偏差；部门传递给小组，再确定小组OKR；制定个人OK；全体会议，CEO/部门主管解释这个月/季度/年度OKR。

（2）回顾会（部门/小组层面）

会议目的：给自己的KR的完成情况和完成质量打分，激励大家在工作中用更高的目标要求自己；及时调整有偏离的OKR。

（3）复盘会

会议目的：给自己的KRs的完成情况和完成质量打分，激励大家在工作中用更高的目标要求自己；及时调整有偏离的OKR。

年末复盘应包括的内容：上半年OKR评估与打分；上半年OKR完成状况；上半年哪些部分没有完成？下半年OKR规划与设计？需要提升与改善的地方在哪？

复盘时应注意：①不计较个人得失，以提升团队作战能力为前提。②敢于反思，深入问题根本进行思考，开拓思路。③公布现有的成果，总结共享所获经验，提升下一次活动的质量。

（4）庆功会

目的：可以在周末的时候举办一次聚会，为团队已经达到的成果干杯，与一起奋战的小伙伴们分享KR完成情况和成果以及成功的经验。

会议类型：全员庆功会、部门/小组庆功会。

5.OKR的实施步骤

（1）设定目标

OKR的设置应该自上而下，由公司到部门到小组再到个人，由公司制定企业总体年度OKR，分解企业季度OKR；由各部门制定本部门季度OKR；由员工制定个人季度OKR。从战略视角确定年度目标、季度目标。目标务必是具体、可衡量的。

例如，不能说"我想让我的网站更好"，而是诸如"让网速加快30%"。

（2）必须就目标达成共识

设立的O（目标）必须是上下层级对齐的。上级要为下级清晰地解读O。而所谓的KR就是为了完成这个目标，我们必须做什么。一般每个目标的KR不超过4个，其必须是和时间连接的。目标既要有年度KR，也要有季度KR。

（3）推进执行

就目标达成共识后，就要围绕这个具体的目标来分解并执行任务了。

（4）定期回顾

应每个季度做到回顾，到了季度末，员工需要给自己的KR的完成情况和完成质量打分。

6.OKR的软件操作

（1）打开网址Worktile，将所调研的人员信息进行数据导入。

（2）对公司OKR、部门OKR、员工OKR进行设置后，完成部门OKR和员工OKR的考核。

（3）将考核结果选择合适的表格放在绩效看板的仪表盘内。

# 三、实训内容与要求

在第一阶段调研的基础上，完成该实训项目。

（1）了解OKR的原理、构成。

（2）掌握OKR的设计思路和设计流程。

（3）成功注册简道云，完成OKR设置与OKR考核，并将考核结果建立在绩效看板的仪表盘内。

# 四、实训组织与步骤

（1）学生根据调研企业的实际情况、所学内容，确定整体设计思路。

（2）各小组分工在课后完成OKR的设计，将信息录入软件，并将OKR的考核结果建立在绩效看板的仪表盘内。

（3）各小组派代表对本小组的工作成果进行讲解。

（4）其他小组成员对讲解内容进行提问。

（5）各小组完善自己的工作成果并提交。

# 五、数智化背景下结合软件的OKR的设计流程

第一步，登录简道云系统，点击右边的"新建应用"（如图16-1所示），点击"模板中心"（如图16-2所示），选择绩效管理OKR。

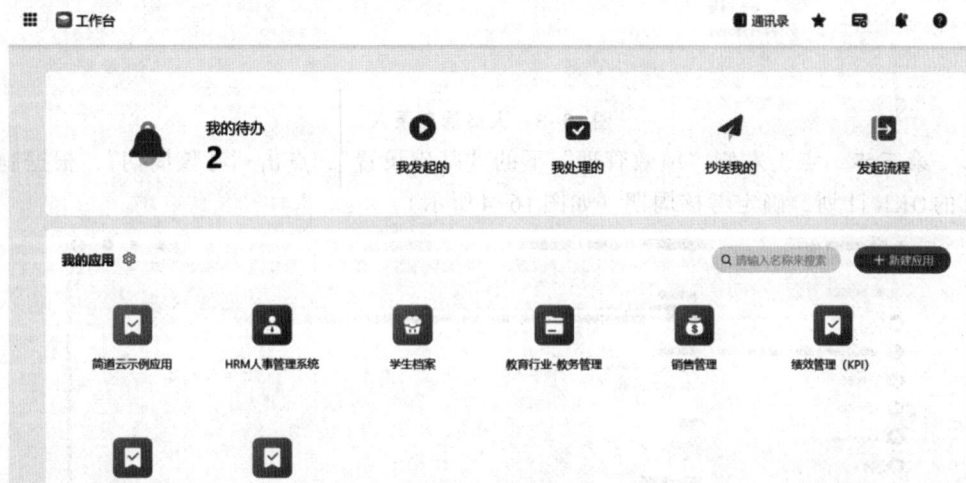

图16-1　主页面

图16-2　建立OKR考核模板

第二步，点击左下角的"管理后台"，进入界面后，点击"添加成员"，将人员信息录进去（如图16-3所示）。

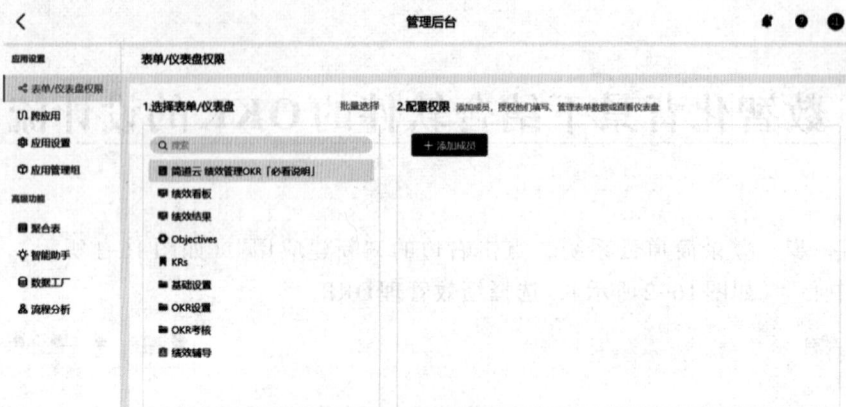

**图16-3　人员信息录入**

第三步，点击左侧"绩效管理"下的"基础设置"，点击"考核周期"，根据制订的OKR计划，确定考核周期（如图16-4所示）。

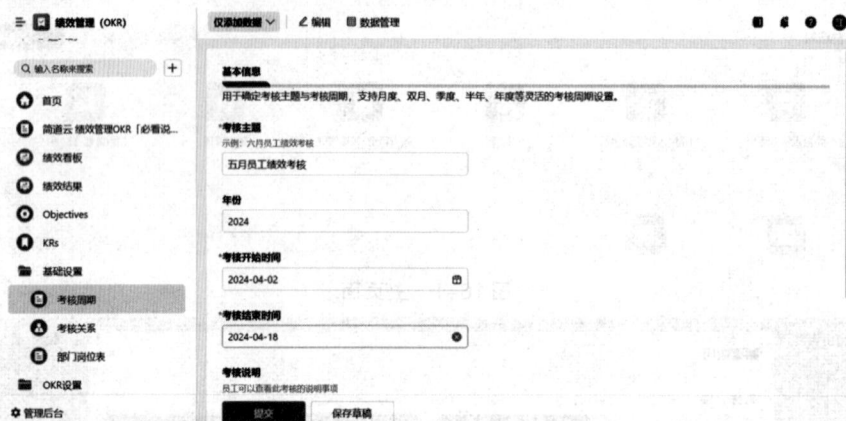

**图16-4　考核周期确定**

第四步，点击左侧工作台"绩效管理"下的"基础设置"，点击"考核关系"，根据制订的OKR计划，确定考核关系（如图16-5所示）。

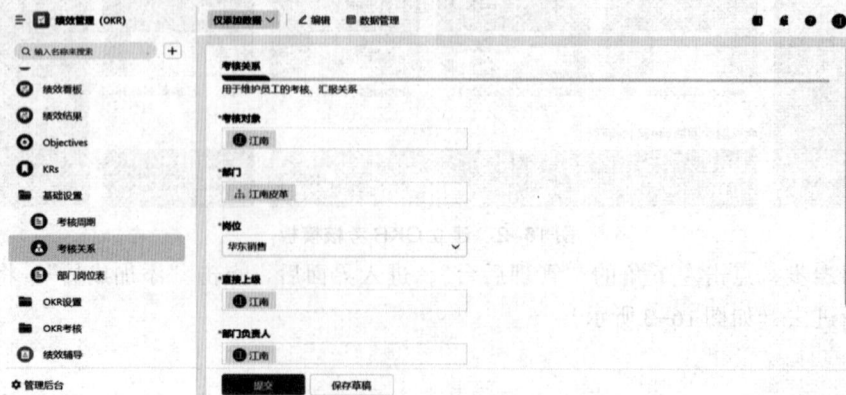

**图16-5　考核关系确定**

第五步，点击"绩效管理"下的"基础设置"，点击"部门岗位表"，根据制订的OKR计划，确定部门岗位表（如图16-6所示）。

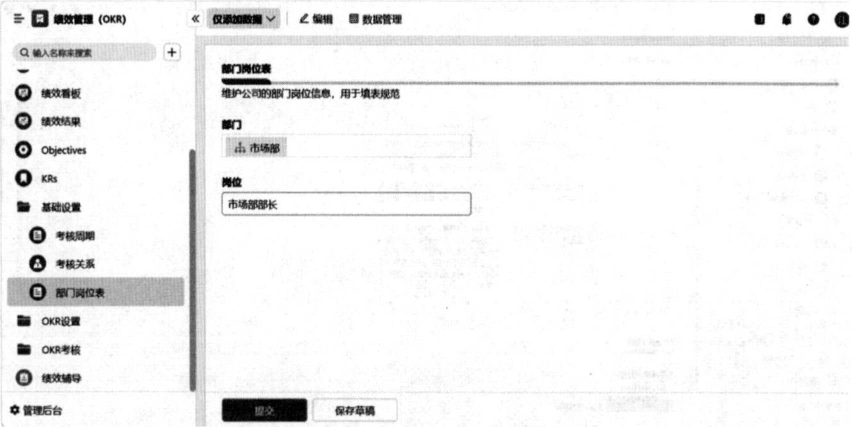

**图16-6  填写部门岗位表**

第六步，点击左侧工作台"绩效管理"下的"OKR设置"，依次填写"公司OKR""部门OKR"（如图16-7和图16-8所示）。

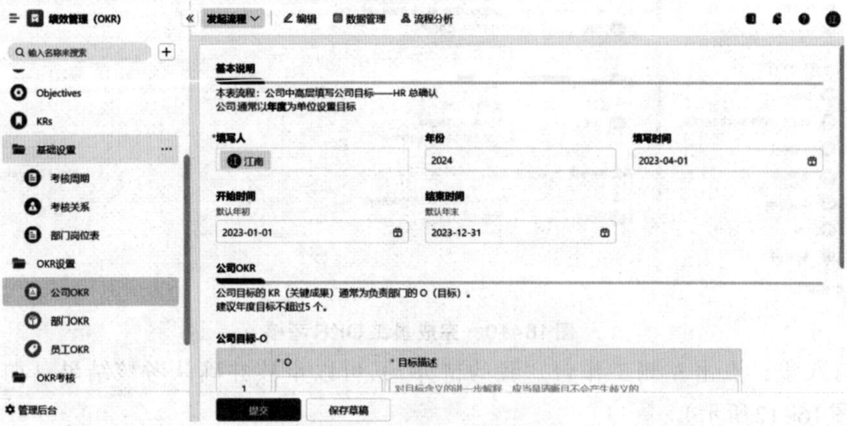

**图16-7  填写公司OKR**

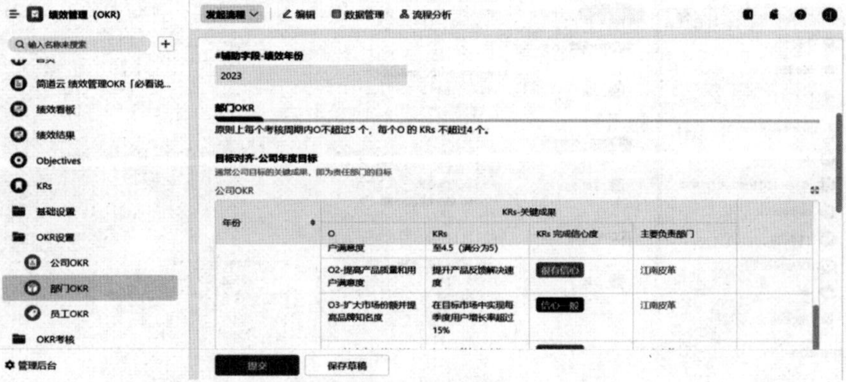

**图16-8  填写部门OKR**

第七步，点击左侧工作台"绩效管理"下的"OKR考核"，根据制订的OKR计划，完成部门OKR考核、员工OKR考核（如图16-9和图16-10所示）。

**图16-9 完成部门OKR考核**

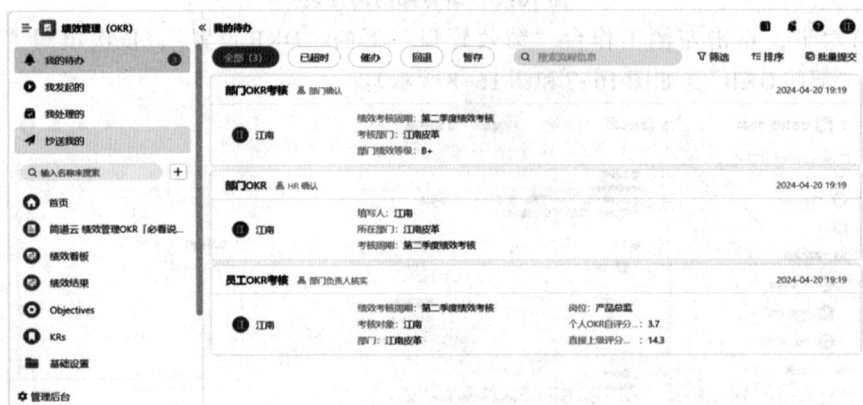

**图16-10 完成员工OKR考核**

第八步，点击左侧工作台"我的待办"，可以审核并确认考核结果（如图16-11和图16-12所示）。

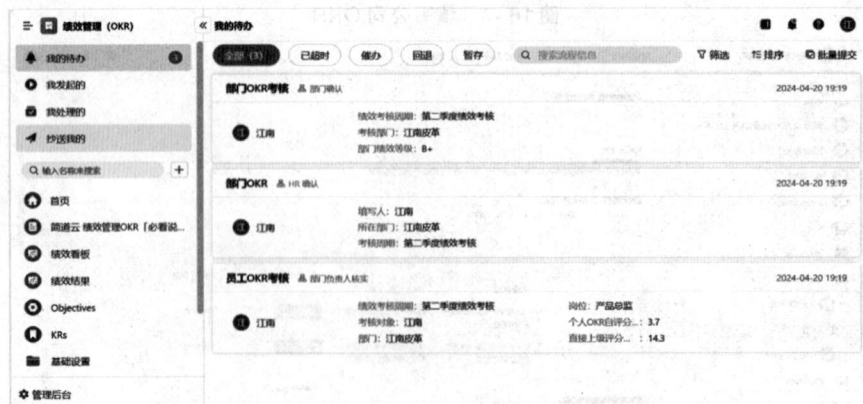

**图16-11 审核考核结果**

**图 16-12　考核结果确认**

第九步，点击左侧工作台的"绩效看板"，可以查看公司OKR、部门OKR、员工OKR的完成情况（如图16-13所示）。

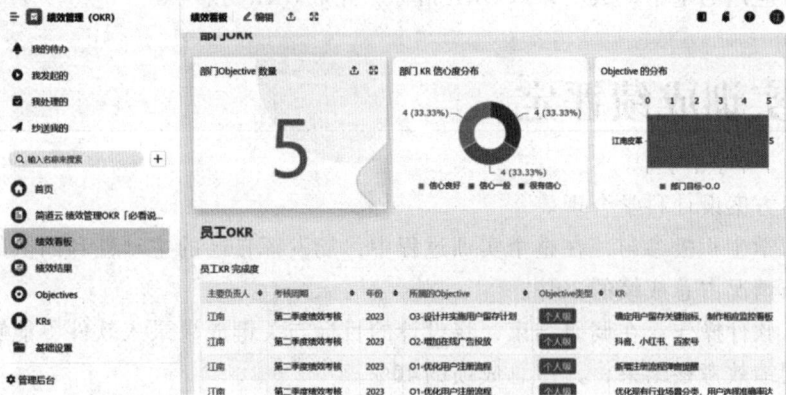

**图 16-13　查看考核情况**

第十步，点击左侧工作台的"绩效结果"，可以看到个人的绩效考核结果以及所在部门的绩效考核结果，并以仪表盘的方式展现出来。如果对当前的展现方式不满意，则可以点击左上角的"编辑"，选择自己喜欢的表格样式与组件（如图16-14所示）。

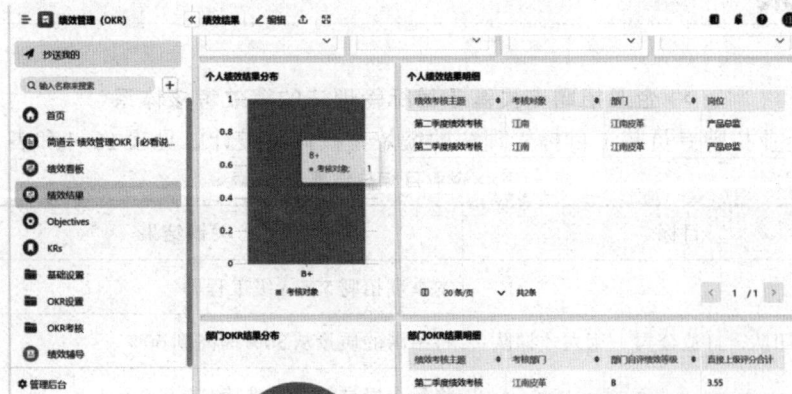

**图 16-14　修改仪表盘**

# 六、实训时间

2课时。

# 七、实训成果

（1）能够准确表达实训目的，言简意赅。

（2）详尽地描述自己设计OKR的过程、讨论的内容以及最后成果的提交等。

（3）提交的表格或文字成果在理论上可行，设计科学合理，能够达到在实际工作中进行应用的水平；成功录入OKR指标，完成OKR考核。

# 八、实训成绩评定

（1）方案设计科学合理。

（2）学生积极参与，在整个实训过程中，能发挥自己的主动性和团队的集体优势，参与情况占总成绩的20%。

（3）软件操作：在调研结束，将设计的目标与关键成果录入软件，能够在绩效面板查到绩效考核结果，其占总成绩的40%。

（4）实训报告：能够准确地表达实训目的、实训内容、实训步骤以及实训效果等，并对存在的问题进行相应的分析，其占总成绩的40%。

# 附　录

**××企业招聘专员基于目标管理法的绩效考核体系**

××企业招聘专员基于目标管理法的绩效考核体系设计，见表16-1和表16-2。

表16-1　　　　　　　　　　××企业目标与结果

| 目标 | 关键结果 |
|---|---|
| 创建A级团队，打造公司一流人才梯队 | 本季度招聘5名A级工程师 |
| | 将招聘的质量从30%提高到60% |
| | 将每个雇员的成本维持在4 000元 |

续表

| 目标 | 关键结果 |
|---|---|
| 让招聘工作更出色，保留人才效率大幅提升 | 将员工保留率从80%提高到95% |
| | 使招聘经理的满意度从30%提高到60% |
| | 将每个雇员的成本维持在10 000元 |
| 雇用最好的人，打造组织一流人才 | 将招聘质量从40%提高到80% |
| | 将绩效评估率从3.4提高到4.5 |
| | 将第一年的人才流失率从30%降低到10% |
| 改善招聘漏斗，大幅提升招聘效率 | 将每次招聘的时间从40天减少到20天 |
| | 将申请完成率从40%提高到80% |
| | 将候选人的净促进分数从50%提高到80% |
| | 将每个员工的平均招聘成本维持在10 000元 |

表16-2　　　　　　　　　　××企业绩效评价表

姓名：　　　　　所属部门：　　　　　职位：　　　　　考核日期：

| 序号 | 目标（O） | 关键结果（KRs） | KR权重 | O分值 | KR完成 | KR得分 | O得分 |
|---|---|---|---|---|---|---|---|
| 1 | 创建A级团队，打造公司一流人才梯队 | 本季度招聘5名A级工程师 | 10% | 10 | 招聘3名，扣1分；低于3名，不得分 | | |
| | | 将招聘的质量从30%提高到60% | 15% | | 质量提高率高于50%低于60%，扣2分；质量提高率高于40%低于50%，扣3分；质量提高率高于30%低于40%，扣4分；低于30%，不得分 | | |
| | | 将每个雇员的成本维持在4 000元 | 5% | | 维持在4 000~5 000元，扣1分；维持在5 000~6 000元，扣2分；高于6 000元，不得分 | | |
| 2 | 让招聘工作更出色，保留人才效率大幅提升 | 将员工保留率从80%提高到95% | 10% | 40 | 保留率高于90%低于95%，扣15分；保留率高于85%低于90%，扣10分；保留率高于80%低于85%，扣15分；保留率低于80%，不得分 | | |
| | | 使招聘经理的满意度从30%提高到60% | 2% | | 满意度高于50%低于60%，扣1分；满意度高于40%低于50%，扣2分；满意度高于30%低于40%，扣3分；满意度低于30%，不得分 | | |
| | | 将每个雇员的成本维持在10 000元 | 5% | | 维持在10 000~11 000元，扣5分；维持在11 000~12 000元，扣10分；高于13 000元，不得分 | | |

| 序号 | 目标（O） | 关键结果（KRs） | KR权重 | O分值 | KR完成 | KR得分 | O得分 |
|---|---|---|---|---|---|---|---|
| 3 | 雇用最好的人，打造组织一流人才 | 将招聘质量从40%提高到80% | 13% | 30 | 质量提高率高于50%低于60%，扣3分；质量提高率高于40%低于50%，扣6分；质量提高率高于30%低于40%，扣9分；低于30%，不得分 | | |
| | | 将绩效评估率从3.4提高到4.5 | 7% | | 绩效评估提高分高于4低于4.5，扣2分。绩效评估提分高于3.4低于4，扣4分，绩效评估提高分不变，不得分 | | |
| | | 将第一年的人才流失率从30%降低到10% | 12% | | 流失率高于50%低于60%，扣3分；流失率高于40%低于50%，扣6分；流失率高于30%低于40%，扣9分；流失率低于30%，不得分 | | |
| 4 | 改善招聘漏斗，大幅提升招聘效率 | 将每次招聘的时间从40天减少到20天 | 6% | 20 | 招聘时间多于20天，少于25天，扣1分；招聘时间多于25天，少于30天，扣2分；招聘时间多于30分，少于35天，扣3分；招聘时间多于35天，少于40天，扣4分，招聘时间不变，不得分 | | |
| | | 将申请完成率从40%提高到80% | 5% | | 申请完成率高于60%低于80%，扣1分；申请完成率高于40%低于60%，扣3分；申请完成率低于40%，不得分 | | |
| | | 将候选人的净促进分数从50%提高到80% | 5% | | 净促进分数提高高于70%低于80%，扣1分；净促进分数提高高于60%低于70%，扣2分；净促进分数提高高于50%低于60%，扣3分；净促进分数提高低于50%，不得分 | | |
| | | 将每个员工的平均招聘成本维持在10 000元 | 5% | | 维持在10 000~11 000元，扣1分；维持在11 000~12 000元，扣3分；高于13 000元，不得分 | | |
| 总得分： | | | | | | | |

# 实训十七　员工绩效考核设计

## 一、实训目的

通过该实训项目，能够掌握员工个人绩效考核工具的设计和应用，以及应注意的问题，并且使用软件进行实训，可以让学生了解企业内部的绩效考核的流程以及设计原则，为将来的实际工作打下坚实的基础。

## 二、基本知识要点

1.绩效考核工具

（1）"德能勤绩"考核法

这是我国传统的绩效评价方法，是典型的模糊考核。大部分国有企业和政府机关单位采用的都是这种考核工具。这种考核工具在内容上较为全面，不仅考核业绩，"德能勤"考核也占到非常大的比重。但"德能勤绩"考核法最大的问题是人情因素占的比重较大，主观性强，有时"老好人""庸人"的考核分数会很高，导致考核结果与实际绩效相脱节，作为考核工具其风险最高。

（2）360度考核法

360度考核法又称为全方位考核法，最早由英特尔公司提出并加以实施运用。该方法是指通过员工的主管、同事、下属、顾客和员工自己等不同主体的反馈来评价员工绩效。

360度考核法有自身的优点：

一是它打破了由上级考核下属的传统考核制度，可以避免传统考核中考核者极容易发生的"光环效应""居中趋势""偏紧或偏松""个人偏见""考核盲点"等现象。

二是反映出不同考核者对于同一被考核者的不同看法。较为全面的反馈信息有助于被考核者多方面能力的提升。

三是它为员工参与管理的一种方式。

但近乎完美的工具往往其缺点也是致命的：

一是成为某些员工发泄私愤的途径。某些员工无法正视上司及同事的批评与建议，将工作上的问题上升为个人情绪，利用考核机会"公报私仇"。

二是考核培训工作难度大。组织要对所有的员工进行考核制度的培训，因为所有的员工既是考核者又是被考核者，所以操作难度和风险也较高。

（3）目标管理法

目标管理（MBO）是管理学家德鲁克于1954年在《管理的实践》一书中首先提出的，它被公认为德鲁克对管理实践的主要贡献。美国前总统布什在将2002年度的"总统自由勋章"授予德鲁克时，提到他的三大贡献之一就是提出了目标管理。它已经在全世界为数众多的公司中得到了成功的应用。

目标管理的优点有：

一是形成激励。目标最好是组织每个层次、每个部门及组织每个成员自己制定的。

二是有效管理。因为这些目标是组织总目标的分解，故当组织的每个层次、每个部门及每个成员的目标完成时，也就是组织总目标的实现。

三是明确任务。

四是达到自我管理。

目标管理的局限性主要有以下几点：

一是强调短期目标。大多数目标管理中的目标是一些短期的目标，如季度、月度等。一方面，短期目标比较具体，易于分解，而长期目标比较抽象，难以分解；另一方面，短期目标易迅速见效，长期目标则不然。所以在目标管理中，组织似乎常常强调短期目标的实现而对长期目标不关心。

二是引导期长。目标管理对管理人员的要求是非常高的，尤其在目标管理初期，要求组织通过不断的培训来提高管理层员工的考核能力、识别能力、目标设置能力和总结能力。

三是动态性差。在目标管理执行过程中是不可以改变目标的，因为这样做会导致组织混乱。

（4）平衡计分卡

平衡计分卡（BSC）是战略绩效管理的有力工具。其核心思想是：以财务为核心，从而实现绩效评价与财务目标的结合。平衡计分卡作为修正指标体系较为合适，不宜作为绩效评价的上层指标，因为平衡计分卡涉及财务、客户、业务流程、学习与成长四套业绩评价指标（具体的指标超过20个）。

一方面，如果每个指标都成为被测评的目标，那么企业就有众多的目标同时去追求和实现，管理者往往就会失去行为准则而茫然无措；另一方面，如果有的指标不被测评，那它可能就根本不会起到约束管理者的作用。

（5）关键绩效指标考核法

关键绩效指标（KPI）即完成某项任务、胜任某个岗位的工作所应具备的决定性条件，是基于岗位职责而设定并与员工工作任务密切相关的衡量标准，体现了各岗位的工作重点。在进行考核时，从每个岗位的考核指标中选取3～5个与员工本阶段工作密切相关的重要指标，以此为标准，对员工进行绩效考核。

关键绩效指标一般不能单独使用，在目前的企业考核方法中，有的企业将关键绩效指标和目标管理相结合，有的企业将关键绩效指标和平衡计分卡相结合，也有的企业单独使用关键绩效指标。关键绩效指标在单独使用时，衡量的是员工的能力与素质，而不是工作业绩，在做综合评价时也能起到一定的作用，适合年度或阶段性的员工能力素质考评，而不适合短期目标实现情况的考核。

（6）人才盘点

人才盘点是指对人力资源状况摸底调查，通过绩效及能力考查评点出员工的总体绩效状况、优势以及亟待提高的方面。

人才盘点具有常规的业绩评价维度，通过绩效评价客观呈现员工过去的工作业绩，然后可以通过素质能力维度的评价，衡量员工目前的绩效表现，结合潜力维度评价，衡量员工未来做出高绩效表现的可能性。这样一来，人才盘点就实现了对员工过去、现在、未来全时间轴的评价，对员工的评价结果更加客观准确，更好地实现了人岗匹配。

2.绩效考核方法

（1）相对评价法

①序列比较法。

序列比较法是对员工工作成绩的好坏进行排序考核的一种方法。

②相对比较法。

相对比较法是对员工进行两两比较，任何两位员工都要进行一次比较。两名员工比较之后，绩效相对较好的员工记"1"，相对较差的员工记"0"。所有的员工相互比较完毕后，将每个人的得分相加，总分越高，绩效考核的成绩越好。

③强制比例法。

强制比例法是指根据被考核者的业绩，将被考核者按一定的比例分为几类（最好、较好、中等、较差、最差）进行考核的方法。

（2）绝对评价法

①目标管理法。

目标管理法是通过将组织的整体目标逐级分解直至个人目标，最后根据被考核人完成工作目标的情况来进行考核的一种绩效考核方式。在开始工作之前，考核人和被考核人应该对需要完成的工作内容、时间期限、考核的标准达成一致。在时间期限结束时，考核人根据被考核人的工作状况及原先制定的考核标准来进行考核。

②关键绩效指标法。

关键绩效指标法是以企业年度目标为依据，通过对员工工作绩效特征的分析，据此确定反映企业、部门和员工个人一定期限内综合业绩的关键性量化指标，并以此为基础进行绩效考核。

③等级评估法。

等级评估法根据工作分析，将被考核岗位的工作内容划分为相互独立的几个模块，在每个模块中用明确的语言描述完成该模块工作需要达到的工作标准；同时，将标准分为几个等级选项，如"优、良、合格、不合格"等，考核人根据被考核人的实际工作表现，对每个模块的完成情况进行评估，总成绩便为该员工的考核成绩。

④平衡计分卡。

平衡计分卡从企业的财务、客户、业务流程、学习和成长四个角度进行评价，并根据战略的要求给予各指标不同的权重，实现对企业的综合测评，从而使得管理者能整体把握和控制企业，最终实现企业的战略目标。

（3）描述法

①全视角考核法。

全视角考核法（360°考核法），即上级、同事、下属、自己和顾客对被考核者进行考核的一种考核方法。通过这种多维度的评价，综合不同评价者的意见，可以得出一个全面、公正的评价。

②重要事件法。

重要事件法是指考核人在平时注意收集被考核人的"重要事件"的一种方法。这里的"重要事件"是指那些会对部门的整体工作绩效产生积极或消极的重要影响的事件，对这些表现要形成书面记录，根据这些书面记录进行整理和分析，最终形成考核结果。

（4）目标绩效考核法

目标绩效考核是自上而下进行总目标的分解和责任落实的过程，相应地，绩效考核也应服从总目标和分目标的完成。因此，作为部门和职位的KPI考核，也应从部门对公司整体进行支持、部门员工对部门进行支持的立足点出发。同时，公司的领导者和部门的领导者也应对下属的绩效考核负责，不能推卸责任。绩效考核区分了部门考核指标和个人考核指标，能够从机制上确保上级能够积极关心和指导下级完成工作任务。

# 三、实训内容与要求

首先，结合前期的实际调研情况，选择合适的个人绩效考核工作，结合相关的理论知识，完成员工个人考核表的设计；其次，完成软件实训的流程，提交软件实训报告。

# 四、实训组织与步骤

（1）学生根据调研企业的实际情况，共同确定对什么类型员工的工作绩效进行考核，利用所学知识对一个现有的实际考核表进行改进。

（2）讨论确定具体的考核方法并说明采用本方法的理由；小组各成员合理分工，在有限的时间内完成表格设计。

（3）根据软件操作的流程进行软件操作，完成员工绩效考核设计。

（4）各小组派代表对本小组的工作成果进行讲解，其他成员补充。

（5）其他小组成员对讲解内容进行提问。

（6）各小组完善自己的工作成果并提交电子版。

# 五、数智化背景下结合软件的员工绩效考核设计流程

本实训使用的软件为智办事，大家也可以采用其他软件进行操作。

第一步，完成企业注册后，点击左下角的"团队"，完成人员信息的录入。

第二步，在主页面左边的工作栏中选择"绩效"版块，将会出现相应的工作台，接下来，结合你收集的数据选择已有的绩效考核模式或者新建考核原则（如图17-1所示）。

**图17-1　进入页面选择新建考核原则**

第三步，点击"考核管理"，点击右上角的"新建绩效计划"，结合前期调研的数据，完成绩效计划的新建，点击"提交"（如图17-2所示）。

**图17-2　绩效计划的新建**

第四步，对所需要完成的目标进行设定。完成后返回"绩效考核"，选择"目标设定"，进入页面后，点击右上角的"设定目标"，完成相关指标的填写（如图17-3所示）。

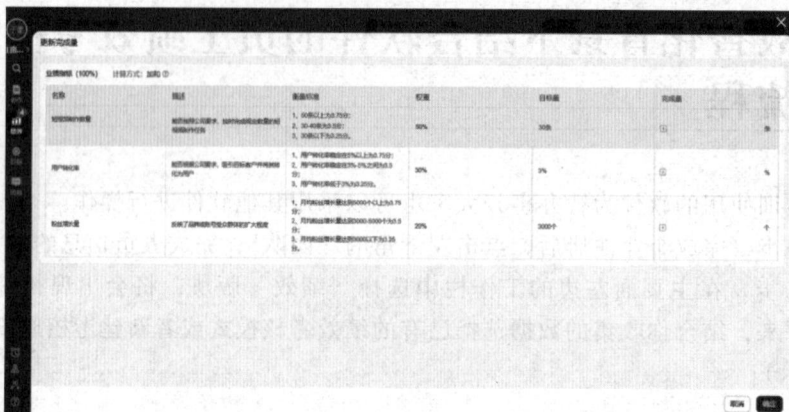

**图17-3　目标设定**

第五步，完成相关指标的填写后，让小组成员对完成量进行填写，之后主管进行评分，并且进行绩效校对（如图17-4所示）。

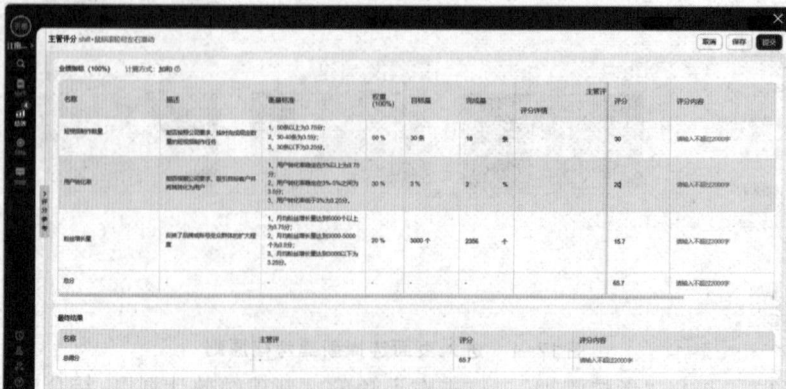

**图17-4　绩效校对**

第六步，在主页面左边的工作栏中选择"绩效"版块，将会出现相应的工作台，选择"面谈问题库"，设置问题库（如图17-5所示）。

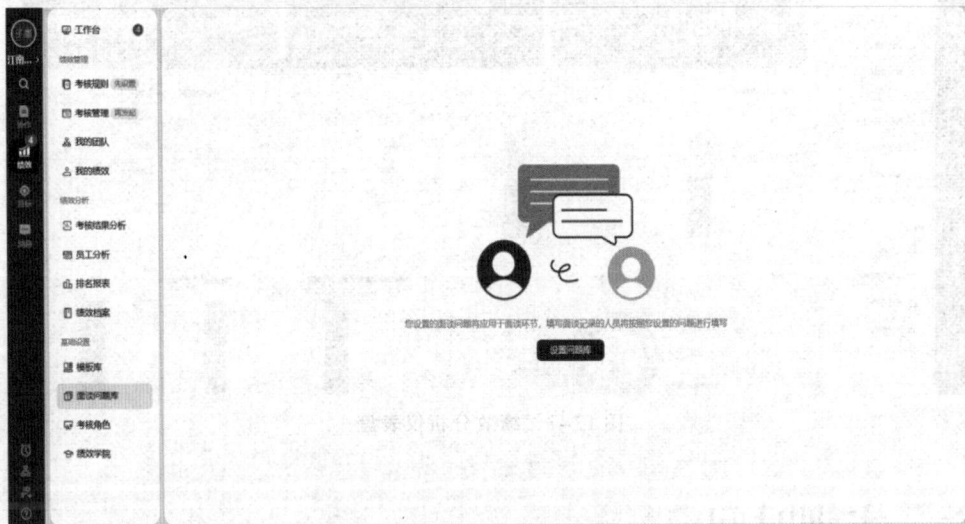

**图17-5 设置问题库**

第七步，完成面谈后，点击"考核管理"，进入相关项目，完成面谈记录的填写，然后点击"完成面谈"，确认无误后，点击"员工确认"（如图17-6所示）。

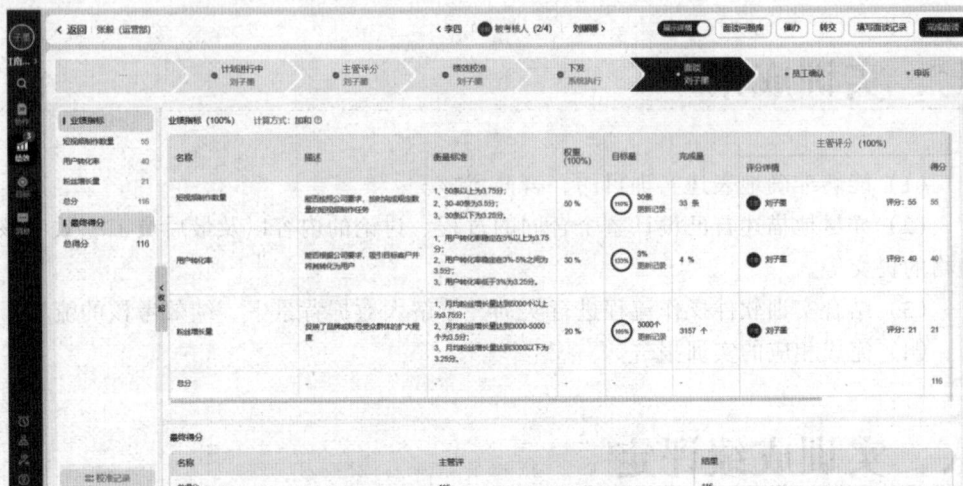

**图17-6 面谈记录的填写与确认**

第八步，在主页面左边的工作栏中选择"绩效版块"，将会出现相应的工作台，选择"绩效分析"下的"考核结果分析"，结合自己选择的指标选择相应的版块，完成绩效分析（如图17-7所示）。

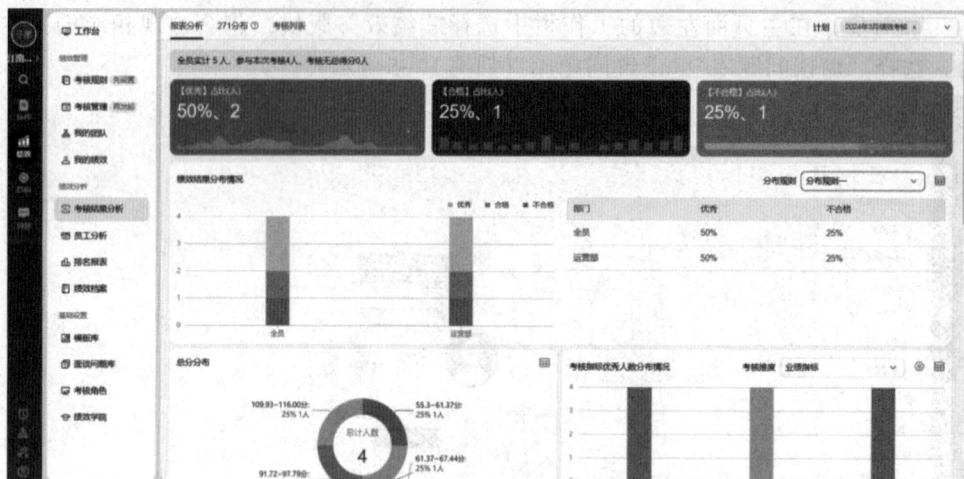

图 17-7  绩效分析仪表盘

# 六、实训时间

4课时。

# 七、实训成果

（1）能够准确地表达实训目的，言简意赅。

（2）详尽地描述自己设计整个合同的过程、讨论的内容以及最后员工绩效考核表格的提交等。

（3）结合实训软件操作流程进行实训，了解大数据背景下，绩效考核的流程。

（4）完成相应的实训报告。

# 八、实训成绩评定

（1）学生积极参与，不能缺勤，参与情况占总成绩的20%。

（2）操作能力：在整个实训过程中，能发挥自己的主动性和团队的集体优势，进行实训设计操作，其占总成绩的40%。

（3）实训报告：能够准确表达实训目的、实训内容、实训步骤以及实训效果等，并对存在的问题进行相应的分析，其占总成绩的40%。

# 附 录

## 附录1 行为观察量表法实例

行为观察量表法实例见表17-1。

表17-1　　　　　　　　　　　行为观察量表法实例

请根据某员工的实际表现，用1~5代表下列各种行为的频率，评定后请在相应的数字上打钩
5表示90%~100%都能观察到这一行为
4表示75%~90%都能观察到这一行为
3表示60%~75%都能观察到这一行为
2表示40%~60%都能观察到这一行为
1表示0~40%都能观察到这一行为

评定维度：沟通能力
（1）主动与别人进行交流：
几乎没有　1　2　3　4　5　几乎总是
（2）沟通过程中注意倾听对方的观点：
几乎没有　1　2　3　4　5　几乎总是
（3）能与对方开诚布公地谈话：
几乎没有　1　2　3　4　5　几乎总是
（4）能巧妙地回避令人尴尬的问题：
几乎没有　1　2　3　4　5　几乎总是
（5）能较好地控制谈话过程：
几乎没有　1　2　3　4　5　几乎总是
（6）能很好地借助肢体语言，并注意对方的肢体语言：
几乎没有　1　2　3　4　5　几乎总是

评分标准
分数：13分以下　14~16分　17~19分　20~22分　23分以上
等级：　很差　　　较差　　　良好　　　优秀　　　杰出

## 附录2 部分绩效考核表资料

银行客户经理绩效考核表见表17-2。

表17-2　　　　　　　　　　　银行客户经理绩效考核表

考核时期：　　年　　月　　日—　　年　　月　　日

| 考核岗位 | | 姓名 | | 所属部门 | | 直属上级 | |
|---|---|---|---|---|---|---|---|
| 工作完成情况 | 工作内容 | | | | | | |
| | 期望目标 | | | | | | |
| | 自我评价 | | | | | | |
| | 上级评价 | | | | | | |

续表

| | KPI指标完成情况 | 分值 | 自评分 | 上级简要评估 | 上级评分 | 得分 |
|---|---|---|---|---|---|---|
| 经营绩效指标 | 存款指标 | 30 | | | | |
| | 贷款指标 | 30 | | | | |
| | 中间业务指标 | 10 | | | | |
| 本栏得分（自评分占20%，上级评分占80%） | | | | | | |
| 客户信息管理能力指标 | 挖掘新客户的数量 | 2 | | | | |
| | 老客户走访数量 | 1 | | | | |
| | 客户流失量 | 1 | | | | |
| | 客户满意度 | 1 | | | | |
| 本栏得分（自评分占20%，上级评分占80%） | | | | | | |
| 常规任务完成情况指标 | 每天日常工作完成情况 | 5 | | | | |
| | 总结性工作完成情况 | 3 | | | | |
| | 劳动纪律遵守情况 | 2 | | | | |
| 本栏得分（自评分占20%，上级评分占80%） | | | | | | |
| 市场调研、分析与反馈情况指标 | 市场调研数量 | 2 | | | | |
| | 市场调研质量 | 1 | | | | |
| | 市场调研情况分析结果质量 | 1 | | | | |
| | 反馈、提出可行性意见情况 | 1 | | | | |
| 本栏得分（自评分占20%，上级评分占80%） | | | | | | |
| 内部沟通与协调能力指标 | 与上下级沟通频率 | 10 | | | | |
| 本栏得分（自评分占20%，上级评分占80%） | | | | | | |
| 指标考核结果 | 考核总分： 等级： | | | | | |
| 指导意见与改进方向 | | | | | | |
| 备注 | | | | | | |

员工月度工作计划考评表见表17-3。

表17-3 　　　　　　　　员工月度工作计划考评表

| 姓名 | | | 任职岗位 | | | | | 计划月份 | 年　月 | |
| --- | --- | --- | --- | --- | --- | --- | --- | --- | --- | --- |
| 所在部门 | | | 考核日期 | | | | | | | |
| 工作分类 | 序号 | 工作内容概述 | 目标权重 | 目标完成时间 | 实际完成时间 | 完成目标 | 完成情况 | 确认依据（成果、数量、质量要求） | 未完成原因 | 考核得分 |
| 重点工作目标 | 1 | | 60%~70% | | | | | | | |
| | 2 | | | | | | | | | |
| | 3 | | | | | | | | | |
| | 4 | | | | | | | | | |
| | 5 | | | | | | | | | |
| | 6 | | | | | | | | | |
| 重点配合工作目标 | 1 | | 20% | | | | | | | |
| | 2 | | | | | | | | | |
| | 3 | | | | | | | | | |
| | 4 | | | | | | | | | |
| | 5 | | | | | | | | | |
| | 6 | | | | | | | | | |
| 临时督办工作目标 | 1 | | 10% | | | | | | | |
| | 2 | | | | | | | | | |
| | 3 | | | | | | | | | |
| | 4 | | | | | | | | | |
| 合计： | | | | | | | | | | |
| 考核者确认签字 | | | 被考核者确认签字 | | | | | 日期 | | |
| 审批人员签字 | | | | | | | | 日期 | | |

注：本计划考评表于每月5日前填写月初工作计划，于月末填写工作总结及考评得分，次月7日前交人力资源部进行审核、汇总。

## 附录3 数字化绩效案例

一、简介

宇通客车前身为河南省交通厅郑州客车修配厂，1993年完成股份制企业改革，1997年在上海证券交易所挂牌上市，公司产品种类齐全，共有126个产品系列，主要用于公路客运、旅游客运、长途客车客运、越野车、机场班车、自驾车小客车和私人客车等不同的细分市场。公司在中国的所有城市和县城开展业务。公司的业务覆盖国内所有城市和农村市场以及全球主要的客车进口国，以直销为主，分销为辅，提供标准化和定制化的产品。公司的财务业绩在很大程度上取决于行业需求、产品竞争力、满足客户需求的能力和控制成本的能力。

近年来，宇通客车已从一个"制造和产品销售"公司发展成为一个提供"制造服务和解决方案"的公司。其使用独特的"宇通模式"出口中国制造的产品，成为中国客车行业的典范，实现了从产品出口到技术出口的转变，公司产品销售到全球30多个国家和地区，形成了覆盖欧洲、美洲、亚洲和非洲等5个大洲的发展规划，从而引领了中国客车行业的发展方向。

二、数字化发展进程

根据宇通客车官方消息，该公司从2010年至今已经经历了5个阶段的数字化转型发展，根据其发展时间跨度和举措类型，将其合并成为宇通客车数字化转型的1.0、2.0、3.0阶段，如图17-8所示。

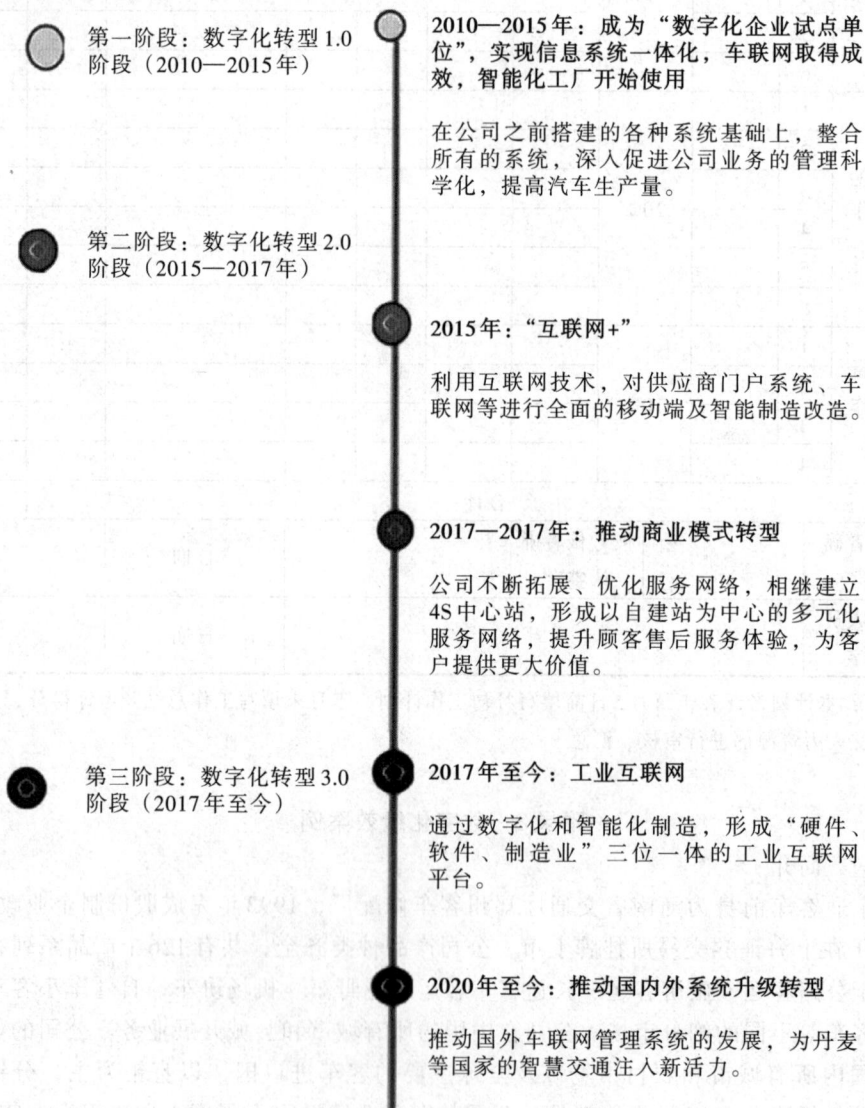

第一阶段：数字化转型 1.0 阶段（2010—2015年）

**2010—2015年：成为"数字化企业试点单位"，实现信息系统一体化，车联网取得成效，智能化工厂开始使用**

在公司之前搭建的各种系统基础上，整合所有的系统，深入促进公司业务的管理科学化，提高汽车生产量。

第二阶段：数字化转型 2.0 阶段（2015—2017年）

**2015年："互联网+"**

利用互联网技术，对供应商门户系统、车联网等进行全面的移动端及智能制造改造。

**2017—2017年：推动商业模式转型**

公司不断拓展、优化服务网络，相继建立4S中心站，形成以自建站为中心的多元化服务网络，提升顾客售后服务体验，为客户提供更大价值。

第三阶段：数字化转型 3.0 阶段（2017年至今）

**2017年至今：工业互联网**

通过数字化和智能化制造，形成"硬件、软件、制造业"三位一体的工业互联网平台。

**2020年至今：推动国内外系统升级转型**

推动国外车联网管理系统的发展，为丹麦等国家的智慧交通注入新活力。

**图 17-8 宇通客车数字化转型历程**

### 三、数字化转型对企业绩效的影响

（一）学习与成长层面

**1.企业文化方面**

宇通始终坚持以德立企，"以员工为中心"和"以客户为中心"的经营管理理念。其努力追求最高的产品质量，致力于在舒适的人文环境中发展专业服务，公司以客户为导向，目标是让宇通客车服务全世界。

**2.人才方面**

一个企业开始靠人，发展起来要想走得更快更好，更需要人才。一直以来，宇通客车注重高学历人才的吸纳和培养，不断提高员工的工作水平和敬业精神，坚持走"科技兴盛"的道路，不断健全企业的规章制度，助力企业更快更好发展。宇通客车一直求贤若渴，对于科研工作者的吸纳在行业中也是名列前茅，其与清华大学、北京理工大学、中国汽车技术研究中心等国内知名高校和科研院展开合作，整合有利的科技资源，以提升企业在整个链条的研发水平和创新能力。

宇通客车研发员工学历结构如图17-9所示。

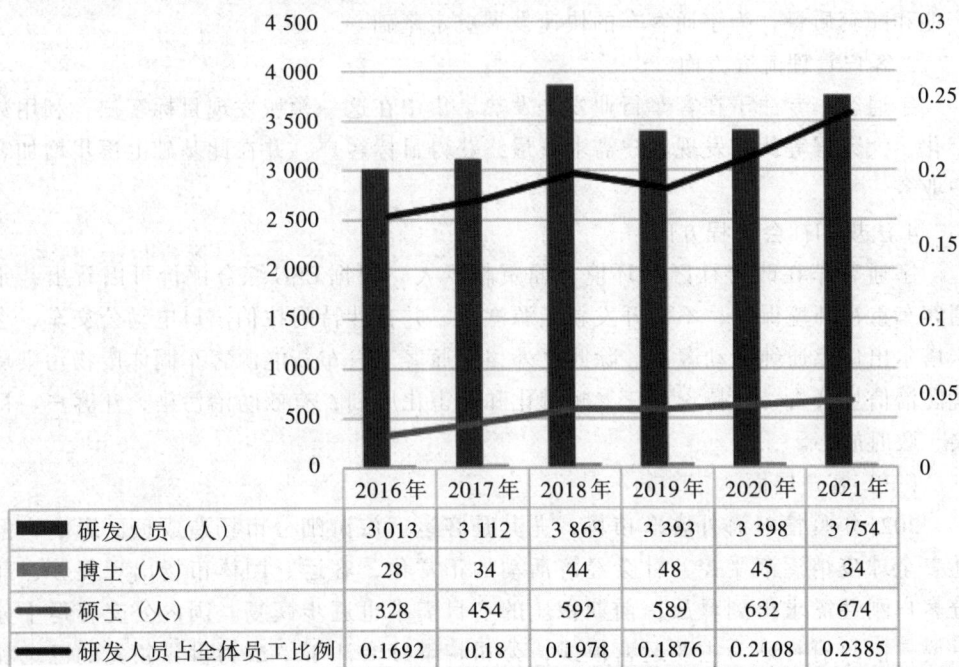

| | 2016年 | 2017年 | 2018年 | 2019年 | 2020年 | 2021年 |
|---|---|---|---|---|---|---|
| 研发人员（人） | 3 013 | 3 112 | 3 863 | 3 393 | 3 398 | 3 754 |
| 博士（人） | 28 | 34 | 44 | 48 | 45 | 34 |
| 硕士（人） | 328 | 454 | 592 | 589 | 632 | 674 |
| 研发人员占全体员工比例 | 0.1692 | 0.18 | 0.1978 | 0.1876 | 0.2108 | 0.2385 |

**图17-9　宇通客车研发员工学历结构**

资料来源：宇通客车2016—2021年财报。

由图7-9可知，宇通客车拥有行业一流的研发队伍，从2016年到2021年研发人员占全体员工比例呈稳步上升状态，其中高学历人才（硕士、博士）占比逐年提升也体现了公司对于数字化转型科技研发的重视。

（二）业务流程层面

业务流程主要包括运营管理流程、创新流程、客户管理流程和法规与社会流程四部分。

**1.运营管理流程方面**

2018年以来，宇通客车财务共享中心与蓝凌公司实现了财务共享中心—在线飞控项目的紧密合作，通过财务共享中心将宇通客车的财务控制体系相统一，提高了整个公司财务相关工作的办公效率，提升了整体财务控制水平。财务共享中心将规范宇通客车的财务控制体系，提高整个公司财务相关工作办公室的效率，提高宇通客车的整体财务控制水平。

**2.创新流程方面**

2019年开始，宇通客车建设以精益化、标准化、自动化、信息化生产为核心的智能工厂。通过对各工艺环节的分析，逐步推进关键工序的自动化发展，总体遵循"先体验后推广"的原则，同时结合信息技术的推广和应用，逐步推进智能化工程建设。通过工业网络和工业互联网平台、智能制造系统和MES系统的建设，加上智能工厂的建设，进一步发挥宇通客车的整体优势，优化资源配置，提高效率、产能和配套质量，为宇通客车的快速发展奠定基础。

**3.客户管理流程方面**

宇通客车专注于在客车行业发光发热，集中在这一领域发现目标客户，利用数字化、大数据等调查发现客户需求，最终获得目标客户，并在此基础上逐步增加客户业务。

**4.法规和社会流程方面**

宇通客车在改善社区和环境方面贡献巨大。根据ESG综合评价可以看出，宇通客车重视环境保护，不断开发新能源汽车，并在沙特阿拉伯出口电动公交车，在卡塔尔出口宇通纯电动客车。除此之外，宇通客车发布新能源客车固体废物污染环境防治信息公告，坚持资源化、减量化和无害化原则，有效防治污染，让客户、社会、政府放心。

（三）客户层面

2021年疫情对海外客车市场，尤其是客运、旅游细分市场造成负面影响，但随着全球疫情逐渐受控，社会经济活动的正常化，客运、团体市场出现复苏，部分客户刚性需求得到释放，前期积压的项目需求也逐步恢复。国内公交客运十分重要，以政府补贴为主要运营模式，公司将继续专注于"成为世界领先的巴士和移动解决方案供应商"的目标。

通过聚焦"产品升级、技术升级、模式创新、海外拓展、夯实基础、对外交流、文化提升"七大主题，其确保实施高水平的战略举措，支持管理转型和品牌影响，为客户、股东、社会和其他利益相关者创造更大价值。同时随着新能源补贴的减少，市场对新能源客车的需求可能会下降。宇通客车进一步加强与客户的深度合作，提供定制化产品，逐步从销售产品转向提供完整的解决方案，进一步提高市场份额和产品附加值。

由于客运市场可能继续受到高铁、城际铁路和私家车的影响，存在市场需求继续下降的风险，因此，宇通客车将深入了解客户需求，开发符合客户运营要求的产品，提高市场份额，帮助长期客户从城际客运服务转向旅游客运服务、景区公交线路、城乡公交和城市公交租赁服务；同时，积极进入高端商务车和机场班车等细分市场。考虑到人民币升值可能对客车出口的价格竞争力造成不利影响，在开展海外业务时，鼓励使用人民币结算，减少美元、小币种的结算比例；同时，通过锁汇等管理手段，做好外汇风险管理；最后，通过持续提升产品、服务竞争力和客户满意度，树立品牌口碑，提升公司在海外市场的综合竞争力。

四、结论

（一）驱动技术创新提升了数字化转型的企业绩效

在数字化转型和后疫情背景下，宇通客车更加专注企业科技创新，逐步加大企业研发投入，不断增加对研发人员的需求量，大幅增加专利数量，推进公司技术创新进程的高速发展，特别是与在数字化转型领域成熟的合作伙伴打造智能制造平台，逐步提高公司的研发能力，整合建立精益化、智能化的制造体系，加强部门间的有效合作，实现整体运营效率的提高。通过满足消费者的个性化生产需求，精益生产也可以在国际市场上保持竞争力，实现更有效的汽车销售，最终实现财务业绩的积极改善。因此，公司的技术创新是宇通客车数字化转型的路径之一。

（二）重塑价值链提升了数字化转型中的企业绩效

宇通客车数字化转型战略的顺利进行，实现了研发、制造、营销和管理等内部业务流程的全面数字化转型和现代化，提高了供应链的效率，缩短了原本漫长而复杂的业务流程。研发的数字化将被用来有效地支持生产、营销和管理的数字化，最终实现高效的生产、准确的营销、标准化和制度化的管理，并提高整个封闭价值链的绩效。这反映在宇通客车的财务业绩上，它的短期和长期偿债能力、企业资产的变现能力以及对挑战环境变化的反应能力都得到了改善，而行业的整体净利润增长率却降至最低。因此，数字化转型可以通过重塑价值链来提高企业绩效。

（三）商业模式转型提升了数字化转型中的企业绩效

宇通客车持续对商业营销模式进行创新，在国内市场，对线上、线下营销渠道进行深度、优化整合，开发建设了网上商城、直播、小店等互联网电商平台，为客户提供更好的购车服务体验。2021年全年通过互联网平台实现整车销售5 464台，形成了适用于公司自身业务发展的精准营销模式，并取得较好效果。同时，公司不断拓展、优化服务网络，相继建立4S中心站，形成以自建站为中心的多元化服务网络，提升顾客售后服务体验，为客户提供更大价值。

在海外，公司采取直销和经销相结合的销售模式。和国外进行本土化合作，实现由产品输出走向"技术输出和品牌授权"的创新业务模式。现在，宇通客车实现在沙特阿拉伯、乌兹别克斯坦、卡塔尔等越来越多的国家销售宇通新能源客车，成为这些国家最大的新能源客车供应商，实现了由从产品提供商向为用户提供全方位解决方案的服务商的角色转变，成功跻身全球客车品牌发展前列。

资料来源：李佳璟.宇通客车数字化转型对企业绩效影响的案例研究［D］.长春：吉林外国语大学，2023.

# 模块五  薪酬管理

实训十八  薪酬结构设计
实训十九  绩效薪酬方案设计
实训二十  薪酬体系设计

# 实训十八　薪酬结构设计

## 一、实训目的

通过该实训项目，了解薪酬结构的设计流程、设计的关键要素，熟悉流程中的职位评价、薪酬调查和薪酬结构区间的设计等内容；熟练掌握评价的方法、程序，明确职位评价在薪酬结构设计中的作用；掌握薪酬调查的流程，能够根据薪酬调查的结果形成的市场薪酬数据确定薪酬结构中薪酬区间的中值，掌握薪酬区间变动比率的设计方法。同时，把国家、社会、公民的价值要求融为一体，提高爱岗敬业、诚信友善、公正民主的人文素养，自觉把小我融入大我，将社会主义核心价值观内化为精神追求，外化为自觉行动。

## 二、基本知识要点

1.职位评价的含义

所谓职位评价，就是指对企业所设职位责任的大小、所需解决问题的能力以及知识和技能的程度等进行评价，系统地确定各职位的相对价值，从而为企业建立职位结构的过程。它以工作内容、技能要求、对组织的贡献、组织文化以及外部市场等为综合依据。

2.职位评价的原则

①职位评价的对象是岗位，而不是岗位的任职者。

②让员工积极参与到职位评价工作中来。

③职位评价的结果应该公开。

3.职位评价的方法

职位评价的方法有非量化评价法和量化评价法两种。

非量化评价法是指仅从总体上来确定不同职位的相对价值的职位评价方法。非量化评价法有排序法和分类法两种。

量化评价法是指通过一套数量化的等级衡量尺度评价系统来确定不同职位之间价值差异程度的职位评价方法。量化评价法主要有要素计点法和要素比较法两种。

（1）排序法

排序法是最简单的一种职位评价方法。它是从总体上判断各个岗位相对价值的大小或根据职位对组织成功的贡献，对职位从高到低进行排列。排序法要求评价人对评价职位内容非常熟悉，否则所做出的职位评价可能不准确。这种职位评价工作通常由人力资源部相关人员或委员会来负责。排序法又可以分为直接排序法、交替排序法和配对比较排序法。

直接排序法是直接根据职位的相对价值大小从高到低进行总体上的排列。交替排序法是先从所有待评价的职位中找出价值最高的一个职位，然后再找出价值最低的一个职位，接着从剩余的职位中又分别找出价值最高和价值最低的职位，如此循环，直到所有的职位都被排列出来为止。配对比较排序法是将所有被评价的职位都进行两两比较，在进行评价比较时，价值较高的职位记"+"表示获得1分，价值较低的记"－"表示减少1分，价值相同的记"0"表示双方得零分，然后根据职位的最终得分来划分职位等级的评价方法。

运用排序法进行职位评价时，首先需要获取相关的职位信息，然后选择报酬要素并对职位进行分类，之后需要对职位进行排序，最后对结果进行综合排序。

排序法的优点在于快速、简单、成本低，而且容易和员工进行沟通。但排序法也存在一些缺陷：首先，由于主观认识上的不一致，当组织内部要评价的职位比较多或职位之间的差异不明显时，难以使得评价各方达成共识；其次，不同部门或有着不同工作背景的人在评价过程中难以避免存在个人的主观偏见；最后，职位价值之间的差异难以量化解释。所以，当被评价的职位太多时，排序法就难以适用了。

（2）分类法

分类法是按照一定的标准将职位归入事先确定好的岗位等级中的职位评价方法。分类法最初由美国联邦政府采用。目前，分类法在公共部门以及企业中仍然有广泛的应用，尤其是在有技术类岗位的组织中。

运用分类法进行职位评价时，首先需要确定合适的职位等级数量，然后对每个职位等级进行清晰的界定，最后根据界定的职位等级对职位进行等级评价。

分类法的优点是简单、容易操作和解释；缺点是在职位多样化的复杂组织中，难以建立标准通用的职位等级定义，也存在对不同职位之间的价值差异难以量化解释、难以避免主观偏见等问题。

（3）要素计点法

要素计点法是实践中最为常用的一种量化的职位评价方法，它是根据各个职位在报酬要素上的得分来确定它们价值的相对大小的一种方法。

所谓报酬要素是指一个组织认为在多种不同的职位中都包含的一些对其战略目标实现有价值的因素或特征，这些因素或特征对组织战略目标的实现起到积极的推动作用。报酬要素实际上是在多种不同的职位上都存在的组织愿意为之支付报酬的一些具有可衡量性质的质量、特征要求或结构性因素。这些报酬要素具有强化组织战略和哲学的重要作用，能够清晰地向员工传递关于组织价值观的重要信息。在实践中，常见的报酬要素主要有责任、技能、努力、工作条件等。

在选择报酬要素时，要注意把握以下选择标准：

①报酬要素应当与总体上的职位价值具有某种逻辑上的关系。

②报酬要素必须能够得到清晰界定和衡量。

③报酬要素对准备在某一既定职位评价系统之中进行评价的所有职位来说必须具有共性。

④报酬要素必须能够涵盖组织愿意为之支付薪酬的与职位有关的所有主要内容。

⑤报酬要素必须与被评价职位相关。

⑥报酬要素之间不能出现交叉和重叠。

⑦报酬要素的数量不宜太多，应当便于管理。

正确地选择报酬要素需要遵循的基本原则是：一个组织应该选择哪些具有组织价值且组织需要给予鼓励的要素。具体来说，报酬要素的选择有三个原则：

①工作相关。评估要素必须来自实际从事的工作。

②业务相关。所选择的评估要素应该来自组织文化与业务方向。

③为大多数人所接受。

要素计点法通常包括三大要素：一是报酬要素；二是反映每一种报酬要素的相对重要程度的权重；三是数量化的报酬要素衡量尺度。

报酬要素的权重由以下三个方面来决定：企业的需要、行业的特点和企业自身的特殊情况。评估要素的权重有两种确定方法：一是平均法，即平均分配各评估要素的权重；二是非平均法，即视企业的侧重来确定评估要素，如高科技企业中学历的权重要大一些。

在运用要素计点法进行职位评价时，首先，要确定组织为评价职位的价值所需要运用的报酬要素，还需要对每个报酬要素进行等级划分和界定，并赋予不同的点值；其次，分别确定每一种职位的每一个报酬要素实际处于的等级，并将职位在每一个报酬要素上所对应的点值进行加总求和，就可以得到该职位的总点值；最后，根据每一种职位总点值的大小对所有的职位进行汇总排序，即完成了职位评价过程。

4.薪酬调查的程序

（1）薪酬调查的目的

企业进行市场薪酬调查的目的主要是了解市场薪酬水平及其动态，保持企业薪酬分配的对外竞争力，做到外部公平。具体来说，薪酬调查的目的有：调整薪酬水平；调整薪酬结构；整合薪酬要素；估计竞争对手的劳动力成本；了解其他企业薪酬管理实践的发展和变化趋势；促进薪酬审计。

（2）根据需要审查已有的薪酬调查数据，确定调查的必要性

如果企业现有的薪酬调查数据已经能够满足企业的要求，就没有必要再进行市场薪酬调查。如果现有的薪酬信息和数据难以满足企业的需要，那么就需要考虑下

一步应该如何来开展薪酬调查，是自己组织进行调查还是委托第三方或是与第三方合作共同进行薪酬调查。

（3）确定需要进行调查的职位和层次

在确定进行薪酬调查之后，需要明确的就是要对哪些层次的何种职位进行调查，是要调查某些类型的职位，还是要调查所有类型的职位。在确定了要调查的职位范围之后，调查企业还需要进一步明确在调查中使用的典型职位，因为限于调查的时间和费用，一般不会对全部的职位开展薪酬调查。另外，在选定被调查职位时，调查者必须提供最新的总体职位描述。同时，所采用的职位名称也应当是比较标准或通常使用的职位名称。

（4）界定劳动力市场范围，确定调查目标

企业相关劳动力市场的划分需要从3个维度进行考察，分别是职业划分、地理划分、行业／产品市场。在确定调查的市场范围时，一般是先确定调查哪些职位，然后确定不同的职位类别在地理范围与产品市场上的交叉，进而形成相关的劳动力市场定位。调查企业的数目可根据企业人力、物力、财力、时间及目的而有所不同，通常至少需要调查10家企业。

可供选择调查的企业主要有5类：①同行业中同类型的其他企业；②其他行业中有相似岗位或工作的企业；③与本企业雇用同一类劳动力，可构成人力资源竞争对手的企业；④本地区在同一劳动力市场上招聘员工的企业；⑤经营策略、信誉、报酬水平和工作环境均合乎一致标准的企业。

（5）确定需要进行调查的薪酬信息

需要进行调查的薪酬信息主要有：①组织与工作信息，包括组织规模，财务信息、人员结构、市场份额等；②薪酬战略信息，包括薪酬战略目标、薪酬政策等；③与薪酬水平及薪酬结构有关的信息；④薪酬体系的其他信息，如薪酬等级结构、薪酬要素组织、薪酬管理方式等。

（6）设计薪酬调查问卷并实施调查

设计调查问卷应考虑包含以下几方面的信息：被调查企业的组织信息、薪酬战略信息、薪酬水平信息、薪酬结构方面的信息、职位权限范围方面的信息、任职者及其任职岗位的一些信息、其他信息。

设计调查问卷时，需要注意以下问题：①每个问题只提问一个信息，并要为回答者留出足够的书写空间；②调查问卷要尽量简单明了，要使被调查者容易理解和回答；③在关键字和关键句下面画横线或将字体加粗；④在问卷的结尾留下开放式问题；⑤提供调查者的联系方式以便被调查者有疑问时可以及时与调查者联系。

可采用Python获取网站相关的招聘薪酬水平，了解市场类似企业的相关薪酬水平。

在数据爬取时，需要注意以下问题：①爬取数据的企业是否具有代表性；②尊重网站的规则和隐私政策，不要进行未经授权的爬取；③不要过度频繁地爬取同一个网站，以免对网站造成过大的负担；④注意数据的准确性和完整性，尽可能避免数据的重复和缺失；⑤在使用爬取的数据时，需要注明数据来源和版权信息，尊重数据的知识产权。

（7）统计分析调查数据

薪酬调查中进行统计分析的常用方法主要有以下几种：

①频度分析法：将得到的与某一职位相对应的所有薪酬调查数据从低到高排列，然后看落入每一薪酬范围之内的公司的数目。

②趋中趋势分析法：具体又可分为简单平均数、加权平均数（以目标公司中从事该职位的员工人数为权重）、中位数三种分析方法。

③离散分析法：包括标准差分析和四分位／百分位分析。

④回归分析法：一般可用回归分析法来分析两个或多个变量之间的相关关系，可以用得到的函数关系式进行预测。

（8）整理分析结果并编写报告

薪酬调查数据分析完成之后，一般还要对最后的分析结果进行整理，并编写薪酬调查分析报告。

**5.薪酬结构的核心要素**

基于职位的基本薪酬设计由岗位薪酬等级、薪酬区间和相邻薪酬等级的关系三个核心要素构成。

（1）划分薪等

当组织中存在多种工作时，需要划分薪等。一个薪等包含价值相同或相似的若干职位。薪等的数目应该适中。在价值最大和价值最小的职位之间的点数差异既定的情况下，如果划分的薪等太少，那些在工作任务、责任和工作环境上差别很大的员工会被支付相同的薪酬，这样会损害薪酬政策的内部公平性；如果划分的薪等太多，那些在本质上没有什么明显差别的工作的从事者就会得到不同的报酬，同样也会损害薪酬政策的内部公平性。划分薪等时，主要考虑的因素是职位数量的多少、企业的管理倾向和企业文化。

（2）确定薪等的薪酬区间

薪等的薪酬区间主要取决于薪酬区间的中值和变动比率两个数值。首先，确定每一薪酬等级的区间中值。在确定岗位薪酬等级的区间中值时，依据企业支付能力、外部劳动力市场劳动力供求程度和企业内岗位的重要性来确定采用外部薪酬数据的水平。

薪酬变动比率通常是指同一薪酬等级内部的最高值与最低值的比率，但实际上变动比率是首先应该确定的数值。速动比率的影响因素是：职位价值、职位层级、基本称职与非常娴熟之间的能力差距，及是否实行宽带薪酬。不同职位类型对薪酬变动比率设计的影响见表18-1。不同职位层级及其变动比率见表18-2。

表18-1　　　　　　　　　　　不同职位类型对薪酬变动比率设计的影响

| 速动比率 | 职位类型 |
|---|---|
| 20%～30% | 生产、维修、服务等职位 |
| 30%～40% | 办公室文员、技术工人、专家助理 |
| 40%～50% | 专家、中层管理人员 |
| 50%以上 | 高层管理人员、高级专家 |

表18-2　　　　　　　　　　　不同职位层级及其变动比率

| 薪酬变动比率 | 职位层级 |
|---|---|
| 60%～120% | 高层管理人员 |
| 35%～60% | 中层管理人员 |
| 10%～35% | 办公室文员 |

在确定了薪酬区间中值和变动比率后，进而可以确定区间的最高值和最低值。最低值与最高值的具体计算如下：

最低值=中值÷（1+1/2×变动比率）

最高值=最低值×（1+变动比率）

（3）相邻薪酬等级的关系

在同一组织中，相邻的薪酬等级可以设计成有交叉重叠的，也可以设计成无交叉重叠的。有交叉重叠的是指除了最高薪酬等级的区间最高值和最低薪酬等级的区间最低值之外，相邻薪酬等级的最高值和最低值之间往往会有一段分叉和重叠的区域。而无交叉重叠的设计又可以分为衔接式和非衔接式两种。前者是指上一个薪酬等级的薪酬区间下限与下一个薪酬等级的薪酬区间上限在同一条水平线上；后者是指上一个薪酬等级的薪酬区间下限高于下一个薪酬等级的薪酬区间上限。

# 三、实训条件

（1）实训室设备：电脑、投影仪、幻灯机。

（2）公司背景资料，包括公司简介、组织结构、公司战略等，可同时设置21份工作描述数据。

# 四、实训材料

案例企业背景：某中型IT公司是一家集电子产品销售、IT服务业务的公司，人员数量为150余人，职位类型有技术类、销售类、职能类和管理类。公司设计采用基于职位的薪酬等级结构，运用要素计点法进行职位评价，确定管理类职位中人力资源管理类岗位的人力资源专员、人力资源部办公室主任、人力资源部副经理、人力资源部经理的岗位等级，列出分数和等级，见表18-3。

外部劳动力市场有一定工作经验的人力资源管理人员处于供不应求的状态，表18-3提供了外部劳动力市场各岗位等级的具体薪酬数据，包括75%分位值、平均值和25%分位值。

首先，确定每一薪酬等级的区间中值，通过表18-3中的数据确定。

表18-3  薪酬区间中值设计表

| 岗位 | 岗位评价点数 | 等级 | 外部薪酬水平 | | 薪酬区间中值 |
|---|---|---|---|---|---|
| 人力资源部经理 | 960 | 四 | 75%分位值 | 14 000 | |
| | | | 平均值 | 13 000 | |
| | | | 25%分位值 | 12 000 | |
| 人力资源部副经理 | 910 | 三 | 75%分位值 | 10 000 | |
| | | | 平均值 | 9 000 | |
| | | | 25%分位值 | 8 000 | |
| 人力资源部办公室主任 | 800 | 二 | 75%分位值 | 7 500 | |
| | | | 平均值 | 6 900 | |
| | | | 25%分位值 | 6 000 | |
| 人力资源专员 | 750 | 一 | 75%分位值 | 5 800 | |
| | | | 平均值 | 5 000 | |
| | | | 25%分位值 | 4 200 | |

其次，在确定了薪酬区间中值和变动比率后，进而可以确定薪酬区间的最高值和最低值，见表18-4。

表18-4  薪酬区间的确定

| 岗位 | 等级 | 薪酬区间中值 | 速动比率 | 薪酬区间 | |
|---|---|---|---|---|---|
| 人力资源部经理 | 四 | | | 最高值 | |
| | | | | 中值 | |
| | | | | 最低值 | |
| 人力资源部副经理 | 三 | | | 最高值 | |
| | | | | 中值 | |
| | | | | 最低值 | |
| 人力资源部办公室主任 | 二 | | | 最高值 | |
| | | | | 中值 | |
| | | | | 最低值 | |
| 人力资源专员 | 一 | | | 最高值 | |
| | | | | 中值 | |
| | | | | 最低值 | |

# 五、实训组织与步骤

以小组为单位开展以下各项活动：

第一步，阅读实训材料，对公司薪酬结构进行分析、诊断。

第二步，分析公司薪酬等级的数量是否恰当。

第三步，分析薪酬结构中各等级的发布是否合理，相邻薪酬等级重叠的部分是否合理。

第四步，对公司原有薪酬结构进行优化设计。

第五步，制作演示幻灯片和文稿并进行演示。

# 六、实训时间

2课时。

# 七、实训成绩评定

1.实训成绩等级评定

实训成绩按优秀、良好、中等、及格、不及格5个等级评定。

2.成绩评定参考标准

（1）是否准确选择职位评价的方法，是否准确把握职位评价的流程？

（2）是否准确把握薪酬调查目的，是否清晰列明需要进行调查的职类、职种和层次；是否合理确定调查的区域范围和企业数量，拟调查的薪酬信息是否能满足案例公司的需要；是否掌握薪酬调查问卷的设计要领，设计的薪酬调查问卷结构是否合理，问题表达是否清晰、准确？

（3）是否准确把握薪酬等级的数量，是否准确把握薪酬区间的中值和变动比率的设计？

（4）实训小组成员分工是否合理，是否能够体现团队协作精神？

（5）能否熟练制作演示幻灯片，并自如回答演示现场的提问？

（6）实训报告是否记录了完整的实训过程，文字是否简练、清楚，结论是否明确，收获和体会是否客观？

（7）实训成绩评定比例。实训环节表现占40%，实训报告质量占60%。

# 附　录

## 附录1　职位评价流程图

职位评价流程图如图18-1所示。

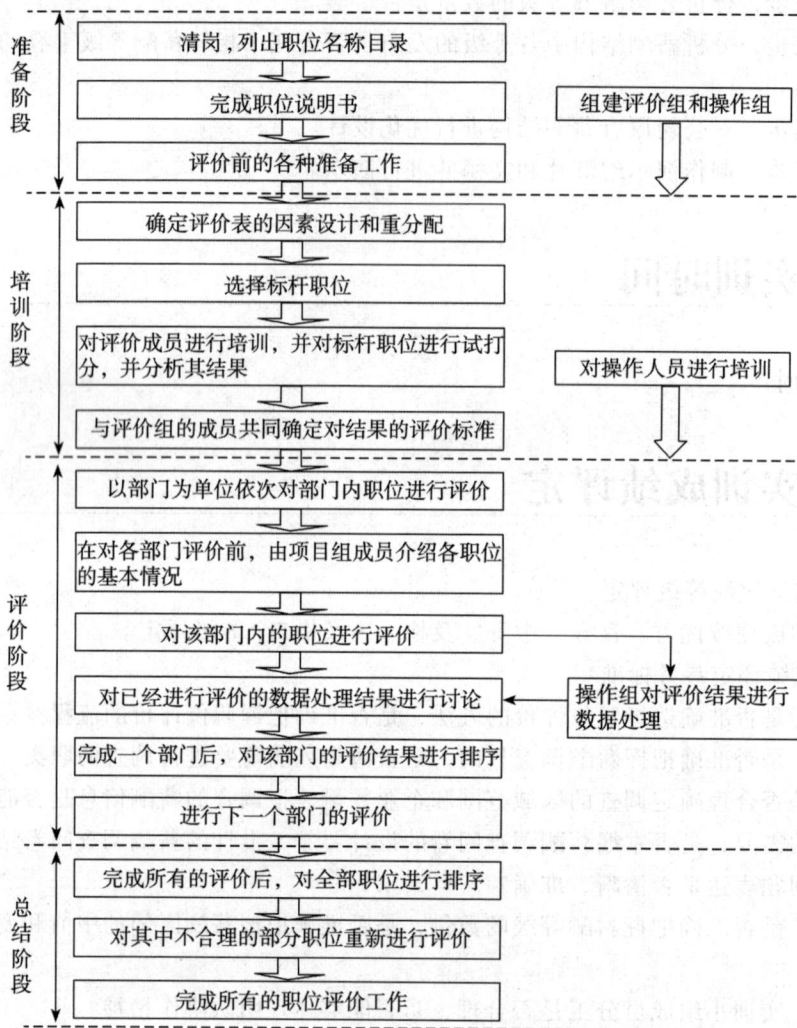

准备阶段
- 清岗，列出职位名称目录
- 完成职位说明书 → 组建评价组和操作组
- 评价前的各种准备工作

培训阶段
- 确定评价表的因素设计和重分配
- 选择标杆职位
- 对评价成员进行培训，并对标杆职位进行试打分，并分析其结果 → 对操作人员进行培训
- 与评价组的成员共同确定对结果的评价标准

评价阶段
- 以部门为单位依次对部门内职位进行评价
- 在对各部门评价前，由项目组成员介绍各职位的基本情况
- 对该部门内的职位进行评价
- 对已经进行评价的数据处理结果进行讨论 ← 操作组对评价结果进行数据处理
- 完成一个部门后，对该部门的评价结果进行排序
- 进行下一个部门的评价

总结阶段
- 完成所有的评价后，对全部职位进行排序
- 对其中不合理的部分职位重新进行评价
- 完成所有的职位评价工作

图18-1　职位评价流程图

## 附录2　海氏工作评价系统简介

海氏工作评价系统又叫"指导图表-形状构成法"（Guide Chart-profile），是由美国工字设计专家艾德华·海（Edward Hay）于1951年研究开发出来的。海氏认

为，任何工作职位都存在某种具有普遍适用性的因素。海氏工作评价系统实质上是一种评分法，是将付酬因素进一步抽象为具有普遍适用性的三大因素，即技能水平、解决问题能力和风险责任，相应设计了三套标尺性评价量表，最后将所得分值加以综合，算出各个工作职位的相对价值。

根据这个系统，所有职务所包含的最主要的付酬因素有三种，每一个付酬因素又分别由数量不等的子因素构成。

职位的形态构成分为三种：

（1）"上山"型：此岗位的责任比技能与解决问题的能力重要。如公司总裁、销售经理、负责生产的干部等。

（2）"平路"型：技能和解决问题能力在此类职务中与责任并重，平分秋色。如会计、人事等职能干部。

（3）"下山"型：此类岗位的职责不及技能与解决问题的能力重要。如科研开发、市场分析干部等。

通常要由职务薪酬设计专家分析各类岗位的形状构成，并据此给技能、解决问题的能力这两个因素与责任因素分配不同的权重，即分别向前两者与后者指派代表其重要性的一个百分数，两个百分数之和应为100%。当然，海氏工作评价系统还涉及每个因素的评估标准和程序，以及评估结果的处理和形成一个公司的岗位等级体系等分析过程。

海氏工作评价系统将三种付酬因素的各子因素进行组合（见表18-5），形成三张海氏工作评价指导图表，见表18-6至表18-8。

表18-5　　　　　　　　　海氏工作评价系统付酬因素描述

| 付酬因素 | 付酬因素定义 | 子因素 | 子因素释义 |
|---|---|---|---|
| 技能水平 | 使工作绩效达到可接受的水平所必需的专门知识及相应的实际运作技能的总和 | 专业理论知识 | 对该职务要求从事子行业领域的理论、实际方法与专门知识的理解。该子系统分八个等级，从基本的（第一级）到权威专门技术的（第八级） |
| | | 管理诀窍 | 为达到要求的绩效水平而具备的计划、组织、执行、控制、评价的能力与技巧。该子系统分五个等级，从起码的（第一级）到全面的（第五级） |
| | | 人际技能 | 该职务所需要的沟通、协调、激励、培训、关系处理等方面主动而活跃的活动技巧。该子系统分"基本的""重要的""关键的"三个等级 |
| 解决问题的能力 | 在工作中发现问题，分析诊断问题、提出、权衡与评价对策，做出决策等的能力 | 思维环境 | 环境对职务行使者的思维的限制程度。该子因素分八个等级，从几乎一切按既定规则办的第一级（高度常规的）到只做了含糊规定的第八级 |
| | | 思维难度 | 解决问题时对当事者创造性思维的要求，该子因素分五个等级，从几乎无须动脑只需按老规矩办的第一级（重复性的），到完全无先例可供借鉴的第五级（无先例的） |

| 付酬因素 | 付酬因素定义 | 子因素 | 子因素释义 |
|---|---|---|---|
| 承担的职务责任 | 职务行使者的行动对工作最终结果可能造成的影响及承担责任的大小 | 行动的自由度 | 职务能在多大程度上对其工作进行个人性指导与控制，该子因素包含九个等级，从自由度最小的第一级（有规定的），到自由度最大的第九级（一般性无指导的） |
| | | 职务对后果形成的作用 | 该因素包括四个等级：第一级是后勤性质作用，即只在提供信息或偶然性服务上出力；第二级是咨询性作用，即出主意与提供建议；第三级是分摊性作用，即与本企业内外其他几个部门和个人合作，共同行动，责任分摊；第四级是主要作用，即由本人承担主要责任 |
| | | 职务责任 | 可能造成的经济性后果。该子因素包括四个等级，即微小的、少量的、中级的和大量的，每一级都有相应的金额下限，具体数额要视企业的具体情况而定 |

表 18-6　　　　　　海氏工作评价指导图表之一———技能水平

| 管理诀窍 | 起码的 | | | 相关的 | | | 多样的 | | | 广博的 | | | 全面的 | | |
|---|---|---|---|---|---|---|---|---|---|---|---|---|---|---|---|
| 人际技能 | 基本的 | 重要的 | 关键的 | 基本的 | 重要的 | 关键的 | 基本的 | 重要的 | 关键的 | 基本的 | 重要的 | 关键的 | 基本的 | 重要的 | 关键的 |
| 专业理论知识 | | | | | | | | | | | | | | | |
| 基本的 | 50 57 66 | 57 66 76 | 66 76 87 | 66 76 87 | 76 87 100 | 87 100 115 | 87 100 115 | 100 115 132 | 115 132 152 | 115 132 152 | 132 152 175 | 152 175 200 | 152 175 200 | 175 200 230 | 200 230 264 |
| 初等业务的 | 66 76 87 | 76 87 100 | 87 100 115 | 87 100 115 | 100 115 132 | 115 132 152 | 115 132 152 | 132 152 175 | 152 175 200 | 152 175 200 | 175 200 230 | 200 230 264 | 200 230 264 | 230 264 304 | 264 304 350 |
| 中等业务的 | 87 100 115 | 100 115 132 | 115 132 152 | 115 132 152 | 132 152 175 | 152 175 200 | 152 175 200 | 175 200 230 | 200 230 264 | 200 230 264 | 230 264 304 | 264 304 350 | 264 304 350 | 304 350 400 | 350 400 460 |
| 高等业务的 | 115 132 152 | 132 152 175 | 152 175 200 | 152 175 200 | 175 200 230 | 200 230 264 | 200 230 264 | 230 264 304 | 264 304 350 | 264 304 350 | 304 350 400 | 350 400 460 | 350 400 460 | 400 460 528 | 460 528 608 |
| 基本专门技术 | 152 175 200 | 175 200 230 | 200 230 264 | 200 230 264 | 230 264 304 | 264 304 350 | 264 304 350 | 304 350 400 | 350 400 460 | 350 400 460 | 400 460 528 | 460 528 608 | 460 528 608 | 528 608 700 | 608 700 800 |
| 熟练专门技术 | 200 230 264 | 230 264 304 | 264 304 350 | 264 304 350 | 304 350 400 | 350 400 460 | 350 400 460 | 400 460 528 | 460 528 608 | 460 528 608 | 528 608 700 | 608 700 800 | 608 700 800 | 700 800 920 | 800 920 1 056 |
| 精通专门技术 | 264 304 350 | 304 350 400 | 350 400 460 | 350 400 460 | 400 460 528 | 460 528 608 | 460 528 608 | 528 608 700 | 608 700 800 | 608 700 800 | 700 800 920 | 800 920 1 056 | 800 920 1 056 | 920 1 056 1 216 | 1 056 1 216 1 400 |
| 权威专门技术 | 350 400 460 | 400 460 528 | 460 528 608 | 460 528 608 | 528 608 700 | 608 700 800 | 608 700 800 | 700 800 920 | 800 920 1 056 | 800 920 1 056 | 920 1 056 1 216 | 1 056 1 216 1 400 | 1 056 1 216 1 400 | 1 216 1 400 1 600 | 1 400 1 600 1 840 |

表 18-7　　　　　海氏工作评价指导图表之二——解决问题的能力（%）

| 思维难度　思维环境 | 重复性的 | 模式化的 | 中间型的 | 适应性的 | 无先例的 |
|---|---|---|---|---|---|
| 高度常规性的 | 10~12 | 14~16 | 19~22 | 25~29 | 33~38 |
| 常规性的 | 12~14 | 16~19 | 22~25 | 29~33 | 38~43 |
| 半常规性的 | 14~16 | 19~22 | 25~29 | 33~38 | 43~50 |
| 标准化的 | 16~19 | 22~25 | 29~33 | 38~43 | 50~57 |
| 明确规定的 | 19~22 | 25~29 | 33~38 | 43~50 | 57~66 |
| 广泛规定的 | 22~25 | 29~33 | 38~43 | 50~57 | 66~76 |
| 一般规定的 | 25~29 | 33~38 | 43~50 | 57~66 | 76~87 |
| 抽象规定的 | 29~33 | 38~43 | 50~57 | 66~76 | 87~100 |

表 18-8　　　　　海氏工作评价指导图表之三——承担的职务责任

| 行动的自由度 | 职务对后果形成的作用 | 微小的 间接 后勤 | 微小的 间接 辅助 | 微小的 直接 分摊 | 微小的 直接 主要 | 少量的 间接 后勤 | 少量的 间接 辅助 | 少量的 直接 分摊 | 少量的 直接 主要 | 中级的 间接 后勤 | 中级的 间接 辅助 | 中级的 直接 分摊 | 中级的 直接 主要 | 大量的 间接 后勤 | 大量的 间接 辅助 | 大量的 直接 分摊 | 大量的 直接 主要 |
|---|---|---|---|---|---|---|---|---|---|---|---|---|---|---|---|---|---|
| | 有规定的 | 10 | 14 | 19 | 25 | 14 | 19 | 25 | 33 | 19 | 25 | 33 | 43 | 25 | 33 | 43 | 57 |
| | | 12 | 16 | 22 | 29 | 16 | 22 | 29 | 38 | 22 | 29 | 38 | 50 | 29 | 38 | 50 | 66 |
| | | 14 | 19 | 25 | 33 | 19 | 25 | 33 | 43 | 25 | 33 | 43 | 57 | 33 | 43 | 57 | 76 |
| | 受控制的 | 16 | 22 | 29 | 38 | 22 | 29 | 38 | 50 | 29 | 38 | 50 | 66 | 38 | 50 | 66 | 87 |
| | | 19 | 25 | 33 | 43 | 25 | 33 | 43 | 57 | 33 | 43 | 57 | 76 | 43 | 57 | 76 | 100 |
| | | 22 | 29 | 38 | 50 | 29 | 38 | 50 | 66 | 38 | 50 | 66 | 87 | 50 | 66 | 87 | 115 |
| | 标准化的 | 25 | 33 | 43 | 57 | 33 | 43 | 57 | 76 | 43 | 57 | 76 | 100 | 57 | 76 | 100 | 132 |
| | | 29 | 38 | 50 | 66 | 38 | 50 | 66 | 87 | 50 | 66 | 87 | 115 | 66 | 87 | 115 | 152 |
| | | 33 | 43 | 57 | 76 | 43 | 57 | 76 | 100 | 57 | 76 | 100 | 132 | 76 | 100 | 132 | 175 |
| | 一般性规范的 | 38 | 50 | 66 | 87 | 50 | 66 | 87 | 115 | 66 | 87 | 115 | 152 | 87 | 115 | 152 | 200 |
| | | 43 | 57 | 76 | 100 | 57 | 76 | 100 | 132 | 76 | 100 | 132 | 175 | 100 | 132 | 175 | 230 |
| | | 50 | 66 | 87 | 115 | 66 | 87 | 115 | 152 | 87 | 115 | 152 | 200 | 115 | 152 | 200 | 264 |
| 行动的自由度 | 有指导的 | 57 | 76 | 100 | 132 | 76 | 100 | 132 | 175 | 100 | 132 | 175 | 230 | 132 | 175 | 230 | 304 |
| | | 66 | 87 | 115 | 152 | 87 | 115 | 152 | 200 | 115 | 152 | 200 | 264 | 152 | 200 | 264 | 350 |
| | | 76 | 100 | 132 | 175 | 100 | 132 | 175 | 230 | 132 | 175 | 230 | 304 | 175 | 230 | 304 | 400 |
| | 方向性指导的 | 87 | 115 | 152 | 200 | 115 | 152 | 200 | 264 | 152 | 200 | 264 | 350 | 200 | 264 | 350 | 460 |
| | | 100 | 132 | 175 | 230 | 132 | 175 | 230 | 304 | 175 | 230 | 304 | 400 | 230 | 304 | 400 | 528 |
| | | 115 | 152 | 200 | 264 | 152 | 200 | 264 | 350 | 200 | 264 | 350 | 460 | 264 | 350 | 460 | 608 |
| | 广泛性指导的 | 132 | 175 | 230 | 304 | 175 | 230 | 304 | 400 | 230 | 304 | 400 | 528 | 304 | 400 | 528 | 700 |
| | | 152 | 200 | 264 | 350 | 200 | 264 | 350 | 460 | 264 | 350 | 460 | 608 | 350 | 460 | 608 | 800 |
| | | 175 | 230 | 304 | 400 | 230 | 304 | 400 | 528 | 304 | 400 | 528 | 700 | 400 | 528 | 700 | 920 |
| | 战略性指引的 | 200 | 264 | 350 | 460 | 264 | 350 | 460 | 608 | 350 | 460 | 608 | 800 | 460 | 608 | 800 | 1 056 |
| | | 230 | 304 | 400 | 528 | 304 | 400 | 528 | 700 | 400 | 528 | 700 | 920 | 528 | 700 | 920 | 1 216 |
| | | 264 | 350 | 460 | 608 | 350 | 460 | 608 | 800 | 460 | 608 | 800 | 1 056 | 608 | 800 | 1 056 | 1 400 |
| | 一般性无指导的 | 304 | 400 | 528 | 700 | 400 | 528 | 700 | 920 | 528 | 700 | 920 | 1 216 | 700 | 920 | 1 216 | 1 600 |
| | | 350 | 460 | 608 | 800 | 460 | 608 | 800 | 1 056 | 608 | 800 | 1 056 | 1 400 | 800 | 1 056 | 1 400 | 1 840 |
| | | 400 | 528 | 700 | 920 | 528 | 700 | 920 | 1 216 | 700 | 920 | 1 216 | 1 600 | 920 | 1 216 | 1 600 | 2 112 |

## 附录3 某地区电力行业薪酬调查报告

### 一、薪酬数据爬取

第一步，打开开发者工具：F12。若暂时没有数据包或者数据包比较少（数据不完整），可以刷新网页：让数据内容重新加载一遍。

第二步，用代码实现步骤。模拟浏览器对url地址发送请求，找到数据包链接，获取服务器返回响应数据，即开发者工具：response（所有数据内容）。

第三步，解析数据，提取我们需要的数据内容：公司、薪资、经验、学历要求等。

第四步，保存数据，把数据保存在本地文件。

第五步，对获取的数据进行整理、可视化分析。

### 二、不同学历员工月平均薪酬调查情况

就薪酬水平来看，由图18-2、图18-3和表18-9可知，在本地区从事电力行业的员工大部分的学历为中专。其中，本科生员工薪酬平均值为3 872元，是中专员工薪酬平均值的1.87倍，虽然有部分企业不限员工学历，但其所提供的薪酬水平也较低，由此可以看出学历对于薪酬水平具有重要影响。因为学历具备信号功能，可以较客观地体现自身的能力，所以学历的高低是制定薪酬的基础。

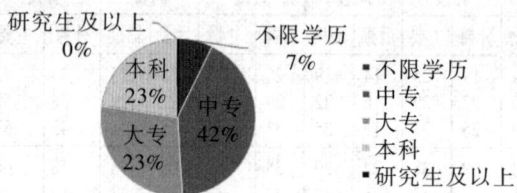

图18-2 电力企业员工学历占比

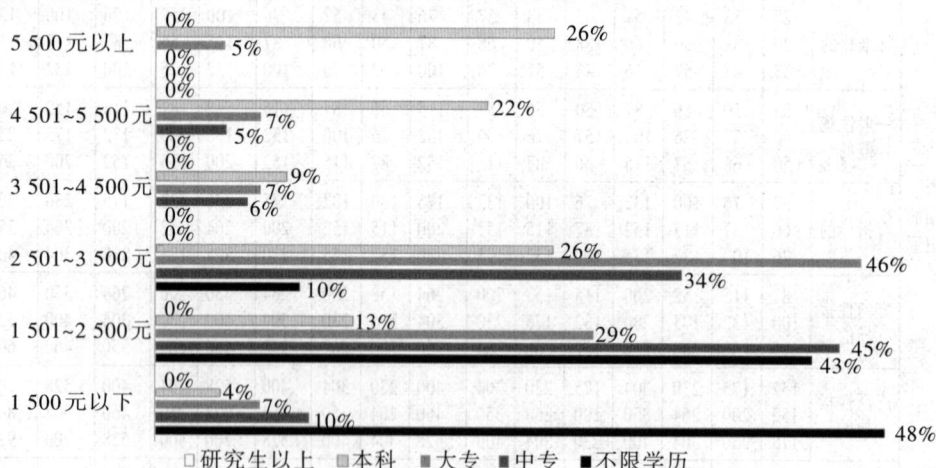

图18-3 电力企业不同学历员工平均薪酬占比

表18-9　　　　　　　　电力企业不同学历员工平均薪酬

| 不同学历员工薪酬平均值比较 | | | | |
|---|---|---|---|---|
| 学历 | 不限学历 | 中专 | 大专 | 本科 | 研究生以上 |
| 薪酬平均值（元） | 1 352 | 2 860 | 3 359 | 4 072 | — |

### 三、月平均薪酬频数分布

由表18-10和图18-4可知，某地区电力企业员工月平均薪酬在2 400元以上，大都集中在2 500～3 500元，平均薪酬为3 441.3元。

表18-10　　　　　　　　电力企业员工薪酬分布

| 薪酬的总体状况 | | | |
|---|---|---|---|
| 薪酬总体水平 | 最高值 | 最低值 | 平均值 |
| 数额（元） | 12 000 | 1 800 | 34 41.3 |

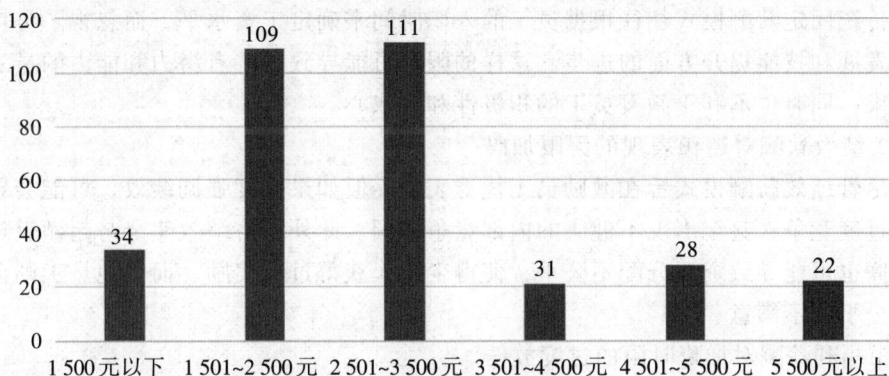

图18-4 电力企业员工薪酬分布

### 四、不同规模企业员工月平均薪酬调查状况

就规模来看，员工的平均薪酬基本上随着企业规模的扩大而增加。如图18-5所示，100人以下规模企业的员工薪酬平均值为2 381.4元，500人以上规模企业员工的薪酬平均值为4 206.9元，是100人以下规模企业薪酬平均值的1.76倍。由此可以看出，规模大的公司相对薪酬水平较高。

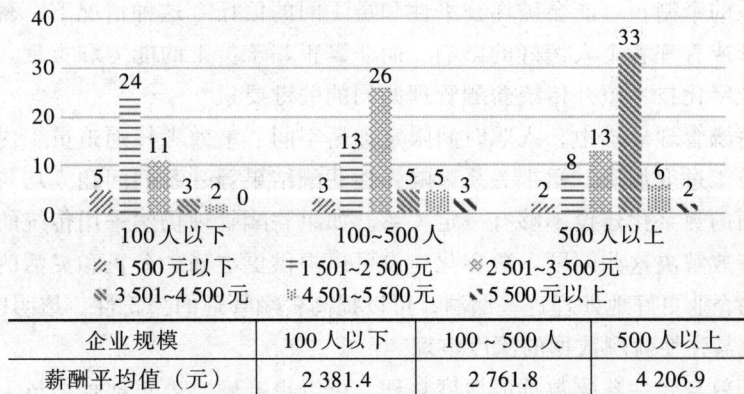

| 企业规模 | 100人以下 | 100～500人 | 500人以上 |
|---|---|---|---|
| 薪酬平均值（元） | 2 381.4 | 2 761.8 | 4 206.9 |

图18-5 电力企业员工月平均薪酬在不同规模企业的分布状况

## 附录 4  数字化薪酬案例

数字化技术在薪酬管理领域发挥着重要作用，通过数字化技术填补传统薪酬管理漏洞，可以更准确、公正地评估员工的价值和绩效，实现薪酬的个性化设定和差异化管理。同时，数字化薪酬管理还能自动化处理与薪酬相关的流程和计算，提高工作效率，减少错误，并确保薪酬的公平性和准确性。此外，数字化薪酬管理还能提供透明度和沟通反馈渠道，改善员工与企业之间的交流和沟通效果。

更重要的是，数字化薪酬管理要确保薪酬数据的安全性和合规性，防止腐败和不当利益的发生，保障薪酬分配的公平性和合理性。通过数字化技术的应用，企业可以构建一个公开、公正、安全、高效的数字化薪酬管理体系，促进企业的可持续发展。

一、传统薪酬管理模式的典型漏洞

1.固定薪酬对入职时间的刻板限定

传统固定薪酬模式往往根据员工的入职时间来确定工资水平，而忽视了员工在职业发展和技能提升方面的进步。这样的限制可能导致一些有潜力和能力的员工受到约束，同时也不利于激发员工的积极性和进取心。

2.绩效薪酬对超额表现的无限加码

尽管绩效薪酬模式旨在激励员工优秀表现，但如果过度强调绩效，可能会导致员工过度竞争，甚至出现不健康的内部竞争氛围。此外，将绩效奖金与超额表现无限关联也可能导致资源分配不公平，使得少数人获得过高奖励，而其他员工则会感到不公平和不满意。

3.福利薪酬对加班时限的过度放任

某些企业可能设置了福利待遇作为对员工加班的补偿，但如果对加班时间和工时没有明确限制，可能会导致员工长时间加班，影响其工作与生活的平衡。过度放任加班时限可能会增加员工压力，并导致健康问题，也不利于提高工作效率和员工幸福感。

4.弹性薪酬对裙带关系的反向牵制

弹性薪酬模式注重个性化和灵活性，但如果在决策和分配过程中存在裙带关系或人际关系的牵制，可能会破坏公平性和员工间的信任。这种情况下，薪酬决策可能受到主管或管理者个人偏好的影响，而非真正基于员工的能力和贡献。

二、数字化技术填补传统薪酬管理漏洞的关键要素

传统薪酬管理模式中，入职时间限定加薪空间、绩效考核逼迫员工内卷、福利待遇逼迫员工过度加班、裙带关系影响弹性薪酬结果等一系列问题，均与企业在薪酬管理方面的数字化建设不够有一定关系。如果薪酬管理仍然采用传统的模式和手段，很难有效解决这些问题。数字化建设可以提供更准确、公正和灵活的薪酬管理方式，帮助企业更好地处理这些漏洞，可以提高薪酬管理的公正性、透明度和效率。

1.绩效与弹性薪酬数据的深度整理

通过绩效与弹性薪酬数据的深度整理，可以更准确、公正地评估员工的价值和绩效，实现薪酬的个性化设定和差异化。这有助于解决固定薪酬对入职时间的刻板

限定，提高薪酬制度的灵活性和公平性，促进员工的积极性和绩效提升。

首先，通过数据深度整理，可以客观地评估员工的工作绩效。传统的固定薪酬通常只考虑员工的入职时间长短，而无法准确评估员工的真实贡献和能力。而绩效数据的收集和分析可以基于其实际工作表现，更全面、客观地评估员工的价值和贡献度。

其次，通过绩效数据的深度整理，可以制订更具个性化的薪酬方案。不同员工在同一岗位上的表现可能存在差异，只用入职时间来确定薪酬往往会导致不公平，而绩效数据的分析可以根据实际表现和贡献，设定不同的薪酬水平和变动幅度，实现薪酬的个性化和差异化。

再次，弹性薪酬制度可以为员工提供更大的激励，促使他们提升工作绩效。传统固定薪酬使员工入职后很难有显著的薪酬增长，这可能导致员工缺乏积极性和动力。而基于绩效数据的弹性薪酬制度可以激发员工的工作热情，鼓励他们不断提升绩效，获得更好的薪酬回报。

最后，通过绩效与弹性薪酬数据的深度整理，可以更加合理地分配薪酬资源。固定薪酬对于公司来说，可能会导致薪酬结构不合理，一些高绩效的员工无法获得相应的回报，而一些低绩效的员工薪酬过高。而数据深度整理可以更好地了解员工的绩效水平，确保薪酬资源能够与绩效匹配，实现公平合理的薪酬分配。

2.加薪的自动化流程与精准评估

数字化薪酬管理可以自动化处理与薪酬相关的流程和计算，例如薪资核算、奖金计算、绩效考核等。自动化可以提高工作效率，减少错误，并确保薪酬的公平性和准确性。加薪的自动化流程与精准评估可以有效解决绩效薪酬对超额表现的无限加码问题。其提供了一个客观、透明且可预测的加薪机制，使得加薪过程更加公平、合理，并能够更好地激励员工的表现和发挥。

首先，自动化流程和精准评估可以基于客观的数据和标准来评估员工的绩效。相较于主观的评判和决策，自动化流程能够减少人为因素的介入，降低误差和不公平的可能性。同时，通过精准评估，可以更准确地识别有着超额表现的员工。

其次，自动化流程可以根据事先设定的规则和标准，自动判断员工是否符合加薪条件以及加薪的幅度。这样就避免了主观意识和个人偏好对加薪决策的影响，使加薪过程更加透明和可预测。

再次，精准评估能够对员工的超额表现有一个合理的评估和判定，而自动化流程则能够根据设定的规则限制加薪的幅度。通过设定合理的上限，防止了绩效薪酬因为超额表现而无限加码的问题，保持了薪酬制度的公平性和可持续性。

最后，自动化流程和精准评估使得加薪过程更加公正和准确，能够更好地激励员工的超额表现。员工知道他们的努力和成绩会被客观地评估和奖励，从而更有动力去追求卓越的表现。

3.薪酬信息的透明度与沟通反馈

数字化薪酬管理平台具有透明度，员工可以清晰地看到全国流通经济薪酬体系，减少信息不对称造成的不满和猜疑。数字化平台还可以为员工和管理层提供实时的交流和反馈渠道，改善沟通效果。数字化技术提供了实时沟通和反馈的渠道，使得员工和管理层能够及时交流关于薪酬和福利的意见和需求。企业可以通过内部社交平台、即时通信工具等与员工进行互动，获得他们的反馈和建议。这种实时沟通与反馈机制有助于解决福利薪酬过度放任的问题，使公司能够根据员工的需求和意见进行调整和改进。

首先，这种实时沟通和反馈机制使得员工能够及时表达他们对薪酬和福利政策的需求和意见。员工可以在内部社交平台上发布自己的想法，提出建议，或者直接与管理层进行"一对一"的沟通。这样员工有机会表达自己的关切和期望，同时让管理层了解员工的真实需求。

其次，实时沟通和反馈机制也使得管理层能够快速了解员工的反馈和建议。管理层可以通过内部社交平台或即时通信工具收集员工的意见，并及时回应和解决问题。这样管理层可以更好地了解员工的需求，及时做出相应的调整和改进。

最后，实时沟通和反馈机制建立了员工参与决策的渠道。当公司面临福利薪酬调整或政策变更时，管理层可以征求员工的意见和建议，让员工参与决策。这样不仅能够提高员工对薪酬福利的满意度，也能够减少管理层的盲目决策，更好地满足员工的需求。

4.薪酬可控的数据安全与合规性

数字化薪酬管理要确保员工数据的安全性和合规性，包括合理的数据收集和存储措施，以及符合相关法律法规和隐私政策的数据处理和使用方式。薪酬可控的数据安全与合规性可以通过提供透明度和公正性、保护数据隐私、建立内部控制和监管机制，以及满足法律合规和监管要求，解决弹性薪酬对裙带关系的反向牵制问题。这样可以确保薪酬分配的公平性和合理性，减少腐败和不当利益的发生，提升企业的稳定性和可持续发展。

首先，通过数字化技术，薪酬数据可以被准确记录、统计和审计，员工可以随时访问自己的薪酬信息，并了解薪酬制度的运行机制。这种透明度和公正性可以减少对裙带关系的依赖，防止利益输送和不公平待遇。

其次，薪酬数据是敏感的个人信息，需要受到有效的保护。薪酬可控的数据安全与合规性要求建立健全的数据保护和隐私政策，采用合适的技术措施来实现薪酬数据的安全性和保密性。这样可以防止未经授权的人员获取薪酬数据并滥用或篡改。

最后，薪酬可控的数据安全与合规性需要建立健全的内部控制和监管机制。企业可以设立专门的薪酬管理部门，负责薪酬政策的制定、执行和监督。数字化技术可以帮助实施审计和监测机制，及时发现和纠正薪酬数据的异常情况，确保数据的准确性和合规性。

三、数字化转型视域下员工薪酬管理体系的优化设计

1.以"全行业+全地域"大数据为定薪衡量指标

大数据在设定薪酬衡量指标方面可以发挥很大的作用。通过分析大数据，可以

从全行业、全地域的角度来了解薪酬水平的整体情况，以及不同职位在行业内的相对位置。借助大数据技术和分析工具，综合考虑行业和地域因素，设定薪酬的基准线和范围，可以帮助企业更加科学地确定员工薪酬水平，提高薪酬管理的准确性和公正性。

同时，通过精准的薪酬调整，还可以提升员工满意度和企业竞争力。一方面，通过收集和分析行业内各个公司的薪酬数据，可以得出不同职位在行业内的薪酬水平。这有助于确定薪酬的基准线，使企业在设定员工薪酬时有一个参考标准。例如，可以了解某一职位在行业内的平均薪资水平，从而确保企业能够提供具有竞争力的薪酬待遇，吸引和留住优秀的人才。另一方面，大数据还可以帮助了解不同地域之间的薪酬差异。由于地域发展水平和生活成本等因素的不同，同样职位在不同地区的薪酬水平可能存在差异。通过对大数据的分析，可以精准地调整薪酬水平，使其与各地的实际情况相匹配。这有助于提高员工的满意度，强化企业的竞争力。

2.以"全周期+全岗位"数据库为加薪动态参考

建立全面的员工数据库，应包含员工入职之日起的全周期工作变化和表现，同时将全岗位所有员工的数据作为制定加薪标准的参考，可以认为它是实现薪酬动态化管理的基础。员工数据库应包括员工的个人信息、工作经历、教育背景、培训记录等关键信息，以及员工的工作表现、成长轨迹和业绩数据等。这些数据可以通过数字化平台进行收集、整理和存储。基于员工数据库，可以通过数据分析和挖掘来评估员工的能力和贡献，为加薪提供参考依据。以下是一些可能的动态参考因素。

首先，工作表现。基于员工的工作绩效数据，例如个人目标完成情况、工作质量、创新能力等，评估员工在工作中的表现，高绩效的员工可以获得更多的加薪机会。

其次，成长轨迹。可以重点分析员工的职业发展路径和成长过程，包括晋升历史、岗位变动、培训和学习记录等，根据员工的成长轨迹，可以调整加薪幅度，激励员工在职业发展上取得更好的成果。

最后，业绩贡献。应考虑员工对企业整体业绩的贡献。这可以包括个人项目成果、团队合作表现、客户满意度等，通过对业绩数据的分析，可以评估员工对企业价值创造的贡献程度。基于以上因素，可以建立加薪动态参考模型或算法。该模型可根据员工数据库中的数据进行分析和计算，确定员工的加薪幅度和频率。这种个性化的加薪方式可以更好地激励员工，提高绩效和工作动力。从而建立全面的员工数据库并结合数据分析和挖掘，可以实现薪酬的个性化和动态化管理，也有助于促进其职业发展和持续贡献。

3.以"全新人+全公开"职能数据为考核绩效标准

数据是抽象的，也很难描述员工历史贡献和未来预期。如果老员工以自身对企业的以往贡献居功自傲，那么将限制新员工的升职和加薪空间。因此，最为客观的绩效考核办法是将"数据归零"，在每一阶段将所有员工视为"新员工"，并公开所有员工的薪酬绩效考核结果，以"全新人+全公开"职能数据为考核绩效标准可以提高绩效评估的公正性和透明度。要制定明确的职能和角色描述，建立绩效评估指标体系，并将其公开透明化。通过数字化工具和平台，员工可以清楚地了解自己的绩效评估标准和指标权重，从而提高绩效考核的公正性和透明度。

职能和角色描述方面，应制定明确的职能和角色描述，详细说明每个职位的责任、权力和职业要求。这些描述应该与企业的战略目标和价值观相一致，既能够满足企业需求，又能够指导员工进行工作。绩效评估指标体系方面，明确衡量员工绩效的关键指标。这些指标应该与职能和角色描述相对应，并且能够客观、可量化地衡量员工在工作中的表现。

例如，可以包括目标完成情况、工作质量、创新能力、团队合作等方面的指标。公开透明化方面，通过数字化工具和平台，将绩效评估指标体系向所有员工公开。员工可以清楚地了解自己的职能和角色描述，以及各个指标的权重和评估方式。这样做可以增加绩效评估的透明度，员工可以更好地理解自己的绩效评估结果，并对未来的工作进行调整和改进。

除此之外，应建立定期反馈和沟通机制，使员工和管理者可以就绩效评估结果进行讨论和交流。开放和积极的反馈可以帮助员工了解自己的优势和改进空间，从而提高工作表现并促进个人发展。进而通过以上措施，实现以"全信任+全公开"的职能数据为考核绩效标准，提高绩效评估的公正性和透明度。员工可以清楚地了解自己的职责和绩效评估标准，企业也可以更准确地评估员工的贡献和价值，从而提升全员的工作动力和整体绩效水平。

4.以"全平台+全激励"挑战行业卓越

建立多样化的激励机制和奖励体系，包括绩效奖金、股权激励、培训机会等，以激励员工积极学习和提高。利用数字化平台和工具，提供线上学习资源和交流平台，鼓励员工参与挑战性项目并取得卓越表现。

首先，建立多样化的激励机制和奖励体系，包括绩效奖金、股权激励、培训机会等。这些激励机制可以根据员工的贡献和表现进行个性化设定，激励员工积极学习和提高，并给予他们适当的回报和认可。

其次，利用数字化平台和工具，提供丰富的线上学习资源和交流平台，鼓励员工参与挑战性项目并取得卓越表现。这些资源和平台可以包括在线培训课程、虚拟团队合作工具、知识分享平台等，帮助员工不断学习、成长和创新。

再次，为员工提供挑战性的项目和任务，激发他们的创造力和主动性。这些项目可以是跨部门合作、解决复杂问题、推动业务创新等，对员工能力和潜力提出更高的要求。通过参与这些项目，员工可以锻炼自己的技能，展示个人价值，并获得相应的激励和奖励。

最后，建立追踪和认可卓越表现的机制，及时发现和认可员工的优秀表现。可以通过数字化平台记录员工的成就和贡献，为他们提供公开的认可和赞赏。这种及时的认可可以激励员工，同时也增强了员工之间的竞争合作意识。通过以上措施，可以实现"全平台+全激励"的目标，鼓励员工积极学习和提高，参与挑战性项目并取得卓越表现。这能够提高员工的工作动力和创新能力，推动企业不断向前发展，助力企业在挑战中取得卓越成果。

5.以"智能算法+精准画像"实现薪酬模式转型

借助人工智能技术和算法模型，对员工数据进行精准分析和预测，制订个性化的薪酬方案。通过深度学习和人才画像技术，了解员工的技能、特长和潜力，为其提供个性化的发展路径和薪酬福利。最终，以"智能算法+精准画像"的方式，实现企业薪酬管理模式的全面转型，突破传统薪酬管理模式的束缚和障碍，真正发挥数字化薪酬管理体系的优势。

数据分析和预测方面，利用人工智能技术和算法模型，对员工数据进行深入分析和预测。可以结合员工的绩效、背景、能力等多个维度的数据，通过机器学习和数据挖掘技术，找出隐藏在数据中的规律和趋势。这样可以为制订个性化的薪酬方案提供科学依据。人才画像的大数据统计方面，可运用人才画像技术，全面了解员工的技能、特长和潜力。通过对员工的能力评估、履历信息、职业发展意愿等方面的分析，建立员工的个性化画像。这样可以更好地识别员工的优势和发展方向，为其提供个性化的发展路径和薪酬福利。

个性化发展路径方面，根据员工的个性化画像，制定个性化的发展路径。针对员工的技能缺口和发展需求，提供相应的培训和发展机会。通过定制化的计划和指导，帮助员工提升技能水平，实现职业目标，从而使员工的个人成长和公司的长期发展形成良好的契合。个性化薪酬福利方面，基于员工的个性化画像和贡献，制订个性化的薪酬福利方案。考虑员工的绩效、能力、贡献和市场竞争力等因素，为其提供公平、合理的薪酬待遇。这种个性化的薪酬福利可以更好地满足员工的需求，增加员工的满意度和忠诚度。进而通过以上措施，可以实现薪酬模式的转型，使其从传统的统一标准转向个性化的方式。这将更好地激励员工的积极性和创造力，提升企业的工作效率和竞争力，并为员工的个人成长和公司的长期发展创造更大的价值。

四、结语

数字化转型下员工薪酬管理体系的优化设计需要充分利用数据分析和智能决策技术，灵活调整薪酬水平，加强沟通与透明度，并注重员工的发展和培训，以实现公正、灵活和可持续的薪酬管理。以"全行业+全地域"的大数据为定薪衡量指标，可以提高薪酬管理的准确性和公正性。

将"全周期+全岗位"的数据库作为加薪动态参考，能够制订个性化的加薪方案，更好地激励员工的能力和贡献。以"全信任+全公开"的职能数据为考核绩效标准，能够公开透明地评估员工的表现，并激励员工的进步和成长。在数字化转型中，采用"全平台+全激励"的方式，可以挑战行业的卓越。最后，通过建立"智能算法+精准画像"的内部评估系统，能够实现薪酬模式的转型，从而更好地满足员工需求和企业发展要求。

资料来源：马金成，房玮.数字化转型视域下员工薪酬管理体系优化设计研究［J］.全国流通经济，2023（24）：79-82.

# 实训十九　绩效薪酬方案设计

## 一、实训目的

通过该实训项目，了解绩效薪酬的基本原理，熟悉绩效薪酬的具体类型，掌握绩效薪酬方案的设计流程，完成绩效薪酬的软件操作；同时，树立正确的物质观和金钱观，培养公平意识、竞争意识、效率意识和团队合作意识。

## 二、基本知识要点

1.绩效薪酬的特点及其实施要点

（1）绩效薪酬的概念

所谓绩效薪酬，是指员工的薪酬随着个人、团体或者组织绩效的某些衡量指标所发生的变化而变化的一种薪酬设计。由于绩效薪酬是建立在对员工行为及其达成组织目标的程度进行评价的基础之上的，因此绩效奖励计划有助于强化组织规范，激励员工调整自己的行为，并且有利于组织目标的实现。

（2）绩效薪酬的优缺点

绩效薪酬的优点：其一，由于绩效薪酬往往有明确的绩效目标，因此它能够把员工的努力集中在组织认为重要的一些目标上，从而有利于组织通过灵活调整员工的工作行为来达成企业的重要目标，避免员工的行为脱离组织的战略主线而形成本位主义倾向。其二，由于绩效薪酬中的报酬支付实际上变成了一种可变成本，因此它的实施灵活性地调整了自己的支付水平，而不至于因为成本的压力而陷入困境。其三，由于绩效奖励往往是与直接的绩效改善联系在一起的，并且奖金的授予对象是那些为达成更高绩效做出贡献的人，因此绩效薪酬有利于组织总体绩效水平的提高。

绩效薪酬的缺点：其一，在绩效薪酬中所使用的产出标准很可能无法保持足够的准确和公正，在产出标准不公正的情况下，绩效薪酬很可能会流于形式。其二，绩效薪酬有可能导致员工之间或者员工群体之间的竞争，而这种竞争可能不利于组织的总体利益。其三，在绩效薪酬的设计和执行过程中，还有可能增加管理层和员工之间的摩擦，它是奖金内容结构中常用的奖酬方式。

2.绩效薪酬的类型

（1）绩效加薪

绩效加薪是最为常用的一种加薪方式，它体现了对已经发生的工作行为或已取得的绩效成果的认可和奖励，它的一个显著特点即增加部分是直接加到基本工资中去的，每一次加薪后基本工资额都获得增长，下一次加薪是基于已经增加了的基本工资固定基数，同时不断增大工资支付成本。尽管如此，有关调查数据显示，美国大约有90%的企业运用绩效加薪。

（2）一次性奖金

一次性奖金是一种没有累加性的绩效加薪方式，是对传统绩效加薪方式的一种改进。由于原来的每一次绩效加薪都是要增加工资基数的，所以工资资历长（经历了多次加薪）的员工工资基数会比较大，新进入者就难以较快地获得相当的工资水平。此外，那些已获得很高工资积累的员工可能目前的绩效并不是令人满意的。

（3）个人特别绩效奖

个人特别绩效奖是一种针对个人特别突出的优质业绩进行奖励的方式，也就是类似于我们通常的"个人突出贡献奖"等奖项，其最突出的特点在于这样的奖励具有极强的针对性和灵活性，往往可以通过这种奖项来突破一些基本奖励制度在支付额度、支付周期及支付对象上的局限。它的机制比较简单，即谁干出特别突出的业绩就特别奖励谁。

可以想象，这种专属的奖励对激励获奖者本人将会产生很大的作用，不仅如此，试想当其他员工实实在在地看见获奖者的喜悦时会有怎样的感受。他们自己通常也会为了获得这份惊喜而暗自付出加倍的努力。所以说个人特别绩效奖往往具有较好的以点带面的激励效果。

（4）个人激励计划

个人激励计划是用来激励员工个人为实现其绩效目标而运用的一种奖金支付方式。首先，在制订激励计划时，必须考虑一个基本问题，即为什么而支付——绩效标准导向性的明确问题，绩效目标的设定本质上体现了组织对员工的绩效要求和导向，这些标准可以是生产率（产量的或质量的）、顾客满意度、安全性或出勤率等。如果组织关注员工的工作结果，则绩效标准可以是结果导向的；如果是关注员工的行为，则指标可以侧重于行为导向。对于不同工作种类的员工，其绩效目标往往也是不尽相同的，如生产工人和管理人员的绩效目标就会有各自的针对性。

其次，在明确指标性质的导向之后，必须考虑标准的可达到性问题，即制定的绩效水平标准必须是员工通过努力可以达到的，如果员工对工作的结果不能进行有力的控制，激励效果往往很难产生。

最后，可以对激励计划方案进行选择，即方式方法的运用问题。个人激励计划有很多种，一般包括：针对生产人员的产出激励计划、针对一般管理人员的管理激励计划及关注员工行为的行为激励计划。

（5）团队激励计划

当人们的工作要求使得大家需要更多的协调、合作，甚至一个团队来完成工作时，对群体的激励就成为大家日益关注的问题。团队激励计划就是对员工的集体绩效而不是员工的个人绩效进行奖励的方式，它的激励对象是群体，这种群体可以是一个团队、一个部门、一个分公司，甚至扩大到整个公司。总而言之，它所关注的是群体的整体绩效，目的在于通过这样的激励使人们实现其群体绩效目标。

（6）组织激励计划

其实组织激励计划与团队激励计划的界限不是很清楚，都是针对员工群体的，只是组织激励计划的对象群体更大一些，一般是全员；团队激励计划其实也可以运用于全员，比如以上介绍的各种收益分享计划、利润分享计划等，在某种程度上它还强调员工间的合作与参与。

3.奖金设计的步骤

（1）分析问题，确认是否需要某种奖励计划

（2）选择适合本公司的奖励计划

①明确奖励目标。

②根据目标选择恰当的形式。

（3）确定预算

①明确在某种奖励计划下，确定奖励的总金额。

②考虑如何对员工形成吸引力。

（4）奖金分配的依据——绩效考核

（5）确定奖金的分配方法

（6）所有步骤都离不开沟通

# 三、实训内容与要求

### 汇通公司生产人员绩效薪酬方案设计

汇通公司成立于1998年11月，是西北地区最大的水泥生产厂家、最大的油井水泥生产基地和全国重要的特种水泥生产基地。公司拥有代表世界水泥工艺先进水平的窑外分解工艺线13条，于1999年4月通过国家建材质量体系认证中心认证，其主要产品被国家质量技术监督检验检疫总局命名为国家级免检产品，其被中国质量协会用户委员会评为"全国用户满意企业"的企业，是自治区环保治理"一控双达标"的首家水泥企业。

公司现有员工490人，以生产人员居多，有310人，占员工总人数的63%。

### 汇通公司生产人员现行奖金分配方案

公司根据员工的岗位年工资总收入，确定绩效奖金的比例，在此基础上，确定员工的奖金基数，综合办结合对生产人员的考核，确定考核系数，发放奖金。

生产人员的基本工资，作为组织性工资，一般都是一样的，可以体现生产人员不同能力水平的是绩效工资，公司生产人员的绩效工资比例占总工资的15%，导致有能力的生产人员与一般的生产人员的工资总额相差不多，付出多的和付出少的人得到几乎同样的报酬，就会使努力工作的人失去热情，使本来就想偷懒的员工更加心安，员工无法从悬殊的工资额度中得到努力工作的满足感和成就感，不利于激发员工更高层次的需要与愿望，相应的也就不利于员工提高工作效率与工作质量。

公司根据定量与定性考核指标，得到员工个人绩效考核结果，按照20%、70%、10%的比例来界定员工绩效等级，考核结果排名在前20%的员工，其绩效为超出企业期望，排名在中间70%的员工，为基本完成任务，排名在后10%的员工，为需要努力。经过管理层的讨论，对各等级确定绩效系数。

**汇通公司生产人员奖金方案存在的问题**

（1）绩效奖金系数不合理

通过对公司文案资料的研究，发现公司现行的生产人员奖金方案中，奖金的系数只涉及个人因素，而对于部门和公司的影响因素并没有考虑。同时，该公司生产人员的奖金系数如下：

管理层根据考核结果将超出期望的个人绩效系数定为1.1，基本完成任务的个人绩效系数定为1.0，需要努力的个人绩效系数定为0.9。

这样确定的绩效系数将员工的工作业绩界定在了一个固定的等级里，无法体现员工的能力的不同，如在20%超出期望的员工里，各个员工的能力也是不同的，将其归为一个等级，无法深层次激励优秀员工更加努力地工作。同时，个人绩效系数范围太窄，著名的战略绩效专家王小刚在《企业薪酬管理最佳实践》中提到，员工绩效系数在0.6～1.4这个范围最佳。

（2）奖金的结构单一，激励效果有限

从该公司的文案资料中可以看出，奖金在员工薪资收入中所占的比例不高，因此奖金的激励效果就不突出。

该公司的奖金分配仅仅采用了系数法一种方式，员工所获得的奖金完全由自己的奖金系数来决定，而奖金灵活性和针对性较强的特点基本没有发挥出来，奖金变成了员工的固定收入，变相地成为另一种工资。这样的奖金分配形式在对员工的激励上远远没有达到应有的效果。

（3）奖金分配依据的确定过于粗放，公平性差

该公司奖金分配的依据是员工个人的奖金系数。系数法是奖金分配的基本方法之一，是在按岗位进行劳动评价的基础上，根据岗位贡献大小确定岗位的奖金系数，然后根据个人完成任务的情况，按系数进行分配的一种奖金分配方法，系数法要求在员工奖金系数的确定过程中对其绩效做出公平客观的评价。该公司生产人员奖金系数的确定过于粗放，存在如下严重缺陷：

首先，确定系数的方式难以服众。该公司生产人员奖金系数是由公司领导开会决定的，即使最终确定的系数非常切合实际，但缺少真实数据的评价只能使员工口

服心不服。

其次，确定系数的指标过于片面。公司领导在研究决定员工奖金系数的时候，仅仅考虑了员工的工龄、职称、岗位等一些不利因素，对于员工的岗位适应性、技能水平、沟通协调能力等主观因素，为了平衡起见，而人为地忽视了。这就出现了无论工作业绩如何，只要硬件指标一样，奖金系数就一样的情况，使得奖金的发放出现了明显的不公平。

要求：在仔细阅读案例材料的基础上，针对该公司的现状，为汇通公司设计符合薪酬战略需要的绩效薪酬方案。

# 四、实训组织与步骤

以小组为单位开展以下各项活动：

第一步，讨论确定汇通公司不同层级及职系的绩效考核方法、绩效薪酬在总薪酬中的构成比例、所采用的绩效奖励计划类型和数量。

第二步，讨论确定不同类型绩效奖励计划的发放周期或频率；讨论并列明各类绩效奖励计划的资金来源。

第三步，设计汇通公司的绩效薪酬方案，完成软件操作。

第四步，制作演示幻灯片和文稿并进行演示。

# 五、数智化背景下结合软件的薪酬管理系统

第一步，进入精创教育人力资源管理综合实训平台首页，点击"薪酬主管"，进入薪酬界面后，点击"奖励薪酬与绩效奖励计划"（如图19-1所示）。

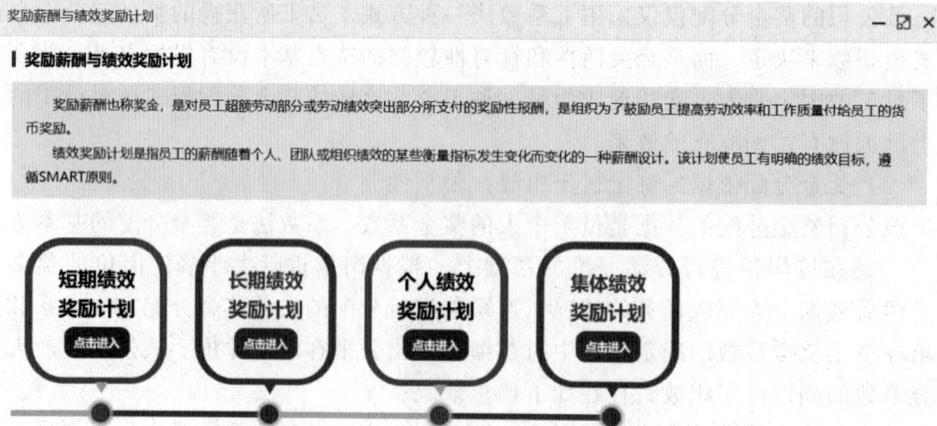

图19-1　奖励薪酬与绩效奖励计划界面

第二步，点击"短期绩效奖励计划"下的"点击进入"，完成相关内容，点击"例题"，根据背景资料填写表格，填好之后，点击"提交"，再点击"返回"（如图19-2和图19-3所示）。

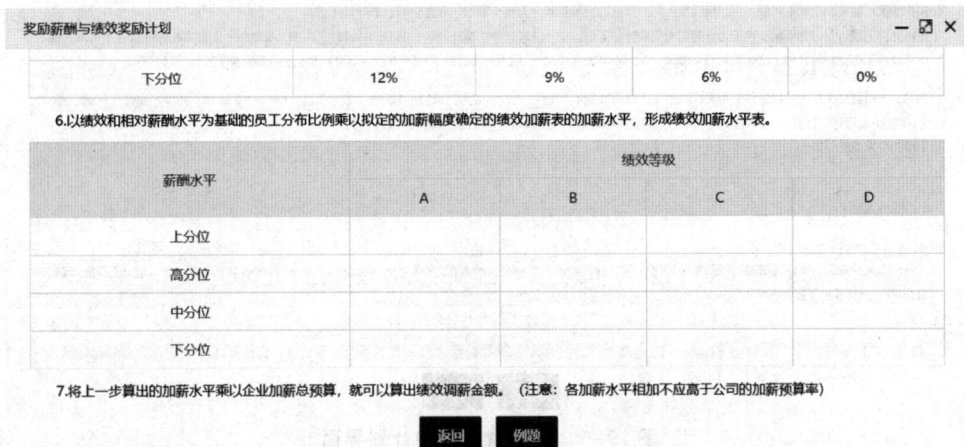

| 奖励薪酬与绩效奖励计划 | | | | — ⊡ × |
|---|---|---|---|---|
| 下分位 | 12% | 9% | 6% | 0% |

6.以绩效和相对薪酬水平为基础的员工分布比例乘以拟定的加薪幅度确定的绩效加薪表的加薪水平，形成绩效加薪水平表。

| 薪酬水平 | 绩效等级 | | | |
|---|---|---|---|---|
| | A | B | C | D |
| 上分位 | | | | |
| 高分位 | | | | |
| 中分位 | | | | |
| 下分位 | | | | |

7.将上一步算出的加薪水平乘以企业加薪总预算，就可以算出绩效调薪金额。（注意：各加薪水平相加不应高于公司的加薪预算率）

返回　例题

图19-2　短期绩效奖励计划界面

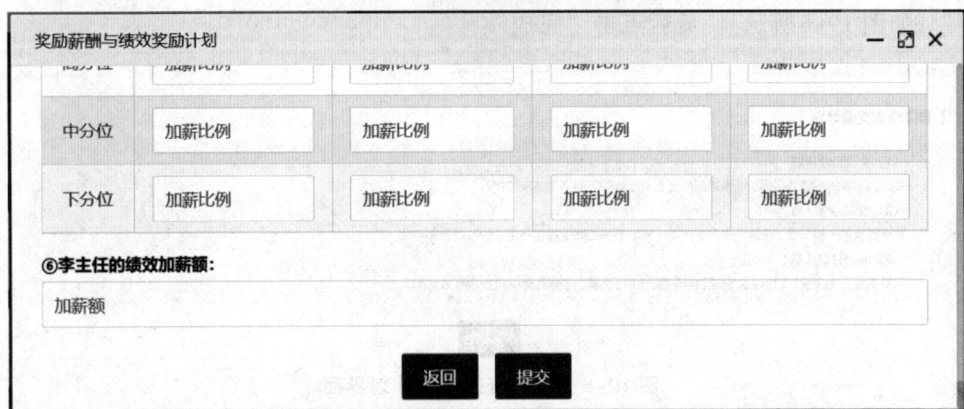

| 奖励薪酬与绩效奖励计划 | | | | — ⊡ × |
|---|---|---|---|---|
| 高分位 | 加薪比例 | 加薪比例 | 加薪比例 | 加薪比例 |
| 中分位 | 加薪比例 | 加薪比例 | 加薪比例 | 加薪比例 |
| 下分位 | 加薪比例 | 加薪比例 | 加薪比例 | 加薪比例 |

⑥李主任的绩效加薪额：

加薪额

返回　提交

图19-3　短期绩效奖励计划例题界面

第三步，点击"长期绩效奖励计划"下的"点击进入"，阅读完之后，点击"返回"（如图19-4所示）。

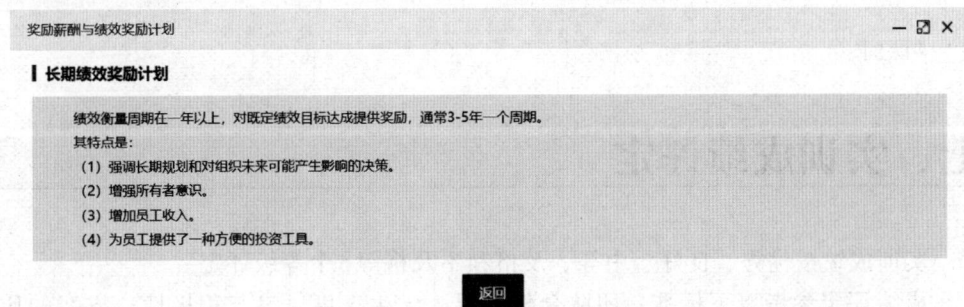

**长期绩效奖励计划**

绩效衡量周期在一年以上，对既定绩效目标达成提供奖励，通常3-5年一个周期。

其特点是：
(1) 强调长期规划和对组织未来可能产生影响的决策。
(2) 增强所有者意识。
(3) 增加员工收入。
(4) 为员工提供一种方便的投资工具。

返回

图19-4　长期绩效奖励计划界面

第四步，在"个人绩效奖励计划"下的"点击进入"，进行学习和计算，填好之后，点击"提交"，再点击"返回"（如图19-5所示）。

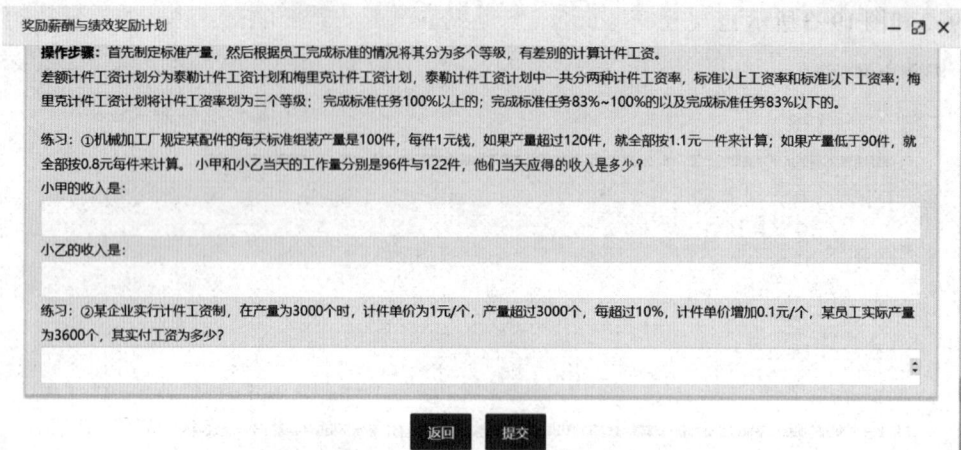

**奖励薪酬与绩效奖励计划**　　　　　　　　　　　　　　　　　　　　　— ⊠ ×

**操作步骤：**首先制定标准产量，然后根据员工完成标准的情况将其分为多个等级，有差别的计算计件工资。

差额计件工资计划分为泰勒计件工资计划和梅里克计件工资计划，泰勒计件工资计划中一共分两种计件工资率，标准以上工资率和标准以下工资率；梅里克计件工资计划将计件工资率划为三个等级：完成标准任务100%以上的；完成标准任务83%~100%的以及完成标准任务83%以下的。

练习：①机械加工厂规定某配件的每天标准组装产量为100件，每件1元钱，如果产量超过120件，就全部按1.1元一件来计算；如果产量低于90件，就全部按0.8元每件来计算。小甲和小乙当天的工作量分别为96件与122件，他们当天应得的收入是多少？

小甲的收入是：

小乙的收入是：

练习：②某企业实行计件工资制，在产量为3000个时，计件单价为1元/个，产量超过3000个，每超过10%，计件单价增加0.1元/个，某员工实际产量为3600个，其实付工资为多少？

返回　　提交

图19-5　个人绩效奖励计划界面

第五步，点击"群体绩效奖励计划"下的"点击进入"，学习之后，点击"返回"（如图19-6所示）。最后点击"完成"。

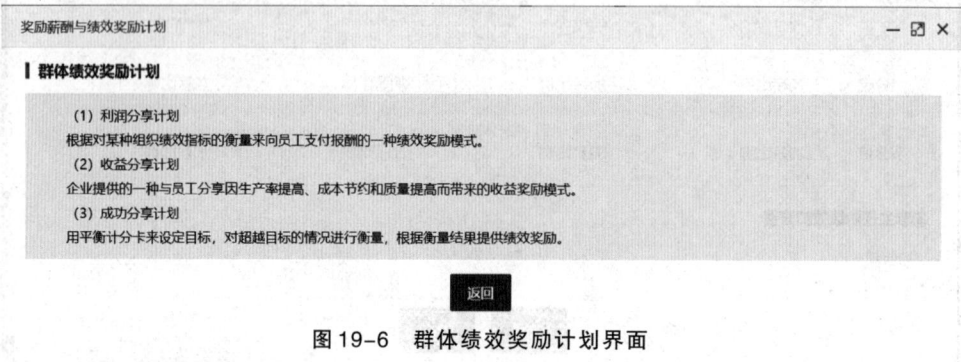

**奖励薪酬与绩效奖励计划**　　　　　　　　　　　　　　　　　　　　　— ⊠ ×

▌**群体绩效奖励计划**

(1) 利润分享计划
根据对某种组织绩效指标的衡量来向员工支付报酬的一种绩效奖励模式。
(2) 收益分享计划
企业提供的一种与员工分享因生产率提高、成本节约和质量提高而带来的收益奖励模式。
(3) 成功分享计划
用平衡计分卡来设定目标，对超越目标的情况进行衡量，根据衡量结果提供绩效奖励。

返回

图19-6　群体绩效奖励计划界面

# 六、实训时间

4课时。

# 七、实训成绩评定

实训成绩按优秀、良好、中等、及格和不及格等5个等级评定。

成绩评定参考以下标准：团队合作情况；学生态度、参与积极性；方案的质量。实训成绩评定比例：实训环节占70%，实训方案质量占30%。

# 附 录

## 数智化薪酬案例

**一、企业介绍**

T3出行是南京领行科技股份有限公司打造的智慧出行生态平台，由中国第一汽车集团有限公司、东风汽车集团有限公司、重庆长安汽车股份有限公司发起，联合腾讯、阿里巴巴等共同投资打造。公司以"成为最值得信赖的出行服务企业"为愿景，"科技引领，愉悦出行"为使命，致力于成为能够为用户提供"安全、便捷、高品质"出行服务的科技创新型企业。

T3出行自2019年成立至今，成长迅速，初步形成了团队的核心战斗力，已成为B2C第一出行平台，但在产品、体验、运营模式上需要进一步精细化的打磨升级。结合公司更加快速的发展目标，T3出行进一步推动了组织和人才管理的数字化转型。同时，为吸引并留住高精尖人才，其匹配了具有竞争力的薪酬激励福利机制。

**二、数字化转型的背景**

在新一代5G网络的基础上，人工智能、大数据、云计算、物联网等新技术的融合发展开启了智能新时代，不仅给经济、生活等方方面面带来巨大的改变，也将给各行各业的数字化、智能化转型提供强劲的动力。可以说，数字化转型引领着企业未来的发展方向。

与此同时，2020年全球疫情暴发，加速了在线办公、在线会议、在线学习的全员普及和推荐，这也对企业在线化的组织管理提出了更高的要求。另外，人才的市场化程度越来越高，人才流动的频率和范围也越来越大，人才价值的市场化对标越来越迫切。在多变的商业环境下，人才"择良木而栖"，企业人才质量和对人才培养的投入力度已经成为企业发展的一道"护城河"。

基于以上背景，为了进一步推动组织和人才管理的数字化转型，T3出行决定从三大维度着手，助力公司业务战略发展。

首先，实行开放的人才政策。主动对标市场，打破行业和区域界限，注重外部人才的融入。

其次，实行自驱的人才战略。企业端搭建学习发展平台，HR端制定学习成长的机制，不断倡导员工自驱学习、自主成长。

最后，进行高效的人才培养。让外部人才快速融入、内部人才快速成长，不断激发员工的自主参与度。

**三、企业数字化转型的驱动力**

随着消费者对于产品与服务需求的不断升级，用户使用场景以及产品延伸服务随之不断变化，云计算、大数据、AI等新技术也在不断推动产业变革。在这个大背景下，企业数字化转型势在必行。具体来说，主要有三大因素驱动着T3出行进行数字化转型：

第一，业务创新。

业务创新能让企业在多变的商业环境中始终保持活力且处于不败之地。为了满足不同用户在不同环境下的需求，T3出行推出了许多丰富的产品线，比如快享、专享、尊享、惠享、新享等，让用户在使用时有更多选择。若想实现业务创新，就需要组织打破原有业务流程，同时还需要技术、组织架构、产品等的支持，这就必须依靠新的技术解决创新问题。

第二，生态运营。

传统企业往往是专业化分工的，追求的是效率提升以及风险管理。未来企业将会基于连接，将整个组织往开放、生态的方向发展。T3出行在做好现有产品线的同时，还要兼顾未来3~5年的企业战略规划，这就需要数字化平台赋予连接能力。

第三，效率管理。

在提升组织效能的同时，也要实现整体战略。T3出行希望依托数字化转型，驱动企业内部从战略业务模式、组织体系、战略薪酬等方面入手开展全方位的创新、变革，最终实现效能的提升，保证整体战略目标的实现。

四、人力资源的信息化体系搭建

在搭建人力资源信息化体系的过程中，T3出行主要从管理规范化、决策数据化、协作高效化、流程自动化、业务智能化五大方面着手。首先，管理规范化。明确组织体系及职位体系，进一步明晰考勤制度和薪酬标准，让员工事事有章可循。

其次，决策数据化。一方面要与行业对标，洞察行业趋势；另一方面要不断分析人员现状/成本，用数据进行人力预测，方能在出现挑战时及时做出调整，先人一步。

再次，协作高效化。自新冠肺炎疫情开始后，T3出行在考勤系统、招聘系统、在线会议系统等方面不断进行升级，使员工可在线高效协作。

再次，流程自动化。截至目前，T3出行已实现入转调离流程、考勤/休假/加班/差旅、调/发/停薪等流程的在线化，一方面增强了员工体验，另一方面也极大减少了HR基础岗位人员的工作量。

最后，业务智能化。T3出行将琐碎事务性工作交由系统处理，以真正实现业务智能化，提升组织效能。

随着人力资源的信息化体系搭建，T3出行还根据企业发展阶段及团队结构，重塑了人力资源体系。T3出行将人力资源数字化平台划分为前台、中台、后台三个部分。前台负责交互，收集、听取员工的建议，主要由HRBP来担任这一角色；中台的功能涵盖了招聘管理、绩效管理、测评服务、智能服务等，主要由COE来负责；后台负责处理各类数据信息，如员工信息、组织架构、薪酬绩效、电子附件、知识库、培训档案等，主要由SSC来负责。

五、基于数字化转型的战略薪酬管理

为吸引并留住核心关键人才，T3出行还匹配了有竞争力的薪酬激励福利机制，其主要从以下四个方面进行薪酬管理的迭代升级：

1.福利体系迭代

数字化转型背景下，人力资源薪酬管理体系是企业的重要组成部分，对其的有效运行是吸引、保留与激励员工的有效方式。员工日常绩效奖励、招聘内推奖励、各类文化活动参与奖励都可转化为线上福利积分，根据不同阶段的方案自主进行积分兑现。在线下，T3出行还开展了多元化的福利活动，如年节定制化福利、成立员工俱乐部等。

2.绩效管理变革

T3出行坚持数据驱动，助力战略目标实施，打造绩效赋能体系，通过绩效激励员工、驱动人才发展。而不同部门由于业务性质不同，所适用的绩效激励方式也有所差异，因而T3出行采用短、中、长期结合的薪酬激励方式。短期激励通过季度绩效工资体现；中期激励主要以直观可视的年终奖金为核心；长期激励则是期权的分类授予，依据绩效考核结果决定。同时，T3出行还将绩效结果与员工职业发展相结合，高绩效员工所能获得的培养机会与晋升机会较多，从而激励员工提高绩效。

3.现金薪酬变革

T3出行通过研究发现，就地区而言，高阶岗位的人才主要来源地为一线城市，中低阶岗位的人才主要来源地为本地；就行业而言，产品技术/市场/线上运营类岗位人才流动更多发生在互联网高科技行业内部，线下运营类岗位人才多来自汽车后市场等传统行业，而职能类岗位人才具有通用性。

基于人才的来源和行业竞争，T3出行锚定了三个薪酬对比组市场：头部互联网、一线互联网、本地全行业。此后，基于第三方的薪酬调研数据，其优化了现金薪酬标准，匹配了薪酬测算，核定了工具模型。一方面，通过宽带薪酬，体现员工的激励差异，拓展其发展空间；另一方面，细化职位序列，通过能力评价，匹配人才职级定薪。

4.长期激励升级

结合企业不同战略发展阶段，T3出行还升级了激励方式，扩大激励覆盖范围，便于专业人才引进和保留。一方面，为了更好地吸引外部人才，T3出行采用分类授予的方式，不同职级激励不一，考核期后的归属与绩效结果挂钩。另一方面，为了留住人才，T3出行采用了业绩换奖励的方式，通过业绩股票包、考核授予、考核分期解锁等形式，激励经营层达成业绩目标，激励员工和企业共同成长。

资料来源：高娟. 数字化转型下，如何进行战略薪酬管理变革？[EB/OL]. [2024-07-25]. http://news.sohu.com/a/a/613045327_1211243.

# 实训二十　薪酬体系设计

## 一、实训目的

通过该实训项目，能够综合进行某一企业（事业单位）薪酬方案设计，即基本薪酬的设计、奖金设计和福利的设计，了解数字化背景下企业如何进行薪酬体系的设计；同时，深刻理解中华优秀传统文化中讲仁爱、重民本、守诚信、崇正义、尚和约、求大同的思想精华和时代价值。

## 二、基本知识要点

薪酬方案包括三大部分：基本薪酬、可变薪酬和福利。

基本薪酬，指员工因完成工作而得到的周期性发放的货币性薪酬，其数额相对固定，用来维持员工的基本生活需要，同时也为企业薪酬符合国家或当地政府现行最低工资保障法规提供制度保障。其具体包括职位薪酬和技能薪酬。

可变薪酬，指员工因部分或完全达到某一事先制定的工作目标来给予奖励的薪酬制度，这个目标是以个人、团队或组织业绩或者三者综合的预定标准来制定的，其实质就是将薪酬与绩效紧密结合，可以看作是对基本薪酬的调整。

可变薪酬主要分为三类：

一是与个人业绩关联的工资：用来奖励达到与工作相关性的绩效标准的员工个人。但基于业绩的级差，首先需要定义什么是适合此工作的有效的绩效衡量标准。

二是与团队业绩关联的工资：用来奖励员工的集体绩效，而不是每个员工的个人绩效。当团队的所有成员都为实现目标做出了贡献的时候，团队奖励计划是最有效的，但团队中个人贡献的大小是不一样的。

三是与企业业绩关联的工资：通过一个预定的比率，在组织和员工之间分配由生产率提高带来的收益。

福利是指员工作为企业成员享有的、企业为员工将来的退休生活及一些可能发生的不可预见事件（如疾病、事故）等所提供的经济保障，其费用部分或全部由企业承担。一般包括健康福利、带薪休假、退休计划、额外补贴。福利中有一部分是具有政府强制性的法定福利，如社会养老保险、工伤保险、医疗保险等；另一部分则是自愿性的非固定的福利，可由组织自行设置，为法定福利的补充。

# 三、实训内容与要求

（1）基于××公司进行基本薪酬的设计、奖金的设计、福利的设计。

（2）使用简道云完成薪酬体系的设计，计算员工当月的实发薪酬，了解五险一金的缴纳比例与计算方式。

# 四、实训组织与步骤

第一步，学生组建团队并分工。

第二步，确定目标企业。

第三步，实地调研，获取企业简介、人力资源信息、现行薪酬方案等。

第四步，通过分析现行薪酬方案、访谈和问卷调查等方式分析企业薪酬管理中的问题。

第五步，使用相关软件，设计合理的薪酬体系，根据教师的授课进度，按计划、流程完成相应内容（按照相应节点提交给教师以便检查与督促）。

第六步，形成最终成果。

第七步，期末课堂展示。展示环节，其他小组的人员提问，由小组成员给予解答。

第八步，教师总结，系列成果提交。

# 五、数智化背景下结合软件的薪酬体系设计流程

第一步，登录"简道云"，选择"HRM人事管理系统"，点击左侧工作台中"薪酬管理"下的"基础设置"，点击"薪资项"，完成薪资项、个人所得税税率表、城市五险一金缴纳比例的录入（如图20-1至图20-3所示）。

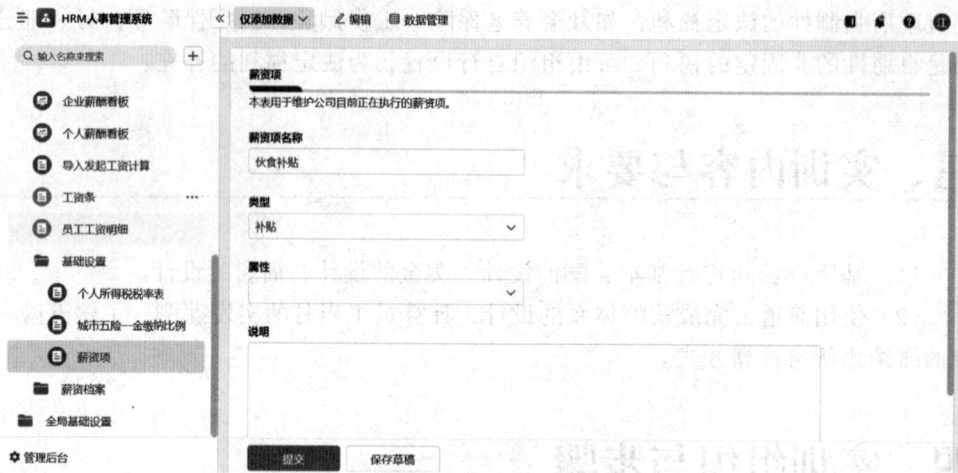

图20-1　薪资项的填写

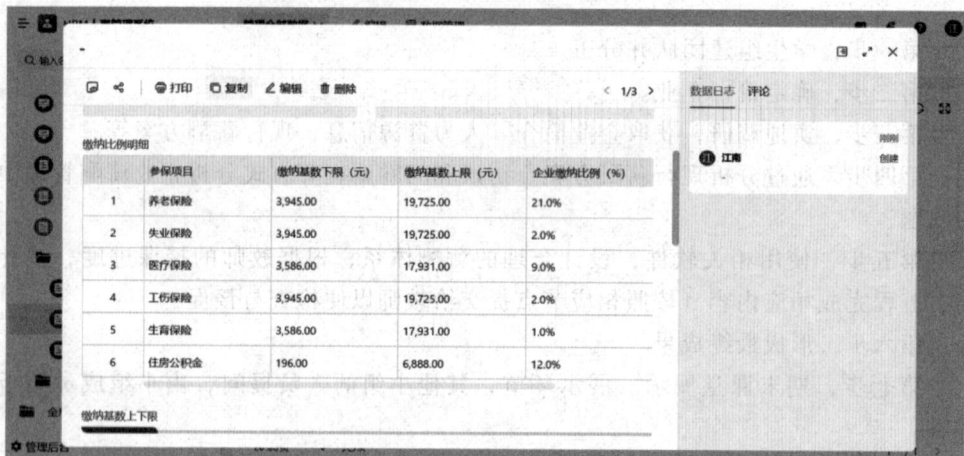

图20-2　五险一金的填写

图20-3　个人所得税税率表的填写

　　第二步，完成基础信息的填写后，点击左侧工作台中的"薪酬档案"下的"员工薪资结构"，为员工设计薪资结构（如图20-4所示）。

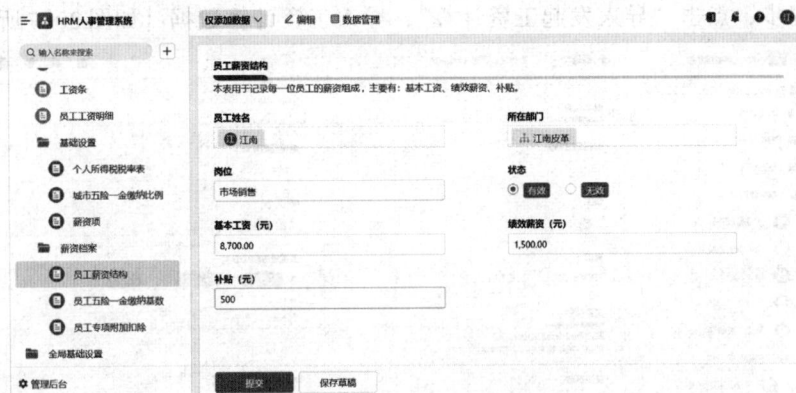

**图20-4　员工薪资结构的填写**

第三步，完成基础信息的填写后，点击左侧工作台中的"薪酬档案"下的"员工五险一金缴纳基数"，完成填写（如图20-5所示）。

**图20-5　员工五险一金缴纳基数的填写**

第四步，完成基础信息的填写后，点击左侧工作台中的"薪资档案"下的"员工专项附加扣除"（若所调研的企业没有此项数据，则可以点击编辑，对字段进行修改），完成填写（如图20-6所示）。

**图20-6　专项附加扣除的填写**

第五步，点击"导入发起工资计算"，导入工资计算数据（如图20-7所示）

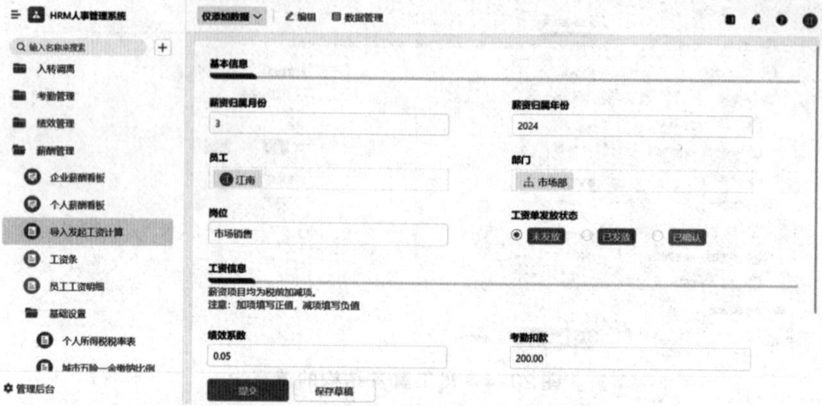

图20-7　导入工资计算数据

第六步，计算工资，如图20-8所示。

图20-8　计算工资

第七步，查看员工工资明细，完成五险一金以及个人所得税的计算，得出员工的实发工资（如图20-9所示）。

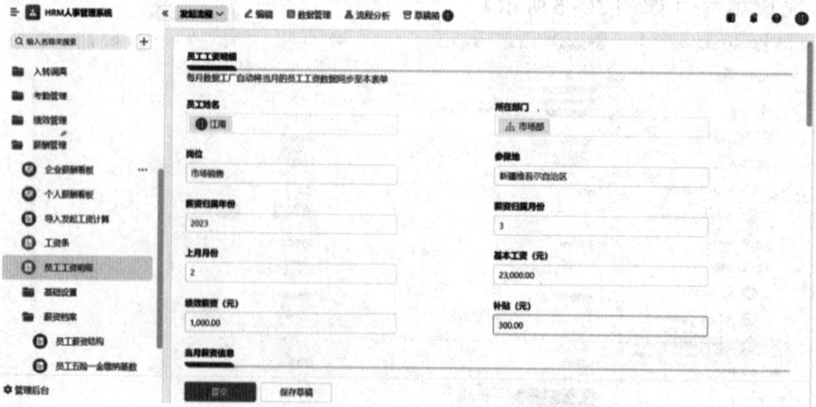

图20-9　计算实发工资

第八步，点击左侧的"个人薪酬看板"，点击"编辑"，选择所设计的员工姓名以及字段，完成仪表盘的数据可视化（如图20-10所示）。

图20-10　薪酬数据可视化

# 六、实训时间

6课时。

# 七、实训成绩评定

实训成绩按优秀、良好、中等、及格和不及格等5个等级评定。

成绩评定参考以下标准：团队合作情况；学生态度、参与积极性；方案的质量。实训成绩评定比例：实训软件操作环节占50%，实训方案质量占40%，实训汇报占10%。

# 附　录

## 附录1　HC公司薪酬体系优化设计

一、薪酬体系优化的原则

通过对HC公司实际情况的分析，HC公司目前的薪酬体系造成的一个重大问题是：员工个人不太满意拿到手的工资，而且公司内部的薪酬分配并不公平，加上HC公司在管理上也不是很关心员工的内心感受。这些问题的长期存在对员工的劳动积极性和企业达成经营绩效等方面产生了不利的影响。

HC公司薪酬体系优化设计，结合企业发展战略和人力资源战略的要求，促使拥有的人力资源最大化地转变为核心竞争力。HC公司的薪酬体系优化设计应该遵循如下原则：首先，是公平原则；其次，是经济性原则；最后，是适应性原则，HC公司要结合自身所处地区、行业地位和特点，设计出适合企业发展的薪酬制度。

二、薪酬构成的优化设计

首先，要对行业内的各类员工的薪酬水平进行调查，在选定薪酬策略时，往往结合现有人员的薪酬水平和竞争对手的薪酬水平来确定。

通过薪酬数据调查，我们可以看出，各类人员原有的薪酬水平较低，原有的薪酬构成比例不合理，导致很多员工的工作积极性不高。针对这一情况，现设计优化后的固定工资和绩效奖金的比例，具体见表20-1和表20-2。

| 表20-1 | 企业薪酬水平与市场薪酬水平的比较 | 单位：元 |
|---|---|---|
| 人员类型 | 企业薪酬 | 市场薪酬 |
| 管理人员 | 3 800 | 4 900 |
| 营销人员 | 2 100 | 2 200 |
| 技术人员 | 2 900 | 2 950 |
| 质检人员 | 2 100 | 2 400 |
| 其他人员 | 1 700 | 2 000 |

| 表20-2 | 固定工资与绩效奖金的比例 | | |
|---|---|---|---|
| 人员类型 | 固定工资 | 绩效奖金 | |
| | | 月度绩效奖金 | 年度综合绩效奖金 |
| 管理人员 | 70% | 10% | 20% |
| 营销人员 | 40% | 40% | 20% |
| 技术人员 | 60% | 10% | 30% |
| 质检人员 | 65% | 25% | 10% |
| 其他人员 | 80% | 20% | 0 |

三、基本薪酬的优化设计

（一）确定合理的级差和叠幅

针对原有薪酬方案中各类员工之间级差小、无叠幅等问题，应改变岗位等级数量，优化基本工资。

1.确定合理的级差

当企业中存在许多工作时，需要划分薪酬等级。一个等级包含价值相同或相似的若干岗位。HC公司现有的组织结构共计8个科室、4个直属部门和7个基层单位，389名员工，原有岗位等级12个。因为原有岗位等级的设计不符合公司的现状，现结合岗位评价的分数，确定公司的岗位等级的数量为15个。

岗位等级的数量确定之后，就要确定每一个岗位等级的级差。原有岗位的级差部分比较小，比如销售经理和销售主管之间的，为了评定所有职位的等级级差的设置是否合理，现将级差都重新评定设计一番。一般来说，薪资架构中的岗位等级的数量越少，中位值级差越大，而低等级之间的级差越小；等级越高，级差越大。

根据HC公司的现状，确定岗位等级的级差采用固定比率级差。由级差比率i的公式（20-1），计算得出：

$$Max = Min \times (1+i) \times n \tag{20-1}$$

其中，Min为岗位评价最低值60，Max为岗位评价最高值1313，n为薪酬等级数15，代入公式中，可求出i为45.9%。

各等级最大值可由公式（20-2）计算得出：

$$Max = Min \times (1+i) \tag{20-2}$$

其中，i的取值范围为23%～25%，由此可得到HC公司岗位等级的分值分布表，见表20-3。

表20-3　　　　　　　　　HC公司岗位等级的分值分布表

| 薪酬等级 | 最低值 | 最高值 | 区间中值 | 区间中值级差 |
|---|---|---|---|---|
| 1 | 60 | 74 | 67 | — |
| 2 | 75 | 93 | 84 | 17 |
| 3 | 94 | 116 | 105 | 21 |
| 4 | 117 | 145 | 131 | 26 |
| 5 | 146 | 182 | 164 | 33 |
| 6 | 183 | 229 | 206 | 42 |
| 7 | 230 | 288 | 259 | 53 |
| 8 | 289 | 361 | 325 | 66 |
| 9 | 362 | 452 | 407 | 82 |
| 10 | 453 | 567 | 510 | 103 |
| 11 | 568 | 712 | 640 | 130 |
| 12 | 713 | 892 | 802 | 162 |
| 13 | 846 | 1 045 | 945 | 199 |
| 14 | 902 | 1 143 | 1 022 | 241 |
| 15 | 1 025 | 1 313 | 1 169 | 288 |

### 2.确定合理的叠幅

薪酬等级重叠是指两个相邻的薪酬等级的最高值和最低值之间重叠的部分,这样的薪酬结构允许薪酬等级低、未能得到晋升的员工有足够的薪酬增长空间。在一定程度上也能缓解员工岗位晋升要求与晋升岗位数量有限的矛盾,有利于配合绩效考核激励员工、岗位轮换和人员流动。结合HC公司现有情况,公司薪酬等级区间采用有交叉与重叠的设计。

确定薪酬等级重叠程度取决于两个因素,即薪酬等级区间浮动比率和区间中值级差。区间中值是指各薪酬等级所对应的岗位评价分值的平均数。薪酬等级区间的浮动比率可以统一化,也可以差别化。HC公司原有的浮动幅度基本统一化,但是有的岗位的工资设置没有规律。

现采用差别化的薪酬等级区间浮动幅度,低等级岗位薪酬等级区间浮动比率为20%;中等岗位薪酬等级区间浮动比率为30%;高等级岗位薪酬等级区间浮动比率为40%。各薪酬等级区间浮动比率的上限和下限由公式(20-3)和公式(20-4)计算而得:

下限=区间中值/(1+1/2浮动幅度)　　　　　　　　　　　　　　　　(20-3)

上限=下限×(1+浮动幅度)　　　　　　　　　　　　　　　　　　(20-4)

以上公式设定浮动幅度为对称性的,即区间中值距上、下限的值相等,由此确定的HC公司薪酬等级区间有交叉与重叠,见表20-4。

表20-4　　　　　　　　　HC公司薪酬等级区间的交叉与重叠

| 等级 | 区间中值 | 浮动幅度 | 下限 | 上限 | 分值差 |
|---|---|---|---|---|---|
| 1 | 67 | 20% | 61 | 74 | 13 |
| 2 | 84 | 20% | 76 | 91 | 15 |
| 3 | 105 | 20% | 95 | 114 | 19 |
| 4 | 131 | 30% | 114 | 148 | 34 |
| 5 | 164 | 30% | 146 | 186 | 43 |
| 6 | 206 | 30% | 179 | 233 | 54 |
| 7 | 259 | 30% | 225 | 293 | 68 |
| 8 | 325 | 30% | 283 | 368 | 85 |
| 9 | 407 | 40% | 339 | 475 | 136 |
| 10 | 510 | 40% | 425 | 595 | 170 |
| 11 | 640 | 40% | 533 | 746 | 213 |
| 12 | 802 | 40% | 668 | 935 | 267 |
| 13 | 945 | 40% | 786 | 1 104 | 318 |
| 14 | 1 022 | 40% | 895 | 1 253 | 358 |
| 15 | 1 169 | 40% | 988 | 1 383 | 395 |

根据各薪酬等级档次的分数和各岗位的评价得分，确定各岗位所属的薪酬级档和岗位工资，见表20-5。

表20-5　　　　　　　　各岗位所属的薪酬级档和岗位工资

| 岗位名称 | 分数 | 薪酬级档（级-档） | 岗位工资 | 岗位名称 | 分数 | 薪酬级档（级-档） | 岗位工资 |
|---|---|---|---|---|---|---|---|
| 总经理 | 892 | 15-5 | 6 200～9 000 | 加气工 | 223 | 5-3 | 2 200～2 600 |
| 财务总监 | 720 | 15-2 | 5 600～7 300 | 抄瓶工 | 218 | 5-3 | 2 200～2 600 |
| 副总经理 | 685 | 15-2 | 4 600～6 000 | 换瓶工 | 206 | 5-2 | 2 000～2 600 |
| 总经理助理 | 610 | 14-9 | 4 000～4 600 | 出纳 | 189 | 4-3 | 2 500 |
| 技术工程师 | 602 | 13-7 | 4 200～6 000 | 发票管理员 | 172 | 4-3 | 2 500 |
| 财务部经理 | 506 | 13-4 | 4 000～5 200 | 业务员 | 167 | 4-2 | 2 200～2 500 |
| 党总支书记 | 465 | 12-6 | 3 600～4 800 | 统计员 | 160 | 4-2 | 2 200～2 500 |
| 财务部副经理 | 448 | 11-5 | 3 500～4 500 | 装卸员 | 158 | 4-2 | 2 200～2 500 |
| 人力资源部经理 | 438 | 11-5 | 3 200～4 200 | 销售员 | 156 | 4-1 | 2 200～2 500 |
| 销售经理 | 427 | 11-3 | 3 000～4 000 | 维修员 | 147 | 3-3 | 2 200～2 400 |
| 办公室主任 | 410 | 10-6 | 2 800～3 800 | 话务员 | 141 | 3-3 | 2 200～2 400 |
| 销售主管 | 387 | 10-4 | 2 600～3 600 | 文员 | 136 | 3-2 | 2 200 |
| 人力资源部副经理 | 356 | 10-3 | 2 400～3 500 | 档案管理员 | 132 | 3-1 | 2 000～2 200 |
| 生产部经理 | 343 | 10-2 | 2 200～3 300 | 仓库管理员 | 128 | 3-1 | 2 000～2 200 |
| 技术员 | 338 | 7-5 | 2 800～3 000 | 投诉受理员 | 124 | 2-4 | 2 000～2 500 |
| 巡线工 | 320 | 7-5 | 2 800～3 000 | 收费站收费员 | 119 | 2-4 | 2 000～2 500 |
| 输配工 | 301 | 7-3 | 2 300～3 000 | 司机 | 110 | 1-3 | 2 000～2 400 |
| 质检员 | 287 | 7-3 | 2 300～3 000 | 厨师 | 92 | 1-3 | 2 000～2 400 |
| 秘书 | 280 | 6-4 | 2 200～2 800 | 门卫 | 80 | 1-2 | 2 000～2 200 |
| 收费点主管 | 252 | 6-3 | 2 200～2 800 | 服务员 | 65 | 1-1 | 2 000 |
| 会计 | 235 | 6-2 | 2 000～2 800 | 保洁员 | 60 | 1-1 | 2 000 |
| 审计员 | 231 | 5-4 | 2 600 | | | | |

（二）确定合理的学历工资

公司原有的工龄工资予以保留的同时，为了鼓励老员工继续学习和新员工增加知识储备，公司应该增加学历工资，按照不同的标准给予他们不同的学历工资，具体标准见表20-6。

表 20-6                          **学历工资标准表**

| 人员类别 | 学历工资标准（元/月） |
|---|---|
| 硕士及以上学历 | 20 |
| 大学本科 | 15 |
| 大学专科 | 10 |
| 中专、高中毕业 | 5 |

### 四、奖金的优化设计

根据 HC 公司的生产特点，针对原奖金制度的缺陷，遵循奖金设计的原则，做出以下决策：对各类人员的奖金发放形式进行优化设计，见表 20-7。

表 20-7                           **奖金发放形式**

| 职位 | 绩效奖金 | | 提成 | 特殊奖励 |
|---|---|---|---|---|
| | 月度绩效奖金 | 年终综合绩效奖金 | | |
| 管理人员 | √ | √ | | √ |
| 营销人员 | | √ | √ | √ |
| 技术人员 | √ | √ | | √ |
| 质检人员 | √ | √ | | √ |
| 其他人员 | √ | | | √ |

月度绩效工资=员工个人执行的绩效工资岗级、薪级对应薪点数×月度绩效工资点值×绩效工资倾斜系数×个人业绩考核系数

员工个人执行的绩效工资岗级、薪级对应薪点数根据表 20-4 中薪酬等级档次的分值执行。

月度绩效工资点值取决于公司不同员工所具有的不同层级、知识水平等因素，也就是不同的员工有不同的工资系数。

绩效工资倾斜系数由各部门根据各岗位与公司战略匹配度、实际贡献、艰苦程度、岗位吸引力、年度工作重点等因素分档确定，系数值为 1～3。

个人业绩考核系数根据员工个人的月度考核结果直接确定，具体见表 20-8 至表 20-11。

个人月度绩效考核系数 C=个人月度考核（A×a）+部门月度考核（B×b）

表 20-8                           **高管的业绩考核系数表**

| | 个人月度考核（A×a） | | 部门月度考核（B×b） | | 个人月度考核系数 C |
|---|---|---|---|---|---|
| | 考核得分系数（A） | 权重（a） | 考核得分系数（B） | 权重（b） | A×a+B×b |
| 正经理 | — | 50% | — | 50% | — |
| 副经理 | — | 70% | — | 30% | — |

表20-9　　　　　　　　　　　　销售人员的业绩考核系数表

| 个人月度考核（A×a） | | 部门月度考核（B×b） | | 个人月度考核系数C |
|---|---|---|---|---|
| 考核得分系数（A） | 权重（a） | 考核得分系数（B） | 权重（b） | A×a+B×b |
| — | 90% | | 10% | |

表20-10　　　　　　　　　　主管和普通员工的业绩考核系数表

| | 个人月度考核（A×a） | | 部门月度考核（B×b） | | 个人月度考核系数C |
|---|---|---|---|---|---|
| | 考核得分系数（A） | 权重（a） | 考核得分系数（B） | 权重（b） | A×a+B×b |
| 主管 | — | 75% | — | 25% | — |
| 普通员工 | — | 85% | — | 15% | — |

表20-11　　　　　　　　　　　其他人员的业绩考核系数表

| 个人月度考核（A×a） | | 部门月度考核（B×b） | | 个人月度考核系数C |
|---|---|---|---|---|
| 考核得分系数（A） | 权重（a） | 考核得分系数（B） | 权重（b） | A×a+B×b |
| — | 95% | — | 5% | — |

1.管理人员

管理人员是从原来的只有季度和年终奖金改变为发放月度奖金、年终奖金和特殊奖金，这不仅让管理人员能体会到奖金的激励作用，还对个别有特殊贡献的人员设置了特殊奖励，更加激发了员工的工作热情。

2.销售人员

销售人员的业绩关乎企业的生存，销售人员的积极性直接影响企业的收益，所以不能按照原有的薪酬方案仅将销售额作为考核销售人员业绩的唯一指标，这会导致销售人员产生短期化行为，给企业造成严重损失。故在销售人员的奖金方案设计中，不仅要把销售额作为考核重点，还要添加"客户管理维护""新客户开发"等指标及相应权重。

（1）销售代表

①月度奖金

销售代表的月度考核仅针对销售人员平时工作的实际表现，不考虑其带来的实际经济价值，也就是不以给公司带来多大的效益为标准，因此，设计的考核指标大多都是非经济的指标，仅仅以销售过程中完成工作所需的要素为标准。销售代表月度考核指标及权重分布表见表20-12。

表20-12                   销售代表月度考核指标及权重分布表

| 考核指标 | | 分值比例（%） | 考核要点 |
|---|---|---|---|
| 主指标 | 客户关系维护 | 30 | 客户拜访与沟通、客户档案管理和项目进度把控、积极响应客户、市场费用的控制意识 |
| | 新客户开发 | 20 | 询价订单的数量、市场需求信息的获取、竞争对手信息的获取 |
| | 应收账款处理 | 20 | 1.销售经理制订的每月应收账款清理计划<br>2.应收账款清理完成率（E）=（实际清理金额/计划清理金额）×100% |
| 辅指标 | 团队合作 | 15 | 知识、经验、技术、信息的团队共享，团队及部门间的协作 |
| | 工作态度 | 15 | 遵守公司和部门的规章制度、工作主动性和积极性、抗压表现 |
| 雷区激励 | 业务往来 | -15 | 1.不按公司的规定私自发货，乱承诺各种政策等，扣1%/次<br>2.往来账目不清，影响市场发展，扣1%/次 |
| | 客户投诉 | -15 | 1.因政策执行不到位造成经销商或消费者投诉或冲货投诉，扣1%/次<br>2.月投诉超过5次或投诉情节严重的销售代表就地免职直至其他处理 |

月度绩效奖金=本月实际销售量（额）/本月计划销售量（额）×50%+软性目标考核分数的合计数×50%

以满分100分为例，月度考核得分不同，则考核的评价等级不同，见表20-13。

表20-13                 销售代表月度考核结果的对应等级

| 月度考核得分 | 90分以上 | 76～90分 | 60～75分 | 60分以下 |
|---|---|---|---|---|
| 月度考核等级 | 杰出 | 良好 | 需改进 | 不可接受 |

②年终奖金

销售代表的年度考核除了要关注其平时的月度考核结果以外，还要考虑销售代表年终销售收入与销售利润的完成情况，即考虑其给公司创造的实际直接经济价值。

年终绩效奖金=年度绩效奖金基数×年终奖金的发放基本比例×销售分值比例总额

销售部门的年度绩效奖金基数为该部门当年所完成工作净利润的10%。

年度奖金的发放基本比例：销售代表为0.2，销售主管为0.4，销售经理为0.7。

销售分值比例总额由每个考核指标的分值比例相加得出。

销售代表年度考核指标及权重分布表见表20-14。

表20-14 **销售代表年度考核指标及权重分布表**

| 考核项目 | | 分值比例（%） | 评价标准及计算公式 |
|---|---|---|---|
| 主指标 | 销售收入完成率 | 40 | 1.销售经理核定的销售收入<br>2.销售收入完成率（A）=（本月实际销售收入/本月计划销售收入）×100%<br>3.销售收入额是指开出发票商品并入账的收入（含税） |
| | 销售利润完成率 | 30 | 1.销售经理核定的利润指标<br>2.销售利润完成率（B）=（本月实际利润完成额/本月计划利润完成额）×100% |
| 辅指标 | 季度考核结果 | 30 | 在考核期当年的月度考核最终结果：<br>等级在"杰出"以上，为30分<br>等级在"良好"以上，为25分<br>等级在"需改进"以上，为20分<br>等级在"不可接受及以下"以上，为0分 |
| 雷区激励 | 重大事项 | 扣分项（5~15） | 有无重大过失 |

以满分100分为例，年度考核得分不同，则考核的评价等级也不同，见表20-15。

表20-15 **销售代表年度考核结果的对应等级**

| 年度考核得分 | 90分以上 | 80~89分 | 70~79分 | 60~69分 | 60分以下 |
|---|---|---|---|---|---|
| 年度考核等级 | 优秀 | 良好 | 较好 | 合格 | 不合格 |
| 年度奖金实发系数 | 1.1 | 1 | 0.8 | 0.6 | 0 |

（2）销售管理人员

①月度奖金

同一般销售人员的指标相比，销售管理人员增加了一个关于"销售团队的管理"的考核指标，其占20%的权重，见表20-16。其考核的要点包括对新进销售人员或者下属的日常培养与指导、团队内部经验知识分享与交流工作的组织与开展、一般销售人员的客户开发情况的跟踪与监控等。其他的指标权重相应做出了调整。

表20-16 **销售管理人员的月度考核指标**

| 考核指标 | | 分值比例（%） | 考核要点 |
|---|---|---|---|
| 主指标 | 客户关系维护 | 20 | 客户拜访与沟通、客户档案管理和项目进度把控、积极响应客户、市场费用的控制意识 |
| | 新客户开发 | 20 | 询价订单的数量、市场需求信息的获取、竞争对手信息的获取 |
| | 应收账款处理 | 20 | 1.销售经理制订的每月应收账款清理计划<br>2.应收账款清理完成率（E）=（实际清理金额/计划清理金额）×100% |
| | 销售团队的管理 | 20 | 对新进销售人员或下属的日常培养与指导<br>组织开展团队内部的经验知识分享与交流<br>跟踪监督一般销售人员的客户开发情况 |

续表

| 考核指标 | | 分值比例（%） | 考核要点 |
|---|---|---|---|
| 辅助指标 | 团队合作 | 10 | 知识、经验、技术、信息的团队共享，团队及部门间的协作 |
| | 工作态度 | 10 | 遵守公司和部门的规章制度、工作主动性和积极性、抗压表现 |
| 雷区激励 | 业务往来 | −15 | 1.不按公司规定私自发货，乱承诺各种政策等，扣1%/次<br>2.往来账目不清，影响市场发展扣1%/次 |
| | 客户投诉 | −15 | 1.因政策执行不到位造成经销商或消费者投诉或冲货投诉，1%/次<br>2.月投诉超过5次或投诉情节严重的销售代表就地免职直至其他处理 |

②年终奖金

销售管理人员年终多从"结果"来进行考核，同一般的销售人员相比，新增加了"网点的开发"和"新产品市场比率"两项指标，见表20-17。这是由于销售管理人员不仅要关注现有产品或者客户的开发过程，更要切切实实地组织实现新的销售网点的开发，保证新产品的市场占有率的同时，为公司的持续发展保持核心竞争力。

表20-17 销售管理人员的年度考核指标

| 考核项目 | | 分值比例（%） | 评价标准及计算公式 |
|---|---|---|---|
| 主指标 | 网点的开发 | 20 | 1.销售总监核定的网点开发计划<br>2.每月实现一个回款金额≥__万元的新客户为网点开发成功<br>3.网络开发完成率①=实际达标网点数/计划达标网点数×100% |
| | 销售收入完成率 | 20 | 1.销售经理核定的销售收入<br>2.销售收入完成率（A）=（本月实际销售收入/本月计划销售收入）×100%<br>3.销售收入额是指开出发票商品并入账的收入（含税） |
| | 销售利润完成率 | 20 | 1.销售经理核定的利润指标<br>2.销售利润完成率（B）=（本月实际利润完成额/本月计划利润完成额）×100% |

续表

| 考核项目 | | 分值比例<br>（%） | 评价标准及计算公式 |
|---|---|---|---|
| 辅指标 | 新产品市场比率 | 10 | 1.销售总监核定的新产品市场比率<br>2.新产品市场比率（C）=新产品销售收入/销售总收入×100%<br>3.新产品是指新研制开发的全新产品<br>4.新产品销售收入的统计时段为：从完成新产品第二笔订单起，之后两年内所形成的年度销售收入 |
| | 季度考核结果 | 30 | 在考核期当年的月度考核最终结果：<br>等级在"杰出"以上，为30分<br>等级在"良好"以上，为25分<br>等级在"需改进"以上，为20分<br>等级在"不可接受及以下"以上，为0分 |
| 雷区激励 | 重大事项 | 扣分项（5~15） | 有无重大过失 |

销售管理人员的考核结果的对应等级表与销售代表的相同。

（3）技术人员

技术人员的奖金由月度和年终绩效奖金还有特殊奖励组成，其中特殊奖励由原有的计件工资和新增加的奖金组成。

（4）质检人员

质检人员的奖金由年终奖和绩效奖改变为月度和年终奖金，还有特殊奖励，原有的部门员工工资总额的1%基本部门内每一位员工都可以拿到，因此长时间的实行对员工来说没有激励性，所以取消此类奖金形式，而改为针对有特殊贡献的员工发放特殊奖励的奖金形式。

（5）特殊奖励

特殊奖励是为鼓励团队和个人的特殊贡献而设立的，包括个人奖励和团队奖励。所谓特殊贡献一是指超过员工本岗位工作职责要求的贡献，二是指员工在职责范围内为公司做出价值较大的贡献。特殊奖励根据公司阶段性要求设立，如管理改善奖、新人进步奖、杰出贡献奖、优秀员工奖等。

五、福利的优化设计

HC公司在原有福利制度的基础上，设立了福利组合项目，利用企业内部的OA系统，对员工的考勤、任务完成率等数据进行了统计整合，提出了"自助式"福利计划和积分制福利计划，其具体项目见表20-18、表20-19和表20-20。

表 20-18                          "自助式"福利计划具体项目

| 项目 | 解释 | 改善方式 |
|------|------|---------|
| 带薪事假 | 一二三级机关及直属干部，统一执行每年累计不超过15天的带薪事假，其间不算出勤，工资照发 | 新增 |
| 工作用车 | 距离较远的一线员工全部免费乘坐专用班车，中层以上管理人员基本配有工作用车 | 改为员工选择项目，与交通补贴项目合并 |
| 体检制度 | 中层以上管理干部和离退休职工、女职工定期体检 | 增加至全员享受 |
| 教育培训 | 自学考试取得专科学历，给予1000元奖励；取得本科学历，给予1500元奖励；委派参加学位学历教育，企业承担2/3的费用 | 取消自考奖励，改为委派取得硕士研究生学位者，企业承担2/3的费用，取得博士学位者，企业承担全部费用 |
| 互助金 | 每月缴纳2元，遇到困难时企业报销部分费用 | 增加 |
| 疗养制度 | 达到一定工作年限的员工、特殊工种职工和优秀职工可到油田公司提供的疗养基地享受疗养 | 增加疗养基地（不包括其他人员） |
| 家庭医疗费 | 按照规定根据实际情况发放 | 改为家庭医疗保险 |
| 家庭医疗保险 | 一年缴纳120元，每年可为家庭成员报销1000元医疗费用 | 新增，由职工自主选择（子女教育和购房支持计划的享受范围不包括其他人员） |
| 个人意外保险 | 交由相关保险公司办理 | |
| 子女教育补助 | 有在受教育阶段的子女的职工选择 | |
| 子女医疗补助 | 有未成年子女的职工选择 | |
| 带薪休假 | 根据国家的规定，全员统计，安排带薪休假 | |
| 购房支持计划 | 未购房的职工根据需要选择 | |
| 生日补贴 | 所有员工生日时均可享受 | |

除上述变更和新增项目之外，其余的原有员工福利不变。

表 20-19                          积分标准及具体项目

| 活动类型 | 级别 | 积分标准 |
|---------|------|---------|
| 日常签到 | 每月无缺勤 | 5 |
| | 每月有1~3次缺勤或请假 | 3 |
| | 每月有3次以上缺勤 | 0 |
| 任务完成率 | 任务完成率为150%以上 | 15 |
| | 任务完成率为120%~150% | 12 |
| | 任务完成率为100%~120%即已完成工作任务 | 10 |
| | 任务完成率为80%~100% | 8 |
| | 任务完成率为60%~80% | 6 |
| | 任务完成率为60%以下 | 2 |
| 文化活动 | 公司全员参与，获得一等奖 | 7 |
| | 公司全员参与，获得二等奖 | 5 |
| | 公司全员参与，获得三等奖 | 3 |
| 年度考核 | 考核结果排名位于前10% | 25 |
| | 考核结果排名位于前50%~10% | 20 |
| | 考核结果排名位于前90%~50% | 15 |
| | 考核结果排名位于后10% | 5 |

表20-20                                    积分制福利具体项目

| 奖品类型 | 所需积分 |
| --- | --- |
| 现金200元 | 280 |
| 一箱蒙牛牛奶 | 180 |
| 一个电饭锅 | 320 |
| 一个保温杯 | 120 |
| 一个U盘 | 80 |
| 一支钢笔 | 40 |
| 一袋面粉 | 160 |

## 附录2  数智化薪酬案例

1.企业介绍

首开集团下辖北京首都开发股份有限公司(简称"首开股份"),北京首开鸿城实业有限公司(简称"首开实业")和首开控股(国际)有限公司(简称"首开国际")三大子集团。首开集团先后开发了著名的方庄小区、望京新城,北京市最大危改小区开阳里小区,北京市最大的经济适用房项目回龙观文化居住区等众多星级楼盘和政策性住房项目,并承接了亚运村、大运村、奥运村的开发建设,由此设计承建了国家体育馆、顺义奥林匹克水上公园、五棵松篮球馆及中国残疾人体育综合训练基地等奥运、残奥会相关场馆。

2.由"孤岛"到互联,首开人力资源数字化发展之路

自2005年至今,首开集团历经合并重组、全国化布局、架构调整、岗位薪酬体系改革等诸多变革事件。

与之并行,16年来首开集团深化推进人力资源数字化发展,不断深化系统画像,围绕应用场景优化系统建设,经过系统孤岛—局部互联—全互联—移动应用的迭代发展,最终实现了人力资源管理从被动数字化到敏捷应对企业管理,从局部数字化到全面数字化的过渡,真正走出了一条人力资源管理助力企业变革的发展之路(如图20-11所示)。

3.深化应用场景,解决重点环节

作为集团人力资源管理的重要业务支点,经过多次建设与互联革新,首开集团已将人力资源系统打造为数字驱动的人力资源协作平台,并实现集团标准化和成员企业的个性化架构设置,同时围绕数据、薪酬等核心业务,不断深化应用场景,及时响应企业数智化发展变革。

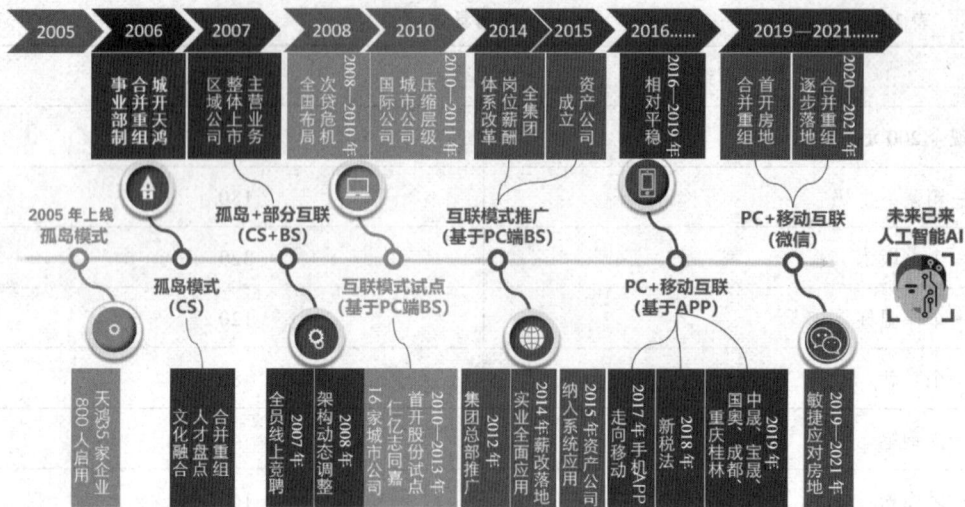

**图20-11　数字化发展之路**

以薪酬为核心——首开集团在系统应用中归纳总结了三个层面的指标体系（分别为集团级标准化指标体系、成员企业个性化指标体系、通用性指标体系），并将其全部嵌入薪资类别中。在子场景中，首开集团对薪资发放的14个关键节点进行了梳理，最终基于信息系统实现了流程驱动（如图20-12所示）。

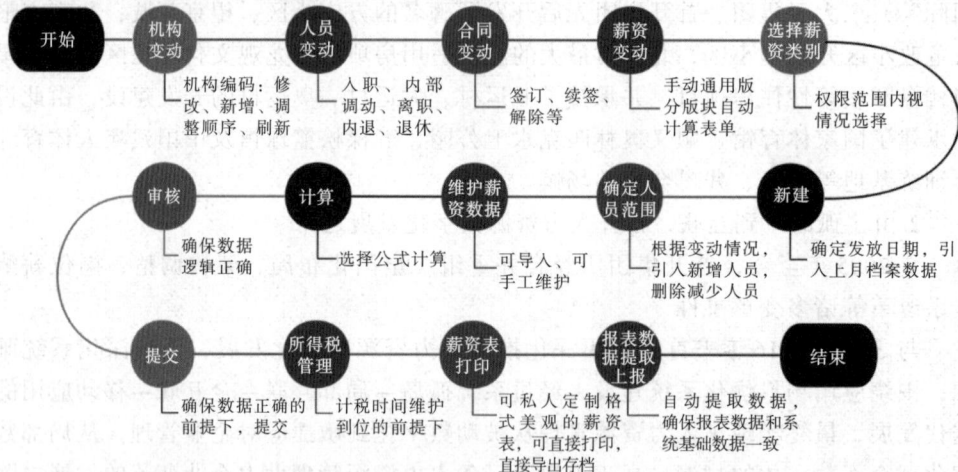

**图20-12　薪资发放的关键节点**

以数据为核心——为应对数据管理的复杂情况，首开集团总结了全流程审批模式、完全独立模式、混合模式共三类模式。在业务全流程中，设置贯穿基层单位与总部的审批节点，并分配相应的数据责任人，进行数据的闭环管理，最终实现全生命周期的数据管理（如图20-13所示）。

以人为核心——集团结合近年来的"百人工程"试点（应届毕业生的培养工程）梳理了培训管理、素质绩效考核等关键能力素质，最终绘制成"首开人才管理车轮"与"人才盘点6+2模型"，明确加强高素质人才的管理能力（如图20-14所示）。

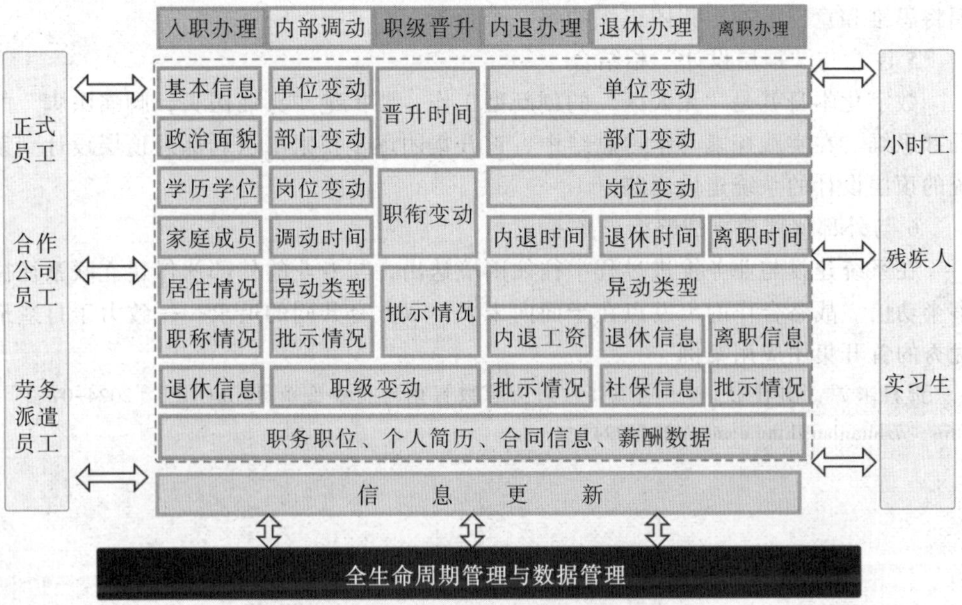

图20-13 全生命周期管理与数据管理

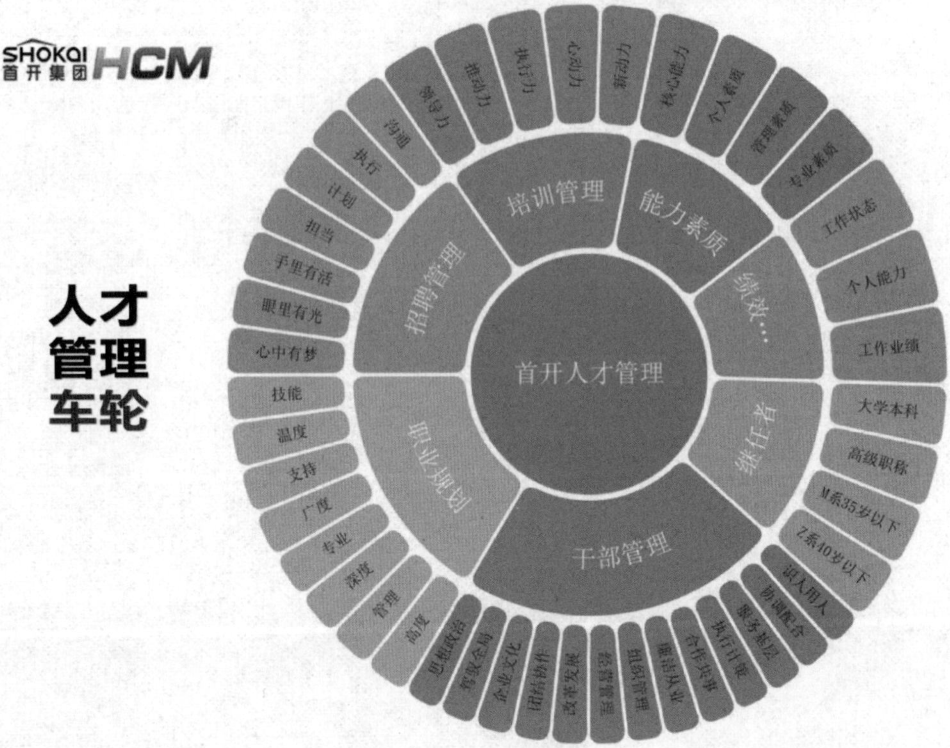

图20-14 人才管理车轮

4.逻辑梳理，方法总结，始终以集团化的思维方式考虑问题

首开集团精细于识别、提炼和设计每一个业务应用场景，解决每一个问题。提

倡将思维和意识延伸至集团组织的每一个角落。

5.注意与"顶层设计"相结合

数字化本身就是"无人区"的创新型工作，要拒绝"头痛医头，脚痛医脚"的局部思维。在实践探索与学习总结中，首开集团逐步摸索出从局部的顶层设计到系统的顶层设计的系统建设道路。

6.与外部伙伴建立战略合作关系

在系统建设与业务推进过程中往往困境迭出，与专业的外部伙伴建立联系往往事半功倍。战略合作的出发点在于面向未来，双方有共同的追求——致力于打造最优秀的首开集团应用案例。

资料来源：胡君宏.首开答案丨人力资源数智化与企业变革［EB/OL］.［2024-07-25］.https://zhuanlan.zhihu.com/p/428449941.

# 模块六　职业生涯规划

# 实训二十一　个人职业生涯规划

## 一、实训目的

通过本实训项目，能够独立设计科学的个人职业生涯规划。

## 二、基本知识要点

1.职业生涯与职业生涯规划的概念

狭义上来说，职业生涯是一个人一生中从事的职业和担任的工作职务的发展道路。广义上来讲，职业生涯是一个人从获得职业能力、培养职业兴趣、选择职业、就业，直至最后完全退出职业劳动的完整的职业发展过程。

职业生涯规划指的是一个人对其一生中所承担职务的相继历程的预期和计划，这个计划包括一个人的学习与成长目标，以及对一项职业和组织的生产性贡献和成就期望。个体的职业生涯规划并不是一个单纯的概念，它和个体所处的家庭以及社会环境存在密切的关系，并且要根据实际条件具体安排。因为未来具有不确定性，所以规划不是一成不变的。同时，职业规划也是个体的人生规划的主体部分。

2.个人职业生涯规划的基本原则

（1）与兴趣结合的原则

兴趣是最好的老师，调查表明：兴趣与成功有着明显的正相关关系。在设计自己的职业生涯时，务必注意：考虑自己的特点和兴趣，择己所爱，选择自己喜欢的职业。

（2）发挥特长的原则

任何职业都要求从业者掌握一定的技能，具备一定的能力和条件，而一个人一生中不能将所有技能都掌握，所以必须在进行职业选择时择己所长，发挥自己的优势。

（3）幸福最大化的原则

职业是个人谋生的手段，其目的在于追求个人幸福，所以个人在择业时，也要考虑自己的预期收益以及个人幸福最大化。明智的选择是根据由收入、社会地位、成就感和工作付出等变量组成的函数得到一个最大值。

（4）分析社会需求的原则

社会需求不断变化，旧的需求不断消失，新的需求不断产生，新的职业也不断产生，所以一个人在设计自己的职业生涯时，一定要分析社会需求，择世所需，更重要的是，目光要长远，能够准确预测未来的行业或者职业发展方向，即所选择的职业不仅仅要有社会需求，并且这个需求要长久。

3.个人职业生涯规划的主要内容

（1）基本情况

基本情况包括姓名、规划年限、年龄跨度、起止时间。规划年限不分长短，可以是半年、3年、5年，甚至是20年，视个人的具体情况而定。

（2）职业目标

职业目标包括职业方向、阶段目标和总体目标。职业方向即从业方向，是对职业的选择；阶段目标是职业规划中每个时间段的目标；总体目标即当前可预见的较长远的目标，也是在特定规划中的终极目标。在确定总体目标时，适当地看得远些，把目标定得高一点，有助于最大限度地激发规划者的潜能。

（3）自我职业分析

自我职业分析是指客观地、综合地运用自我分析的多种方法，如自我反思法、职业测评法、360度评估法等，对与职业有关的自我性格特征进行分析，其中职业兴趣、职业能力、职业价值观和个性特征是主要因素，此外还包括对自己目前状况的分析和对将来的基本展望，以及对职业生涯有一定影响的角色建议。

（4）社会环境分析

社会环境分析是指对政治、经济、文化、法律和职业环境等社会外部环境的分析。

（5）组织（企业）分析

组织分析是指综合运用多种途径，如互联网、报刊、职业搜索引擎、电台、电视、招聘会、实习等，结合自己的专业情况、就业机会、职业选择、家庭环境、社会需求等因素，对职业、行业与用人单位的分析，包括对行业发展，企业要求、制度、背景、文化等的分析。

（6）确定评估标准

确定评估标准就是设定衡量此规划是否成功的标准，以及在实施过程中无法达到目标或要求时应当如何修正和调整。

（7）制定实施策略

制定实施策略就是要制订周详的行动方案，明确需要进行的培训和准备工作，逐步缩小差距以实现各阶段目标。制定实施策略要遵循如下两个原则：一是SMART原则，即具体明确（Specific）、可衡量（Measurable）、可实现（Achievable）、有价值（Rewarding）、有时间限制（Time Bounded）；二是时间管理原则，即将事情按重要性和紧急性分类，首先处理既重要又紧急的事情，然后处理重要但不紧急的事情，接着处理紧急但不重要的事情，最后处理既不重要又不紧急的事情。

（8）评估与反馈

职业生涯规划者要在实施中不断检验、评估，看实施效果如何，及时诊断生涯规划各个环节出现的问题，找出相应对策，及时对规划进行调整与完善。

4.个人职业生涯规划的一般程序

（1）前期准备

查阅职业生涯规划相关书籍，准备适合的人员素质测评工具。

（2）确立人生愿景

人生愿景反映着一个人的理想、胸怀、情趣和价值观，对一个人的成就有决定性的影响。

（3）个人分析

个人分析是指采用素质测评工具对自己进行评估，主要包括对个人的要求、能力、兴趣、性格、气质、受教育水平等的分析评估，以确定什么样的职业比较适合自己和自己具备哪些能力。

（4）环境分析

环境因素包括组织内部因素和社会环境因素。环境分析是指通过对组织和社会环境的分析评估，确定自己能否适应组织或社会环境的变化以及怎样调整自己以满足组织和社会的需要。

（5）职业选择

职业选择的正确与否，直接关系到人生事业的成功与失败。在职业选择中应注意性格、兴趣和特长等与职业相匹配。

（6）确立目标

首先确立目标及其年限，然后做好目标分解工作，制定分阶段目标。

（7）职业生涯路线选择

选择职业生涯路线通常要考虑往哪条路发展，能往哪条路发展，以及哪条路可以发展这三个问题。对这三个问题进行综合分析后，才能确定自己最佳的职业生涯路线。

（8）制订行动方案

在确定了职业生涯目标和职业生涯路线后，行动便成为关键的环节。这里的行动是指落实目标的具体措施，包括培训、轮岗等方面的措施。这些行动方案要详细具体，以便定时检查。

（9）评估和调整

在人生的发展阶段，由于社会环境的巨大变化和许多不确定因素的存在，原来制定的职业生涯目标和规划与现实难免存在偏差，需要做好及时评估和调整的准备。

# 三、实训内容与要求

撰写个人职业生涯规划。

要求：

（1）熟练掌握个人职业生涯规划的基本原则、内容和步骤等基本理论。

（2）选择适当的个人职业生涯规划年限，一般为5年。

（3）在真实的自我职业素质测评的基础上进行设计。

# 四、实训组织与步骤

第一步，学生整理和分析个人资料，包括个人环境、兴趣特长、专业方向、性格特征、职业能力倾向测评等。

第二步，学生在教师的指导下分析自我情况，参考相关资料，形成完整的个人职业生涯规划书。

第三步，学生课堂展示，教师点评。

第四步，学生总结并编写实训报告。

# 五、实训时间

2课时。

# 实训成绩评定：

（1）能否利用科学的人员素质测评工具对自己进行准确测评。

（2）能否对外部环境和职业环境进行客观分析。

（3）能否掌握个人职业生涯的一般构成。

（4）个人职业生涯规划书完成情况占70%，实训报告占30%。

# 附 录

## 职业生涯规划 APP 分析

### 产品竞争力分析

目前，市场上有很多关于志愿填报的 APP，如完美志愿等，也有很多求职 APP，如实习僧、BOSS 直聘等，但目前还没有一款较为综合性的职业生涯规划 APP。本文设计开发的职业生涯规划 APP 基于大数据智能分析手段，致力于提供综合性的服务，所面对的用户群体为学生群体及上班族，用户群体较为庞大。该款 APP 的主要功能弥补了市场空白，具有较好的创新点，市场前景较好且拥有较强的市场竞争力，既可为高考生提供全面的专业介绍，助力高考生更好地选择适合自己的专业，又可以为在校大学生及上班族提供就业方面的相关服务。

### 产品功能分析

本款职业生涯规划 APP 专门为学生群体及上班族量身打造，通过爬虫技术对招聘信息中的招聘要求进行整合分析，提取出入职必备技能供用户参考，力求为用户提供全面、便捷、高效的服务，致力于帮助学生群体了解专业及就业相关问题，同时也可为上班族的职业发展提供相关建议。该款 APP 主要有以下几个功能：了解专业、了解就业、提供职业生涯规划建议。

职业生涯规划 APP 根据功能需求设计了以下几个模块：登录注册、了解专业、了解就业、职业生涯规划建议和相关报道推送。产品例图如图 21-1 所示。

### 登录模块设计

点击职业生涯规划 APP 图标，进入 APP 登录界面，点击账号登录，如果为新用户，点击注册跳转到账号注册界面，进行手机号码注册或者第三方登录，按流程提示注册完成后即可使用；如账号已经注册，则可输入密码正常使用软件。登录成功之后，将进行身份选择，选择学生或上班族模块，分别进入不同的功能界面。

"了解专业"主要是帮助用户全面了解专业的相关信息，力求简便、高效地助力准大学生选择自己心仪的专业，并帮助在校大学生更好地对专业学习进行规划，以不断提升自身的综合能力。

"了解就业"主要是帮助用户全面了解相关就业信息，使其对各行业岗位的基本信息、行业发展前景、任职必备技能、专业资格证书以及职场深造技巧等有更深入的了解，使用户对自己的职业发展道路有一个更全面的认识，从而可以及时地对自己的职业生涯规划进行调整。

"职业生涯规划建议"主要是基于大数据收集人才招聘市场的岗位要求，并给予用户专业且具体的自我发展建议、专业技能资格证书报考指南，告知用户应注重提高自身的哪些能力以提高人职适配度。

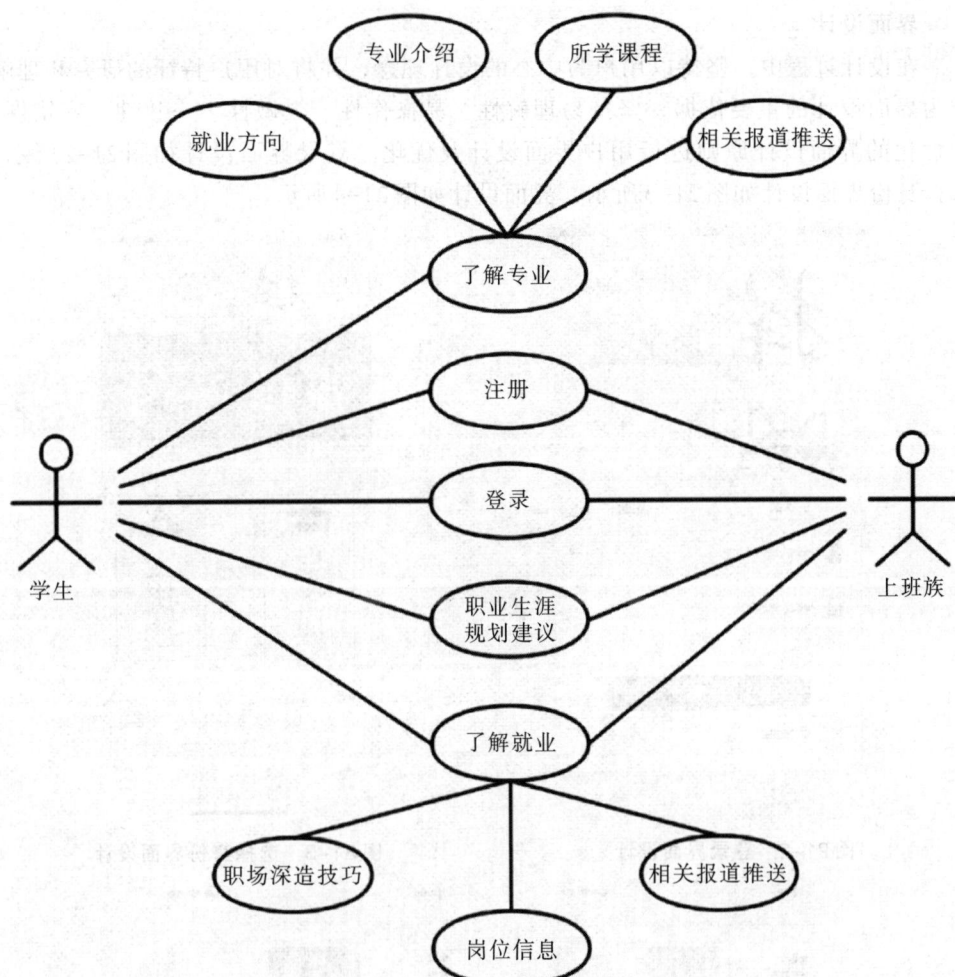

图 21-1　产品例图

　　"相关报道推送"子功能模块主要是根据获取的人才市场动态向用户推送相关信息，以帮助用户根据获得的信息及时调整自己的发展规划。

**职业生涯规划 APP 的设计流程**

　　职业生涯规划 APP 基于目标用户的需求进行设计，首先通过发放调查问卷等方式获取数据并分析问卷结果，然后通过访谈深入挖掘目标用户需求，为开展后续工作奠定基础。整体设计主要划分为以下几个步骤：需求获取与分析、架构设计、界面设计、详细设计、软件实现、测试阶段、上线维护。

**需求获取与分析**

　　APP 通过标识目标用户能够有针对性地进行相关调查、访谈，深入挖掘用户的具体需求并进行分析，将软件需求表示为面向软件设计人员、易于修改和维护的分析模型，基于分析模型形成需求规约，可以对项目有更深入、更完整的理解，也可以帮助软件设计人员对项目的功能进行准确定位。

### 界面设计

在设计过程中，坚持以用户为中心的设计理念，并将对用户特征的研究和理解作为界面设计的主要依据，坚持易理解性、易操作性、灵敏性、一致性、容错性、人性化的界面设计原则进行用户界面设计及优化。登录界面设计如图21-2所示，选择身份界面设计如图21-3所示，界面设计如图21-4所示。

图21-2　登录界面设计

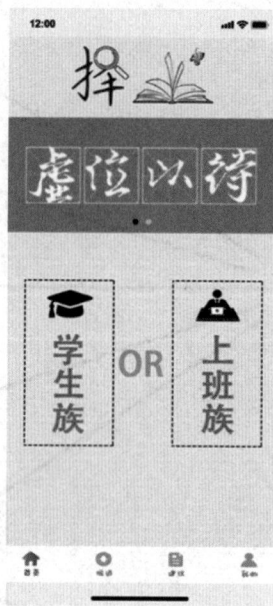

图21-3　选择身份界面设计

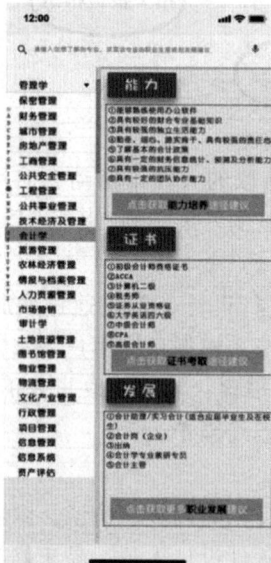

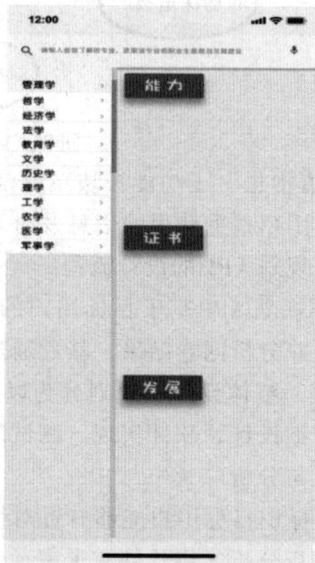

图21-4　界面设计

资料来源：吴泽锐，刘锋，洪洁. 大数据环境下职业生涯规划APP的设计与实现［J］. 信息与电脑：理论版，2021（03）：90-95。